파워포인트 2010

김 민 영 저

도서출판 상 학 당

머리말

오늘날 디지털 기술과 반도체 소자 기술의 급속한 발달로 인해, 이미 생활필수품 중의 하나가 된 컴퓨터는 자체의 독자적인 동작에서 벗어나 고성능화와 함께 네트워크를 이용한 원격 기능을 갖게 되었다.

이러한 컴퓨터에 관련된 지식은 이미 전문가의 소유가 아닌 우리생활에 큰 비중을 차지하는 일반 상식처럼 인식이 되었으며, 컴퓨터 시스템에 관한 기초 지식과 패키지 프로그램의 활용법은 현대인의 필수가 되었다.

이 책에서는 컴퓨터를 보다 쉽게 접근하여 실무에 활용할 수 있도록 하기 위해 현재 가장 많이 사용되고 있는 프레젠테이션용 프로그램인 파워포인트를 버전 2010 중심으로 총 4장으로 구성하였다.

1장은 파워포인트의 개요 부분으로 구성하였으며, 2장과 3장은 각각 파워포인트 2010의 리본 메뉴와 개체 작업 그리고 4장은 파워포인트 2010을 이용한 실무 활용 능력을 향상시키기 위해 ITQ 파워포인트 2003 기출 문제와 상위 버전인 ITQ 파워포인트 2007/2010의 예상 문제 풀이 위주로 구성하였다.

이 책을 통하여 컴퓨터를 활용하고자 하는 모든 분들이 체계적으로 쉽게 공부할 수 있기를 바라며, 이 책을 출간하기 위해 도움을 주신 상학당의 남승우 사장님께 깊이 감사를 드린다.

저자 씀

차 례

Chapter 3
개 체 작 업 53

Chapter 4
ITQ(Information Technology Qualification) 69

C.H.A.P.T.E.R 1

파워포인트 2010의 개요

1.1 파워포인트 2010의 개요

프레젠테이션이란 세미나 또는 회의 등에서 체계적으로 주어진 시간 동안 청중에게 의사를 효과적으로 전달하는 것이다. 이러한 프레젠테이션 자료 작성을 도와주는 대표적인 프로그램 중에는 마이크로소프트사에 개발한 파워포인트가 있으며 발표 자료 작성 시 단순한 문자 외에 차트, 그림, 동화상, 소리 등의 멀티미디어를 효율적으로 활용할 수 있는 다양한 기능이 포함되어 있다.

프레젠테이션 자료를 작성하기 위해 요구되는 슬라이드 수는 제목 슬라이드, 프레젠테이션의 요점이나 주요 영역이 나열된 도입 슬라이드, 도입 슬라이드에 나열된 각 요점이나 영역별 슬라이드, 프레젠테이션의 요점이나 주요 영역 목록을 반복하는 요약 슬라이드가 필요하다.

이때, 요점이나 영역별 자료가 많은 경우 동일한 기본 개요 구조를 사용하여 해당 자료에 대한 슬라이드의 하위 그룹을 만드는 것을 고려할 수 있으며, 프레젠테이션 중에 각 슬라이드를 표시할 시간은 2분에서 5분 사이로 작성하는 것이 적절하다.

파워포인트 2010은 기존 버전에 비해 비디오 및 그림 편집 기능이 많이 추가되고 향상되었다. 프레젠테이션에서 공동 작업을 수행하기 용이하게 만들었으며 리본 메뉴에 전환 및 애니메이션에 대한 별도로 구성되어 있다. 또한, 사진 기반이나 SmartArt 그래픽 레이아웃이 새로 추가되어 다양한 방법으로 브로드캐스트하고 간편하게 공유할 수 있다.

<표 1-1> MS오피스 2010을 사용하기 위하여 필요한 시스템 사양

구성요소	요 구 사 양
운영체제	Windows XP SP3/ Vista SP1/ Windows 7/ Windows Server 2003 R2 with MSXML 6.0/ Windows Server 2008 이상의 32/64비트 OS
프로세서	500MHz 이상의 프로세서
RAM	512MB 이상 권장
하드디스크	1.5GB 이상의 사용 가능한 디스크 공간
디스플레이	모니터 해상도 1024×576 이상
그래픽	64MB 이상의 비디오 메모리가 있는 DirectX 9.0c 그래픽 카드
인터넷	IE 6 이상(32비트 브라우저만 지원). IE7 이상 사용 시 브로드캐스트 프레젠테이션 수신
다중 터치	Windows 7 및 터치식 장치
잉크 입력	특정 잉크 입력 기능을 사용 시 Windows XP Tablet PC Edition 이상
음성	음성 인식 기능을 사용 시 close-talk 마이크와 오디오 출력 장치
인터넷 팩스	Windows Vista Starter, Windows Vista Home Basic 또는 Windows Vista Home Premium에서는 인터넷 팩스 사용 불가
IRM	정보 권한 관리 기능을 사용 시 Windows Rights Management 서비스를 실행 중인 Windows 2003 Server SP1 이상 액세스
LiveID	특정 온라인 기능 사용 시 Windows LiveTM ID

CHAPTER 2

파워포인트의 리본 메뉴

2.1 파워포인트 2010의 실행과 화면 구성

2010 Microsoft Office System을 설치하면 [시작]의 [프로그램] 내에 [Microsoft Office] 그룹이 만들어지고, 액셀과 파워포인트 등의 메뉴가 생성된다.

파워포인트 프로그램의 실행은 [시작] 단추를 클릭한 다음 [프로그램] 메뉴에서 [Microsoft Office]의 [PowerPoint2010]을 선택하거나 바탕화면에 있는 단축 아이콘( )을 더블 클릭하여 실행하며, 파일 탭에서 끝내기( )를 선택하거나 우측 상단의 닫기 단추( )를 클릭하여 프로그램을 종료한다.

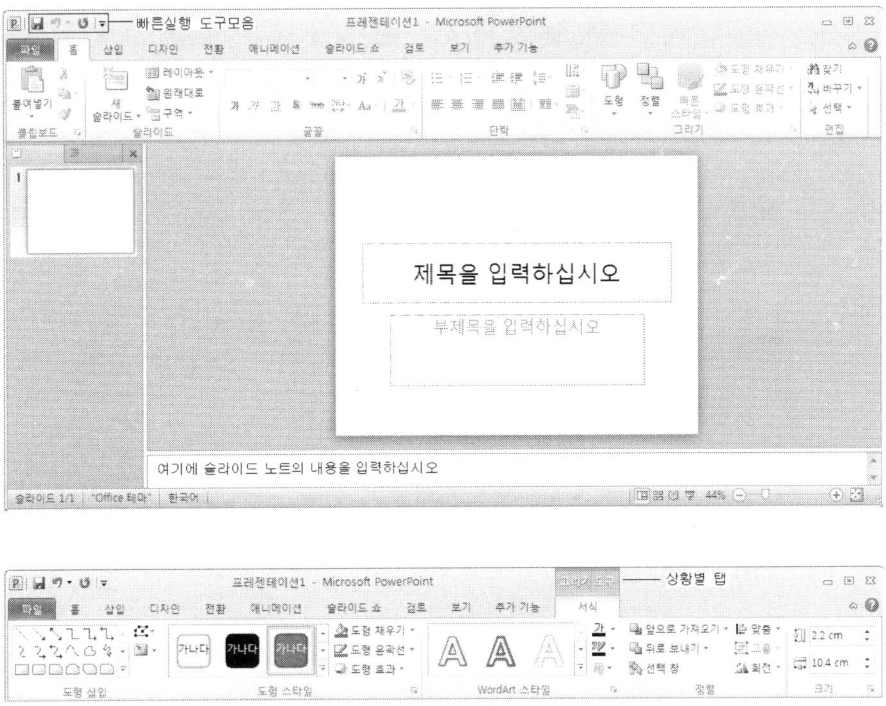

[그림 2-1] 파워포인트 2010의 화면 구성

2010 Microsoft·Office System 프로그램에서는 2007 Microsoft Office System에서 저장, 열기, 닫기, 인쇄, 옵션에 관련된 기능들로 구성되었던 오피스 단추( )가 파일 탭으로 대체 되었다.

빠른 실행 도구 모음은 현재 표시되는 탭에 독립적인 명령 집합이 포함된 사용자 지정이 가능한 도구 모음으로, 명령 단추를 빠른 실행 도구 모음에 추가하거나 가능한 두 위치 중 한 곳에서 빠른 실행 도구 모음을 이동할 수 있다.

리본 메뉴는 작업을 완료하는 데 필요한 명령을 신속하게 찾을 수 있도록 특정 시나리오 또는 개체를 중심으로 작업 유형과 관련된 명령 탭 아래에 컨트롤은 여러 하위 작업으로 구분된 논리적 그룹으로 구성되어 있으며, 각 그룹의 명령 단추는 명령을 실행하거나 명령 메뉴를 표시한다.

리본 메뉴에 표시되는 탭에는 파워포인트 2010을 시작할 때마다 표시되는 표준 탭 집합 외에 현재 실행 중인 작업 유형에 필요한 경우에만 나타나는 상황별 도구 탭이 있다.

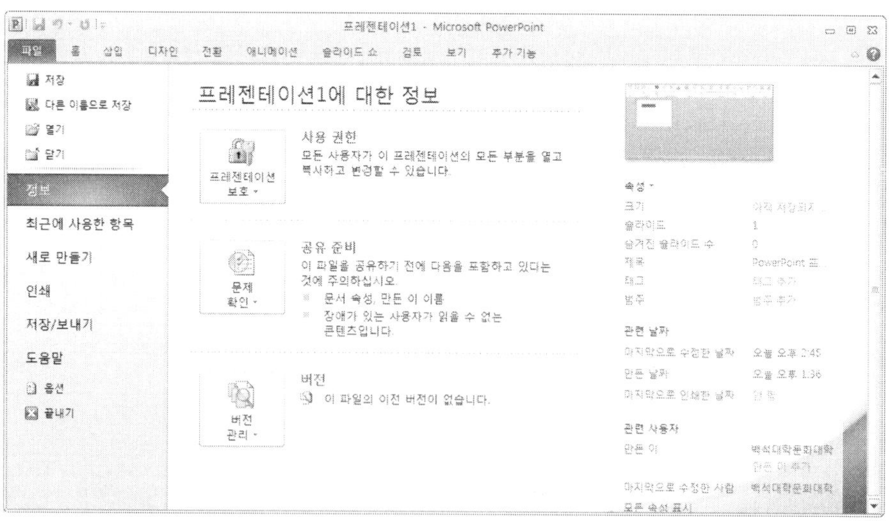

[그림 2-2] 파일 메뉴

2.2 파 일

[파일] 리본은 저장, 다른 이름으로 저장, 열기, 닫기, 정보, 최근에 사용한 항목, 새로 만들기, 인쇄, 저장/보내기, 도움말, 옵션, 끝내기로 구성되어 있다.

저장은 [파일] 리본 메뉴에 있는 [저장]이나 [다른 이름으로 저장]하기를 이용하여 프레젠테이션을 저장할 위치와 파일 형식을 지정하여 수행할 수 있다.

프레젠테이션 문서를 저장하는 방식에는 기본 파일 형식인 PowerPoint 프레젠테이션, 항상 슬라이드 쇼 보기로 열리는 PowerPoint 쇼, 이전 버전의 PowerPoint에서도 열 수 있는 PowerPoint 97-2003 프레젠테이션 등이 있으며, 이외에도 저장 가능한 파일 형식이 [다른 이름으로 저장] 대화 상자에 나타나 있다.

[그림 2-3] 다른 이름으로 저장하기

다른 이름으로 저장하고자 하는 경우 대화 상자의 저장 위치 목록에서 프레젠테이션을 저장할 폴더나 위치를 지정하고, 파일 이름 상자에 프레젠테이션의 이름을 입력하거나 기본 파일 이름을 그대로 유지한 다음 저장을 클릭한다.

[열기]와 [닫기]는 기존의 문서를 불러오거나 현재 작업 중인 문서를 닫을 때 사용하는 기능이며, [정보]는 현재 작업 중인 문서에 대한 정보를 설정하고 표시해 주는 기능이다.

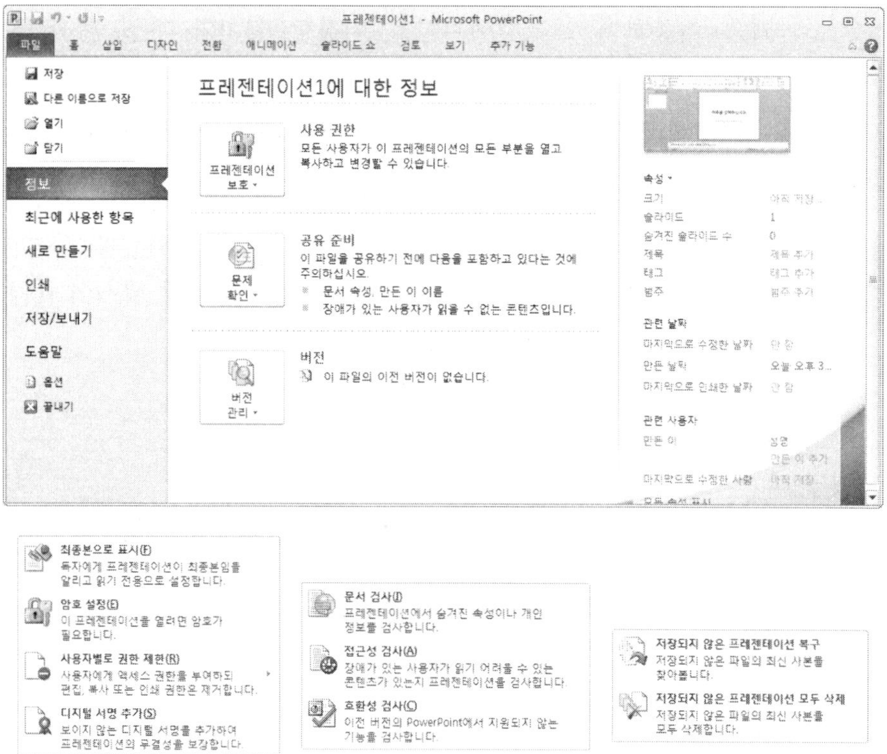

[그림 2-4] 정보

[정보]에서 [프레젠테이션 보호]는 최종본 표시, 암호 설정, 사용자 권한 제한 및 디지털 서명 추가를 설정하는 부분이며 [문제 확인]과 [버전 관리]는 각각 문서, 접근성 및 호환성 검사에 의한 공유 준비 그리고 저장하지 않은 프레젠테이션의 복구/삭제에 관한 사항을 설정

하는 부분이다. 이러한 설정사항에 따라 파일을 공유할 때 다운로드 하거나 전송되는 파일 및 정보를 보호할 수 있다.

[최근에 사용한 항목]은 최근 프레젠테이션과 최신 위치를 나타내며 하단 부분에는 저장하지 않은 프레젠테이션을 복구하는 기능도 포함되어 있다. 또한, [새로 만들기]는 사용 가능한 서식 파일 및 테마와 Office.com 서식 파일을 쉽게 적용하여 새 프레젠테이션을 만들기 위한 기능이다.

[인쇄]의 [설정] 영역은 슬라이드, 슬라이드 노트, 개요 중 인쇄 모양이나 유인물로 인쇄할 경우 한 페이지에 들어갈 슬라이드 수 그리고 인쇄 방식과 방향 및 컬러를 설정하는 부분이다.

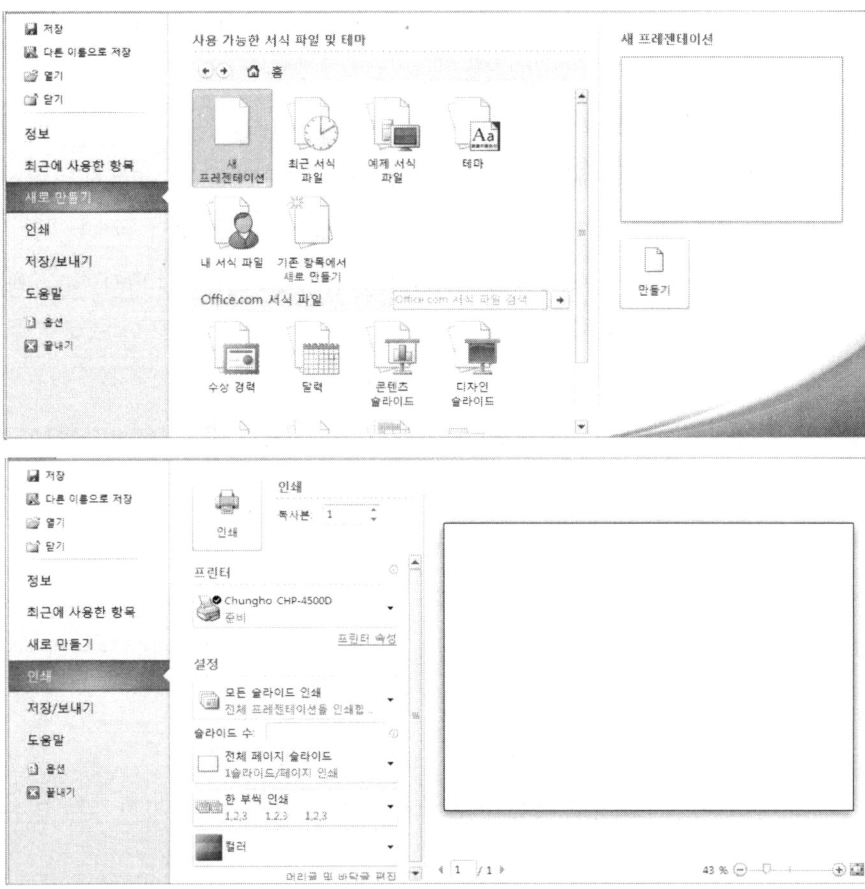

[그림 2-5] 새로 만들기와 인쇄

[그림 2-6] 전자 메일을 사용하여 보내기

[저장/보내기]에서 [전자 메일을 사용하여 보내기]란 전자 메일에 프레젠테이션, PDF, XPS의 복사본을 첨부하거나 프레젠테이션에 대한 링크를 포함하여 보내거나 인터넷 팩스로 보내기 위한 기능이다. 또한, [웹에 저장]과 [Share Point]란 문서를 모든 컴퓨터에서 액세스하거나 다른 사람과 공유하거나, 혹은 다른 사람들과 공동으로 작업할 수 있도록 SharePoint 사이트에 저장하는 방식이다.

[슬라이드 쇼 브로드캐스트]는 슬라이드를 웹브라우저에 원격으로 보는 사람에게 브로드캐스트 하는 방식이며, [슬라이드 게시]는 다른 사람이 사용할 수 있도록 슬라이드 라이브러리나 SharePoint 사이트에 슬라이드를 게시하는 방식이다.

[저장/보내기]의 [파일 형식] 영역에는 프레젠테이션이나 이미지 또는 다른 파일 형식으로 변경하거나 PDF/XPS 문서 또는 디스크, 웹, 전자 메일을 통해 배포할 수 있는 비디오 만들기, CD용 패키지 프레젠테이션 그리고 워드에서 편집하고 서식을 지정할 수 있는 유인물 만들기 기능을 포함하고 있다.

[옵션]은 사용자 인터페이스와 개인 설정 부분으로 이루어진 [일반],

자동 고침 옵션이나 맞춤법 검사를 위한 설정을 하는 [언어 교정], 프레젠테이션 저장이나 문서 관리 서버 파일에 대한 오프라인 편집 옵션 또는 공유 문서 관리 서버 파일에 대한 병합 그리고 프레젠테이션 공유 시 화질 보존에 관한 [저장]이 있다. 또한, 한글 입력 체계와 언어의 기본 설정을 구성하는 편집 언어와 표시 도움말 언어 선택으로 이루어진 [한글 입력 체계]와 [언어] 설정 기능도 포함되어 있다.

[옵션]의 [고급]은 편집과 잘라내기, 복사, 붙여넣기, 이미지 크기 및 품질, 표시, 슬라이드 쇼, 인쇄 그리고 일반에 대한 기능을 설정하는 부분으로 구성되어 있다. [리본 사용자 지정]은 [다음에서 명령어 선택] 영역과 [리본 메뉴 사용자 지정] 영역 그리고 [사용자 지정 영역]으로 구성되어 있으며, [다음에서 명령어 선택] 영역에서 추가할 파일 탭의 명령어를 선택하고, [리본 메뉴 사용자 지정 영역]에서 추가하고자 하는 탭의 영역을 선택한 다음 [추가] 단추를 누른다. 이때, [리본 메뉴 사용자 지정 영역]에서 명령어를 선택하고 [삭제] 단추를 누르면 리본 메뉴에서 명령어를 제거할 수도 있다.

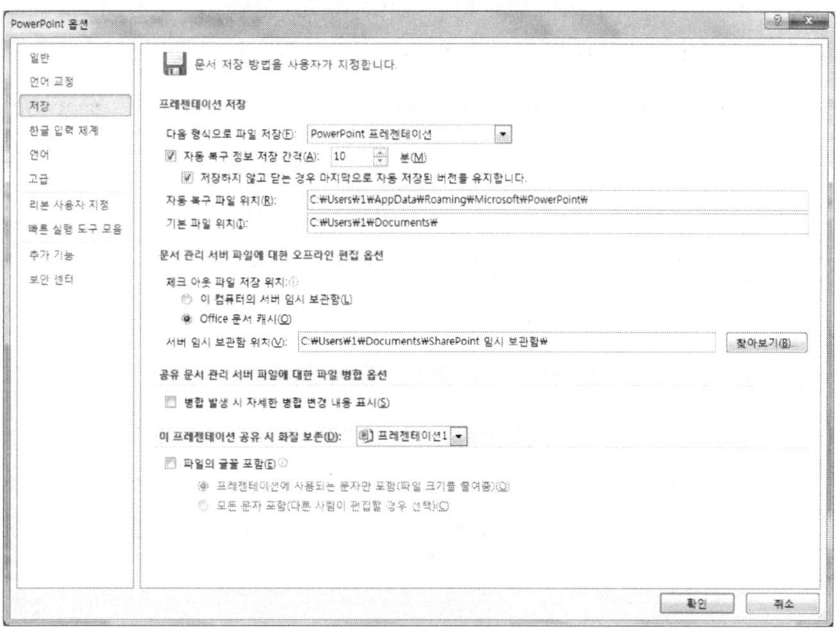

[그림 2-7] 옵션

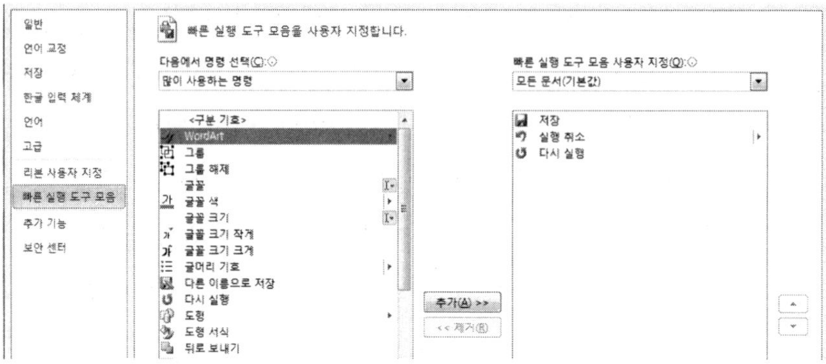

[그림 2-8] 빠른 실행 도구 모음

[빠른 실행 도구 모음]은 현재 표시되는 탭에 독립적인 명령 집합이 포함된 사용자 지정이 가능한 도구 모음으로 [다음에서 명령 선택] 영역에서 추가할 명령어를 선택하고 [추가] 단추를 누르면 포함되고, [빠른 실행 도구 모음 사용자 지정] 영역에서 [삭제] 단추를 누르면 제거된다.

이외에도 마이크로소프트 오피스 추가 기능을 보고 관리하는 [추가 기능]과 문서 및 컴퓨터를 안전하고 보안이 유지된 상태로 관리하기 위한 [보안 센터] 설정 기능이 포함되어 있다.

PowerPoint 작업 영역은 슬라이드 창, 슬라이드 탭과 개요 탭 그리고 슬라이드 노트 영역으로 구성되어 있다.

슬라이드 창은 개별 슬라이드에서 직접 작업할 수 있는 영역으로 슬라이드 그룹에서 제공하는 테마의 개체 틀 배열에 제목, 텍스트, 표, 차트, 그림, 동영상과 같은 다양한 요소의 개체를 삽입할 수 있다.

슬라이드 탭에는 슬라이드 창에 표시되는 각 슬라이드가 축소된 형태로 표시되며, 축소판 그림을 클릭하여 선택한 슬라이드를 슬라이드 창에 표시하거나 축소판 그림을 끌어 프레젠테이션의 슬라이드를 다시 정렬할 수 있다. 또한, 슬라이드 탭에서 슬라이드를 추가하거나 삭제할 수도 있다.

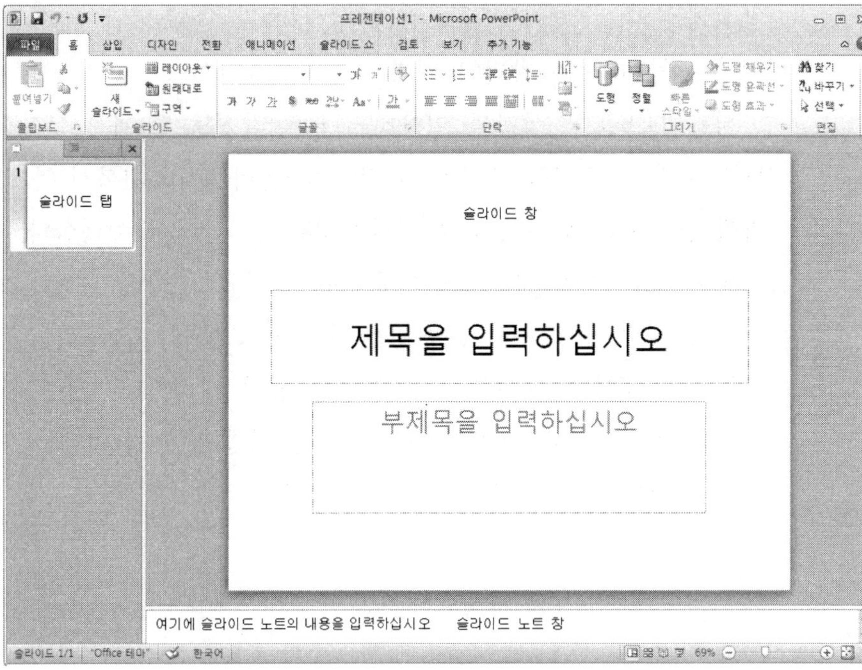

[그림 2-9] 파워포인트 작업 영역의 구성

개요 탭은 슬라이드 텍스트를 개요 형식으로 보여주어 내용 작성을 시작하기에 적합한 곳으로 아이디어를 구상하고 발표 방법을 계획하고 슬라이드와 텍스트를 이동할 수 있다.

[슬라이드 노트 창]은 프레젠테이션을 할 때 청중에게 전달하거나 발표자 보기로 슬라이드 노트를 참조하기 위해 현재 슬라이드에 표시할 슬라이드 노트를 입력하는 영역이다.

2.3 홈

슬라이드 [잘라내기]와 [복사/복제]는 선택한 영역을 잘라 내거나 복사/복제하여 클립보드에 넣는 기능을, [붙여넣기]는 클립보드의 내용을 붙여 넣는 기능을 각각 수행한다. 이때, 클립보드 내용을 붙여 넣는 방식에는 대상 테마 사용, 원본 서식 유지, 텍스트만 유지 그리고 선택하여 붙여 넣는 방법이 있다.

사용법은 도구 상자를 이용하거나 [슬라이드 탭]에서 복제할 슬라이드를 마우스 오른쪽 단추로 클릭하여 [잘라내기]나 [복사/복제]하고, 추가할 슬라이드 위치에서 [붙여넣기] 단추를 눌러서 수행한다.

또한, [슬라이드 삭제]를 이용하여 불필요한 슬라이드를 제거할 수 있으며, 슬라이드 순서의 변경은 슬라이드 탭에서 이동할 슬라이드를 누른 상태에서 원하는 위치로 끌어다 놓아 정렬한다. 이때, 여러 슬라이드를 동시에 선택하기 위해서는 Ctrl 키를 누른 상태에서 이동할 다른 슬라이드를 눌러 설정한다.

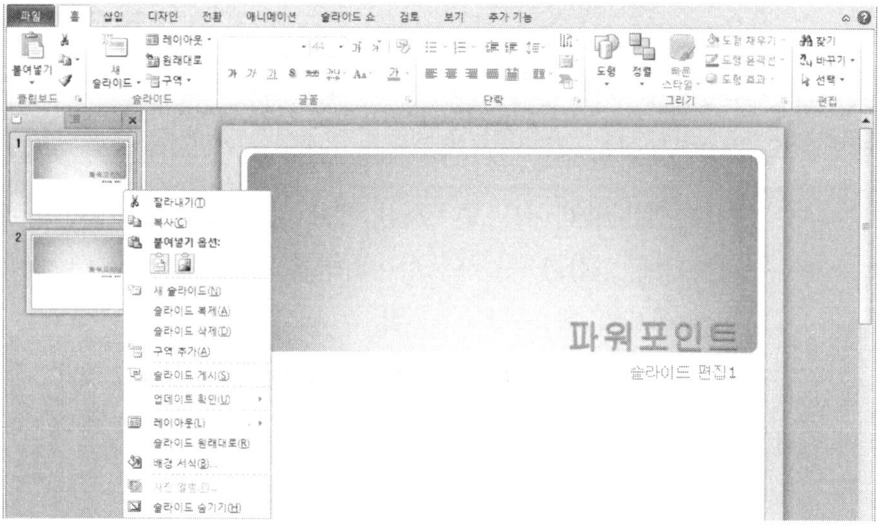

[그림 2-10] 슬라이드 편집

[새 슬라이드]와 [레이아웃]은 프레젠테이션에 슬라이드를 추가하거나 선택한 슬라이드의 레이아웃 변경시키기 위한 기능이며, [원래대로]는 슬라이드 개체 틀의 위치, 크기 및 서식을 기본 설정으로 다시 설정하는 기능이다.

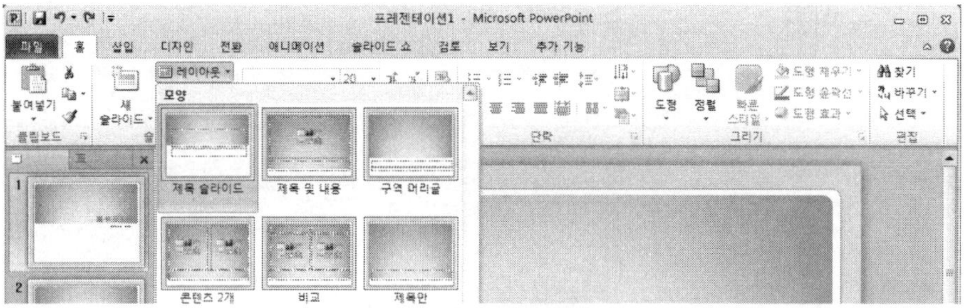

[그림 2-11] 레이아웃

[구역]은 파일 관리를 위하여 폴더를 구성하는 것과 유사하게 슬라이드를 구역으로 구성하는 방식이다. 구역 이름을 사용하여 슬라이드 그룹을 추적하거나 공동 작업을 수행할 때 소유권을 명확하게 할 수 있도록 할당할 수 있다.

[그림 2-12] 구역

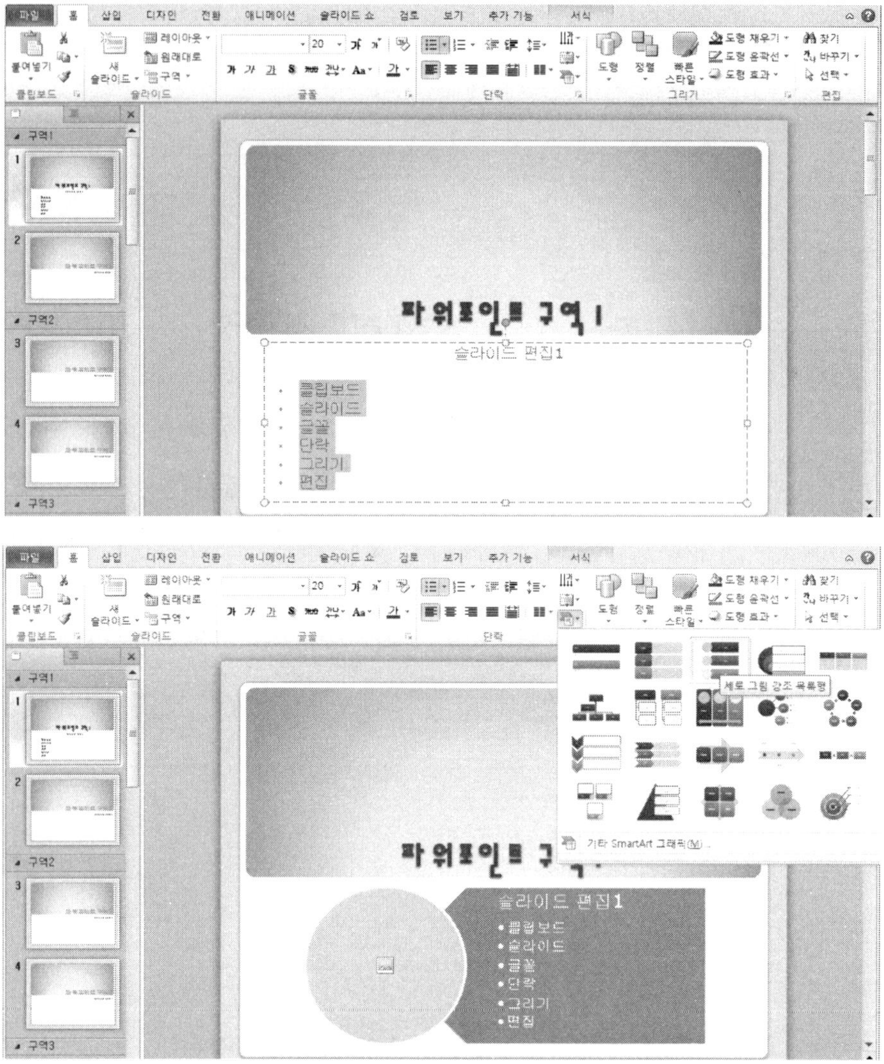

[그림 2-13] 글꼴과 단락 그룹

기본 보기 또는 여러 슬라이드 보기에서 추가할 구역의 두 슬라이드 사이를 마우스 오른쪽 단추를 누르고 [구역 추가]를 누른다. 다음 과정으로 [구역 이름 바꾸기]를 이용하여 적절한 구역 이름을 입력한다. 구역 이동은 이동할 구역을 마우스 오른쪽 단추를 누르고 구역 위/아래로 이동하며, 구역의 삭제는 제거할 구역을 마우스 오른쪽 단추로 누른 다음 [구역 제거]를 선택하여 수행한다.

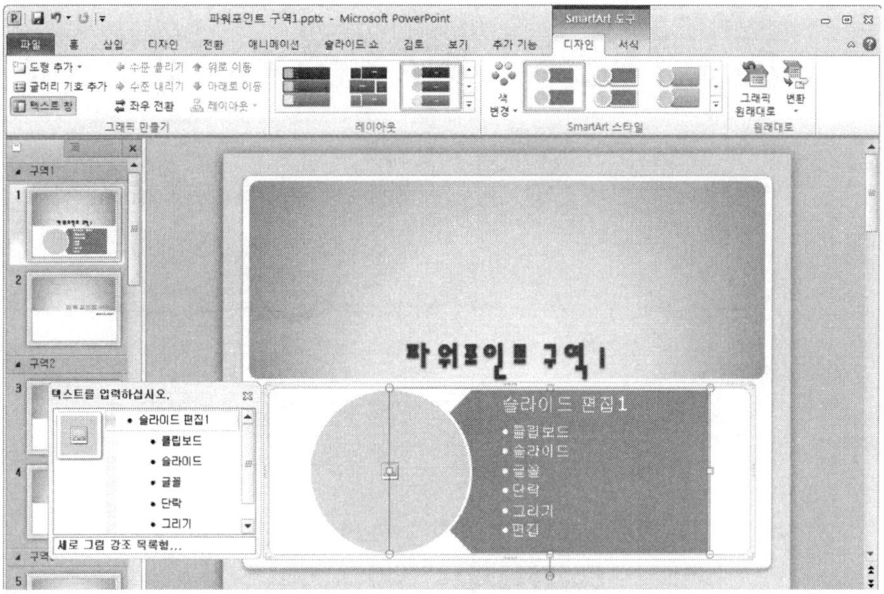

[그림 2-14] SmartArt 도구

이외에도 [홈] 리본에는 글자 모양과 크기 등을 설정하는 [글꼴], 글머리 기호와 정렬 방식 설정 및 SmartArt 그래픽으로 변환 등을 수행하기 위한 [단락], 도형 그리기나 개체 작업 등을 수행하는 [그리기] 그리고 그룹 찾기와 바꾸기 등으로 이루어진 [편집] 그룹이 포함되어 있다.

2.4 삽 입

슬라이드에 [표]를 추가하고자 하는 경우 삽입 리본의 표 그룹에서 표를 클릭하고 포인터를 이동하여 원하는 행 및 열 개수를 선택하거나, 표 삽입을 클릭하고 열 개수 및 행 개수 목록에 숫자를 입력하여 표를 삽입한 다음 셀을 클릭하고 텍스트를 입력한다.

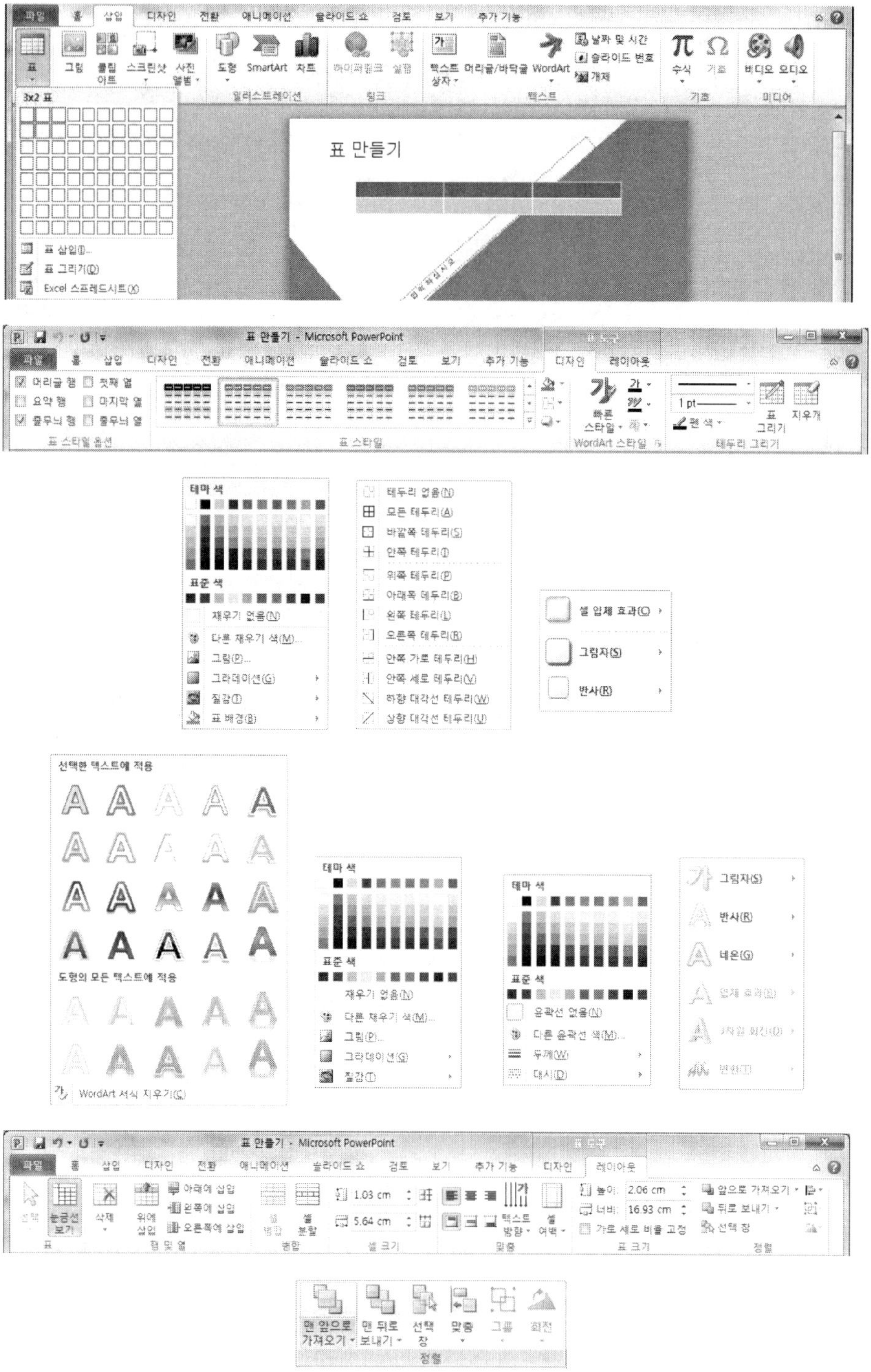

[그림 2-15] 표 도구 디자인과 레이아웃

[표 스타일 옵션] 그룹은 표의 특정 부분에 표 스타일을 적용하기 위한 기능으로 표의 첫 번째 행이나 열을 강조하기 위한 머리글 행과 첫째 열, 마지막 행이나 열을 강조하기 위한 요약 행과 마지막 열 그리고 대체 줄무늬 행과 열을 표시하기 위한 줄무늬 행과 열로 구성되어 있다. [표 스타일] 그룹은 축소판 그림에서 원하는 표 스타일을 클릭하여 적용할 수 있으며, 배경색을 지정하는 음영, 테두리, 효과를 적용하기 위한 기능이다.

[표 테두리]를 추가하거나 변경을 하고자 하는 경우 작업할 셀 영역을 선택하고 테두리 그리기 그룹에서 스타일, 두께, 색을 지정한 다음 연필 모양의 포인터 상태에서 변경할 테두리를 클릭하여 적용한다. 또한, 표의 셀 사이 테두리는 지우개를 사용하여 표 테두리를 삭제할 수 있다. 표의 텍스트 스타일은 [WordArt 스타일] 그룹의 WordArt 빠른 스타일, 텍스트 채우기, 텍스트 윤곽선, 텍스트 효과를 이용하여 원하는 스타일을 적용한다.

[표 도구]의 레이아웃 기능에는 표, 행 및 열의 삽입과 삭제, 셀 병합과 분할, 셀 크기, 맞춤, 표 크기 그리고 정렬에 관련된 그룹으로 구성되어 있다.

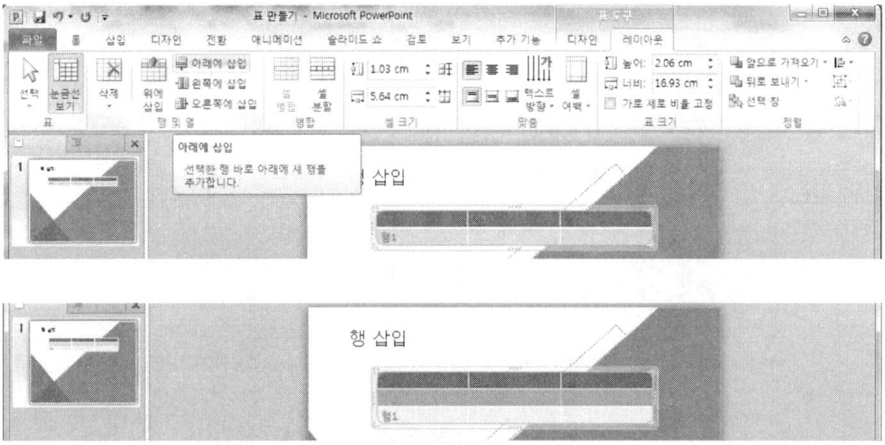

[그림 2-16] 표 행 삽입

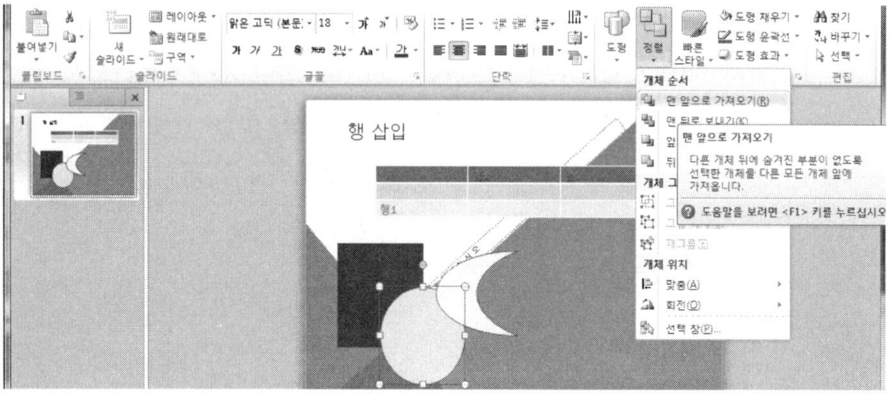

[그림 2-17] 도형 정렬

삽입의 [이미지] 그룹은 그림, 클립아트, 작업 표시줄로 최소화되지 않은 프로그램을 캡처하는 스크린 샷 그리고 그림 집합을 기반으로 하는 새 사진 앨범으로 구성되어 있다.

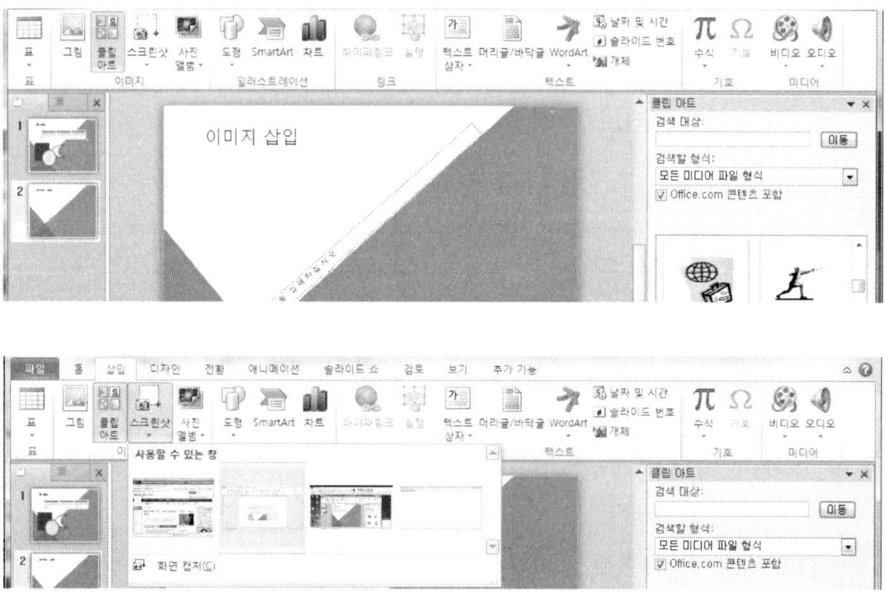

[그림 2-18] 이미지 삽입(1)

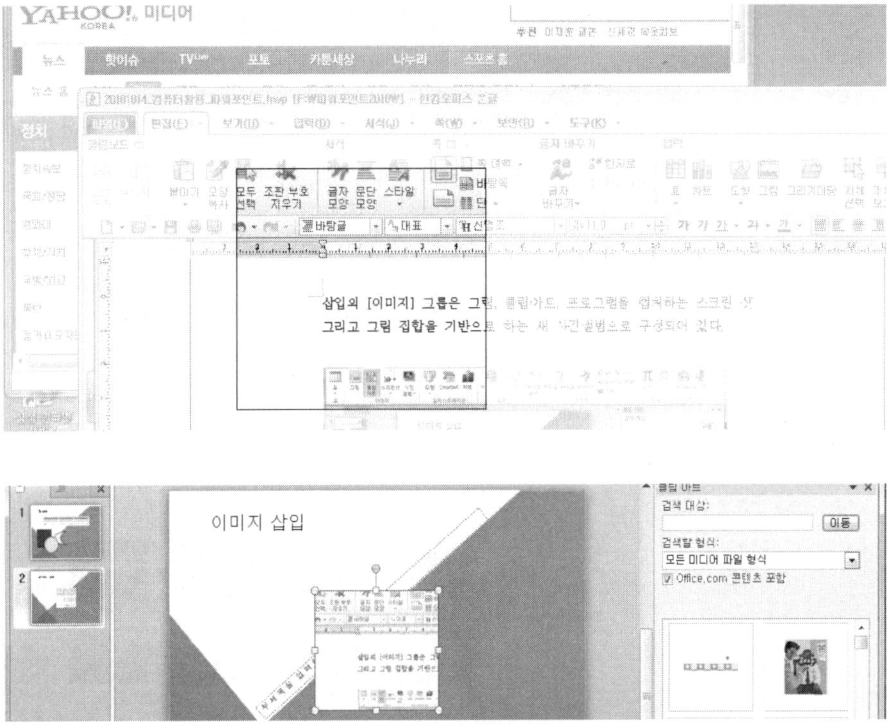

[그림 2-19] 이미지 삽입(2)

그림 또는 클립아트는 클립아트 웹 사이트 공급자, 웹 페이지 또는 컴퓨터에 있는 그림이나 클립아트를 프레젠테이션에 삽입하거나 복사할 수 있으며, 이를 슬라이드의 배경으로 사용할 수 있는 기능이다.

클립아트 삽입은 삽입 탭에 있는 일러스트레이션 그룹의 클립아트를 클릭한 다음, 클립아트 작업창에 있는 검색 대상 텍스트 상자에 원하는 클립아트에 관련된 단어, 구 또는 파일 이름 일부를 입력하고, 검색 위치 및 검색할 파일 형식을 지정하여 나타나는 결과 목록에서 삽입할 클립아트를 클릭하여 삽입할 수 있다.

[그림 2-20] 새 사진 앨범과 사진 앨범 편집

발표 자료의 시각적인 효과를 위해 파워포인트에는 도형, 곡선, 선, WordArt로 구성된 그리기 도구 탭 기능을 포함하고 있으며, 그리기 도구 탭은 도형, 선 또는 기타 그리기 개체를 선택한 경우에만 표시된다.

[그리기 도구]-[서식]의 [도형 스타일] 그룹은 선택한 도형에 대해 채우기(단색, 그라데이션, 그림 또는 질감), 윤곽선(색, 스타일 또는 두께 및 선 스타일) 도형 효과(그림자, 네온, 반사 또는 3차원 회전과 같은 시각 효과) 추가 또는 삭제 작업을 수행하기 위한 기능이다.

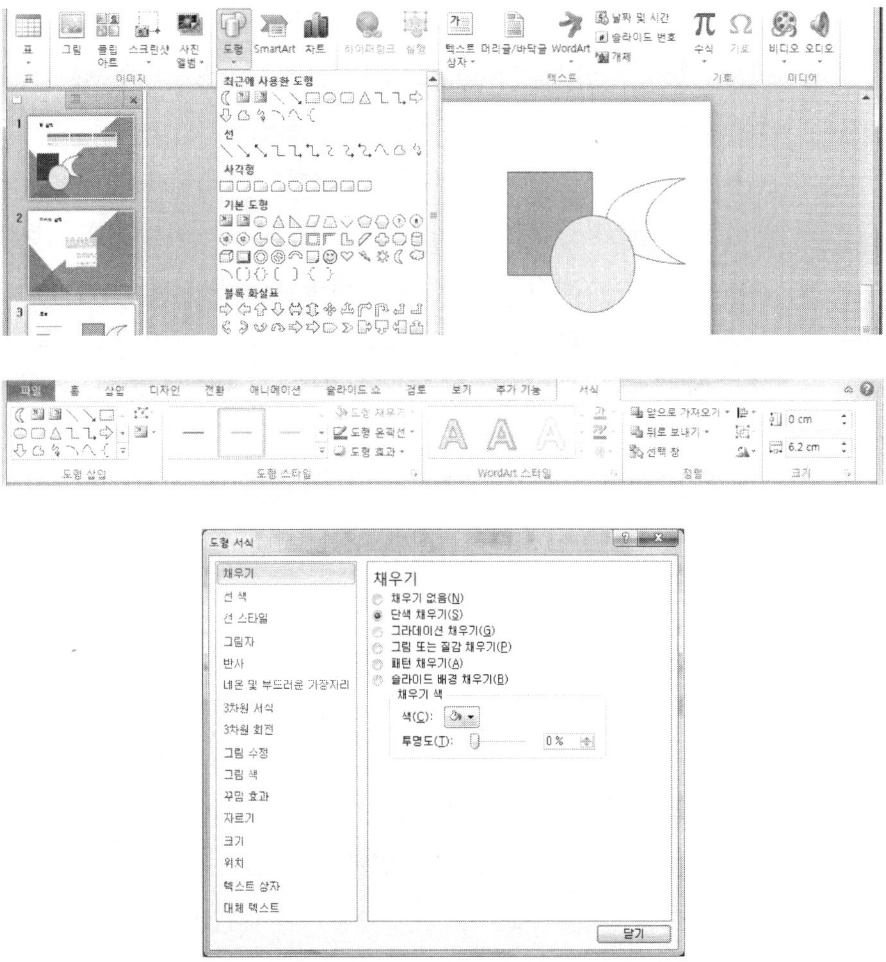

[그림 2-21] 도형과 서식

각종 도형을 그리는 방법은 도구 모음의 도형을 선택하고 왼쪽 마우스 버튼을 누른 상태에서 드래그 하여 그린다.

도형의 서식을 변경하고자 하는 경우에는 도형을 클릭하면 선택되었다는 표시로 도형 주위에 사각형의 점으로 표시되며, 여러 개의 도형을 한꺼번에 편집할 경우에는 Shift 키를 누른 상태에서 선택하고자 하는 도형을 클릭하면 동시에 여러 개의 도형들의 선택이 가능하다. 여기서 Shift 키를 누른 상태에서 다시 선택된 도형 중의 일부를 클릭하여 선택하면 선택된 도형을 다시 해제할 수 있다.

도형의 이동과 복사는 작업을 수행하고자 하는 도형을 선택한 다음 오른쪽 마우스 버튼을 누르고 잘라내기 또는 복사하기를 선택하여 클립보드에 저장한다. 다음과정으로 원하는 슬라이드의 위치로 이동하여 붙이기를 실행한다.

도형의 크기나 각도의 변경은 도형을 선택하고, 마우스 오른쪽 버튼을 눌러 도형 서식에서 변경하거나 선택된 도형의 모서리의 사각형 점을 이용하여 변경할 수 있다. 마우스를 이용하여 크기를 조절하고자 하는 경우에는 도형으로 마우스 포인트를 이동하여 크기 조절 화살표가 나타나면 마우스의 왼쪽 버튼을 누른 상태에서 드래그 하여 도형의 크기를 변경한다.

도형이 겹쳐 있는 경우 정렬을 이용하여 앞이나 뒤로 가져갈 수 있다. 정렬 방법은 우선 정렬하고자 하는 도형을 선택하고 오른쪽 마우스 버튼을 눌러 정렬 방식을 선택한다.

일러스트레이션 그룹의 SmartArt 그래픽이란 메시지나 아이디어 정보를 시각적으로 교환하기 위한 기능으로 목록형, 프로세스형, 주기형, 계층 구조형 등 다양한 양식을 지원하며, SmartArt 도구의 디자인과 서식을 이용하여 색상 변경, 선 스타일, 입체 효과 및 3차원을 비롯한 다양한 효과의 조합으로 스타일을 설정할 수 있는 기능도 포함되어 있다.

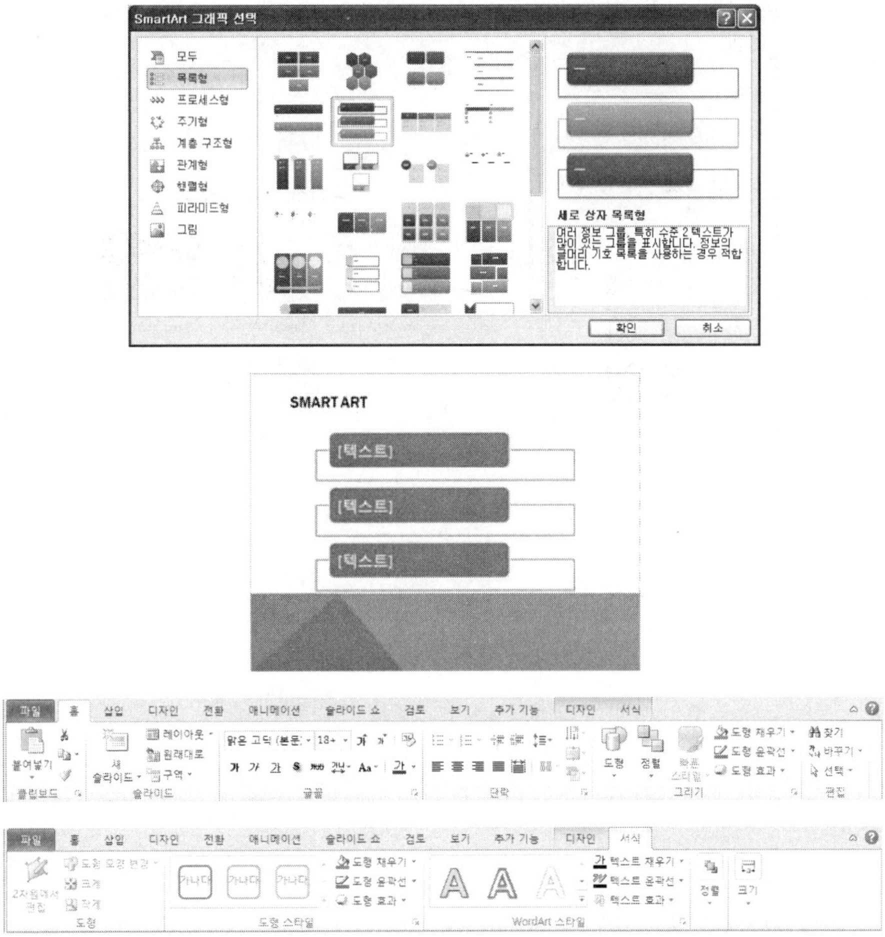

[그림 2-22] SmartArt 그래픽

<표 2-1> 스마트 그래픽 종류

유형	용도
목록형	비순차적 정보 표시
프로세스형	프로세스 또는 시간 표시 막대에서 단계 표시
주기형	연속된 프로세스 표시
계층 구조형	의사결정 트리 표시, 조직도 만들기
관계형	연결을 일러스트레이션으로 표시
매트릭스형	전체에 대한 각 부분의 관계 표시
피라미드형	가장 큰 구성 요소가 맨 위 또는 맨 아래에 있는 비례 관계 표시

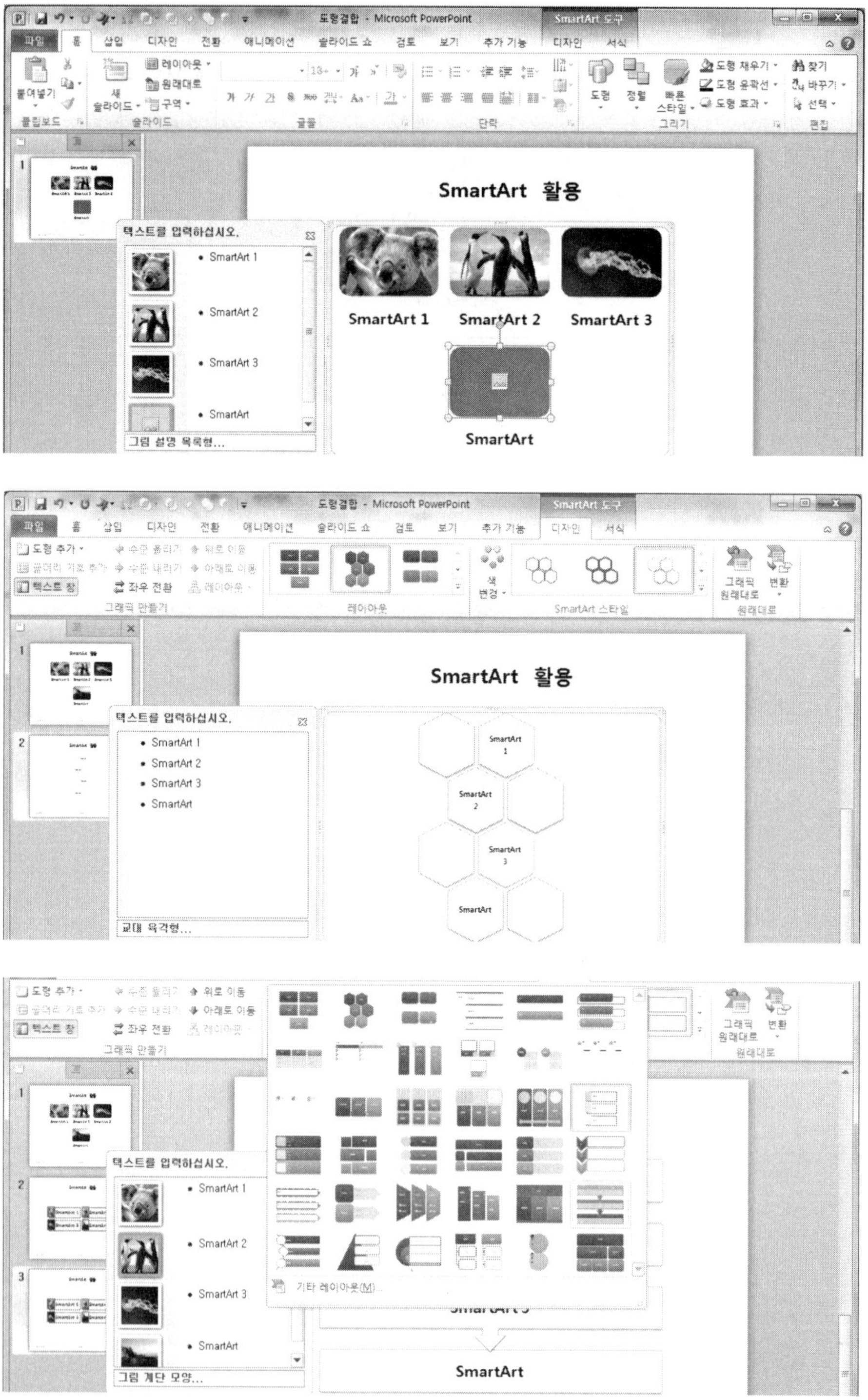

[그림 2-23] 스마트 그래픽의 활용(1)

[그림 2-24] 스마트 그래픽의 활용(2)

차트는 데이터를 나타내고 비교하기 위한 기능으로 리본 메뉴에서 쉽게 사용할 수 있는 차트 종류, 레이아웃 및 스타일 기능을 제공하며, 자주 사용하는 차트는 차트 서식 파일로 저장한 후 적용할 수 있다.

차트를 삽입하고자 하는 경우 삽입 탭의 차트를 클릭하여 원하는 종류의 차트를 지정하고 데이터시트에 원하는 데이터를 입력하여 작성한다. 이때, 데이터 시트의 열 A와 행 1은 각각 레이블과 범례를 나타내며 항목 이름을 바꿀 수도 있다.

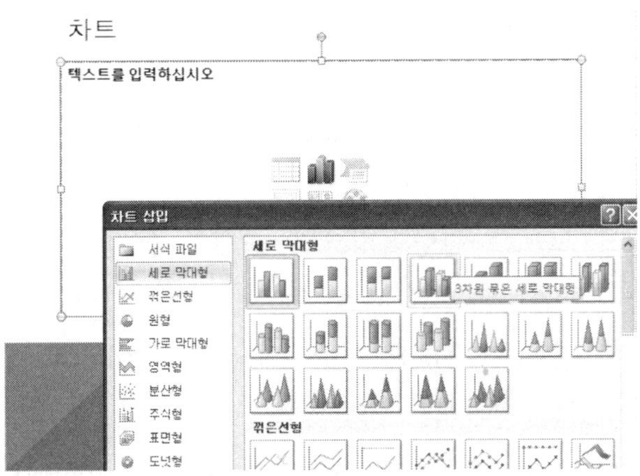

[그림 2-25] 차트 스타일(1)

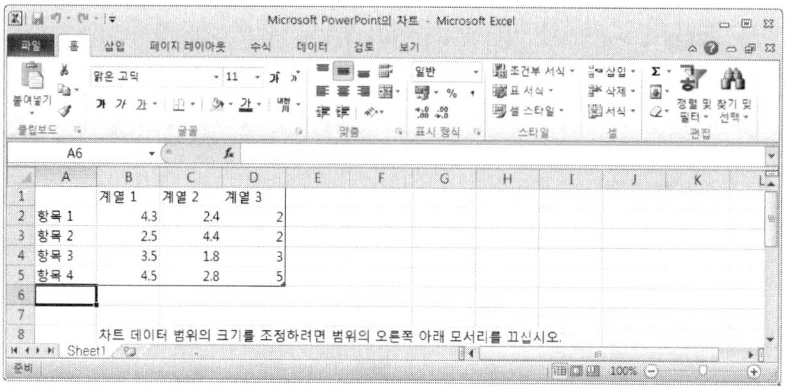

[그림 2-26] 차트 스타일(2)

작성된 차트는 축 표시 변경, 차트 제목 및 데이터 레이블 추가, 범례 또는 데이터 테이블 추가, 각 차트 종류에 대한 특수 옵션을 적용할 수 있는 수정 기능이 포함되어 있다.

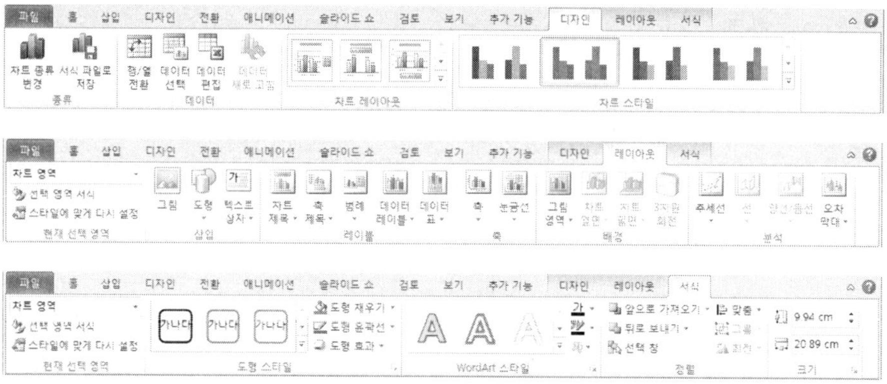

[그림 2-27] 차트 도구

링크 그룹은 하이퍼링크와 개체를 클릭하거나 개체 위에 마우스를 놓을 때 실행되는 동작을 추가하는 부분으로 구성되어 있다. 하이퍼링크는 같은 프레젠테이션의 다른 슬라이드에 연결하거나 다른 프레젠테이션의 슬라이드, 전자 메일 주소, 웹 페이지 또는 파일에 연결하는 기능으로 그림, 그래프, 도형 또는 WordArt와 같은 개체나 텍스트에서 만들 수 있다.

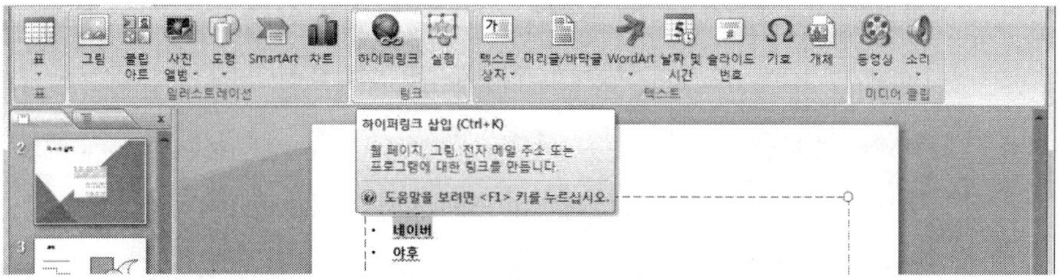

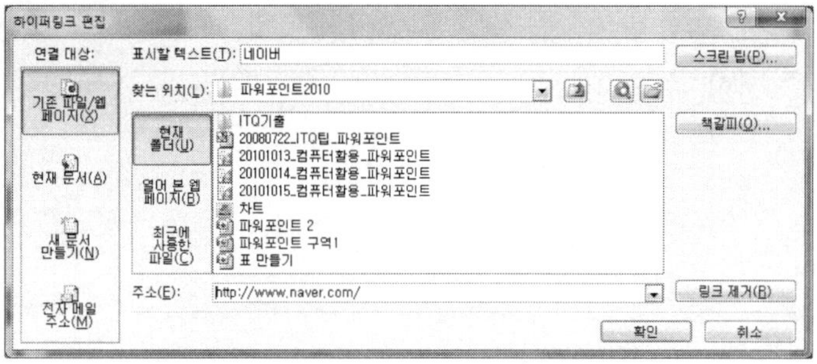

[그림 2-28] 하이퍼링크와 실행

[텍스트 상자]는 텍스트 상자에 입력하거나 붙여 넣으며 서식 도구 모음을 이용하여 글꼴이나 글자 크기, 정렬 방식, 글머리 기호를 이용하여 서식을 변경할 수 있다.

문자열의 수정 기능에는 문자열 이동과 회전 기능 등이 포함되어 있다. 문자열의 이동은 이동하고자 하는 문자열 박스를 선택하고 끌어서 이동하며, 문자열의 회전은 텍스트 상자 서식에서 회전 각도를 조절할 수 있다.

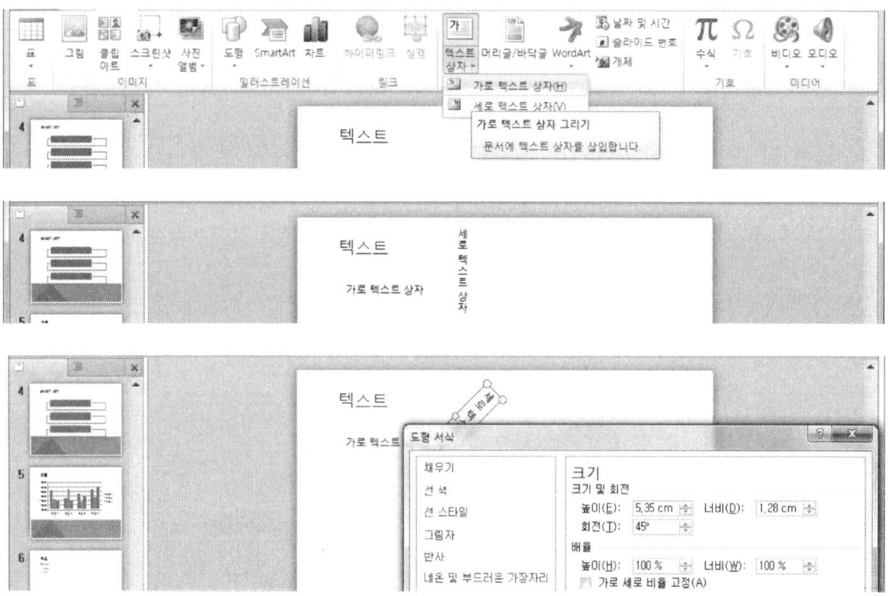

[그림 2-29] 텍스트 상자

슬라이드 작성 시 머리글과 바닥글은 인쇄된 페이지의 위쪽이나 아래쪽에 나타나는 정보로 [보기]의 [머리글 및 바닥글]을 선택하여 슬라이드와 슬라이드 노트에 표시할 날짜와 시간, 머리글, 페이지 번호, 바닥글에서 적용 대상을 클릭하여 선택하고 입력하여 작성한다.

이러한 기능들 외에도 텍스트 그룹에는 현재 날짜와 시간, 슬라이드 번호 그리고 각종 개체를 삽입하는 기능이 포함되어 있다.

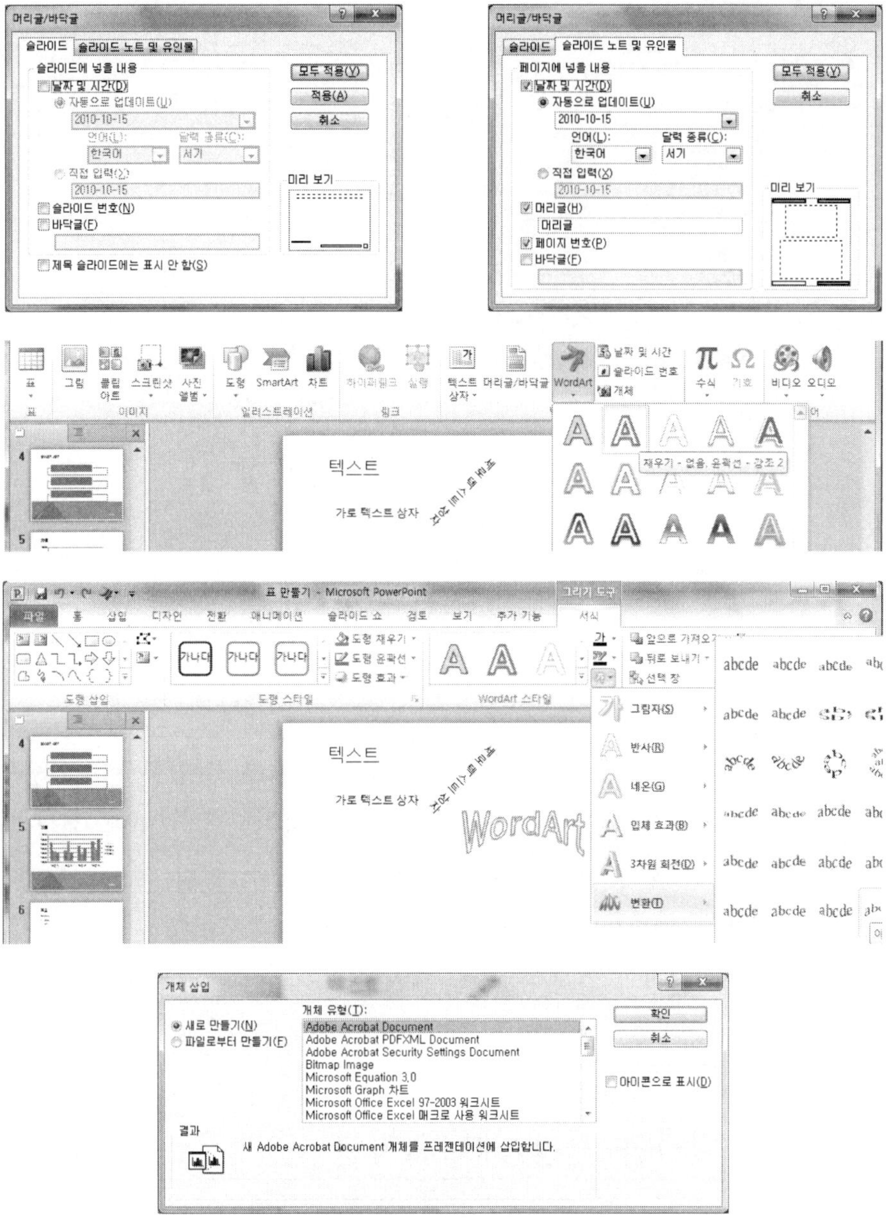

[그림 2-30] 머리글/바닥글과 WordArt 및 개체 삽입

기호 그룹은 수식과 기호로 구성되어 있으며 일반 수학 수식 또는 기호 라이브러리를 이용하여 수식을 작성하거나 키보드 없는 각종 기호와 코드를 삽입하는 기능이다.

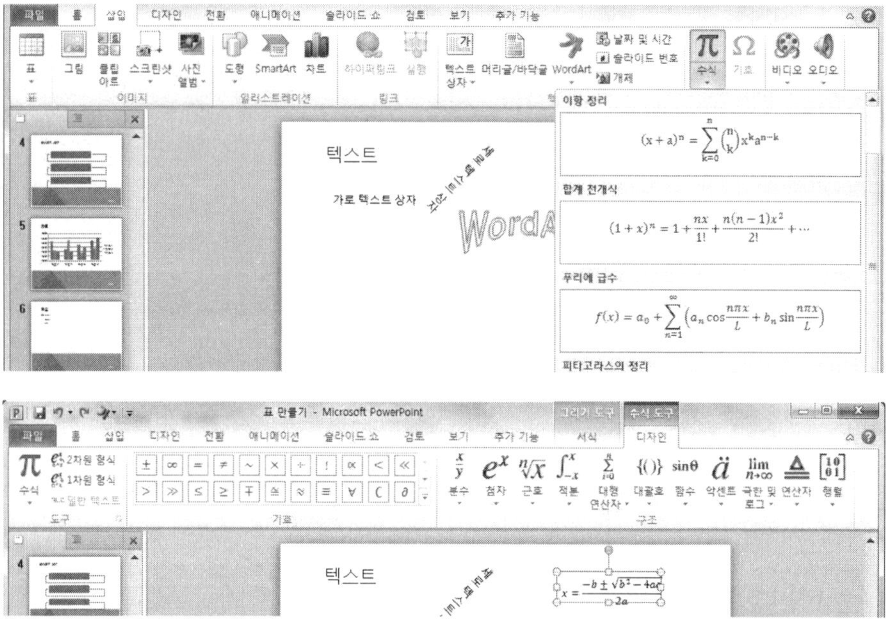

[그림 2-31] 수식

미디어 그룹은 각종 비디오와 오디오를 삽입할 수 있는 기능으로 슬라이드가 표시될 때 자동으로 재생하거나 클릭하여 재생 또는 지정한 시간 후에 재생할 수 있도록 지정할 수 있다. 이때, 동영상은 프레젠테이션에서 포함 개체로만 사용되므로 동영상을 삽입하기 전에 프레젠테이션과 같은 폴더에 동영상 파일을 복사해 두어야 한다.

2.5 디자인/전환/애니메이션

디자인 리본은 페이지 설정과 슬라이드 방향을 설정하는 [페이지 설정], 각종 테마와 테마 색, 글꼴, 효과 등을 설정하는 [테마], 그리고 배경 스타일과 배경 그래픽 숨기기 기능을 갖고 있는 [배경] 그룹으로 구성되어 있다.

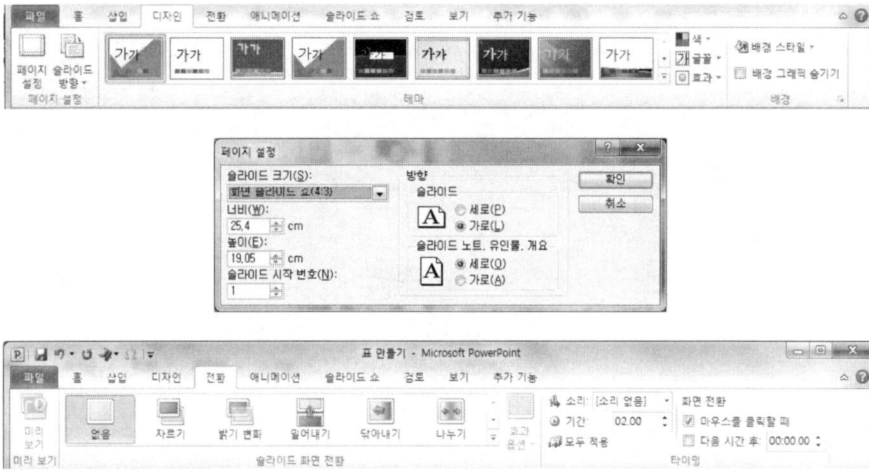

[그림 2-32] 디자인과 전환

미리보기는 현재 슬라이드의 전환을 미리 보는 기능이며, 화면 전환은 슬라이스 쇼를 실행할 때 한 화면에서 다음 화면으로 전환할 때 표시되는 효과로 밀어내기, 나타내기, 실선 무늬, 흩어뿌리기, 확대/축소, 이동, 회전, 날기 등의 다양한 화면 전환 및 방향 효과 옵션을 제공한다. 또한, 타이밍 그룹에서는 소리 효과, 전환 시간 그리고 화면 전환 방식을 마우스를 클릭할 때나 지정된 시간 후에 전환하도록 설정하는 영역으로 구성되어 있다.

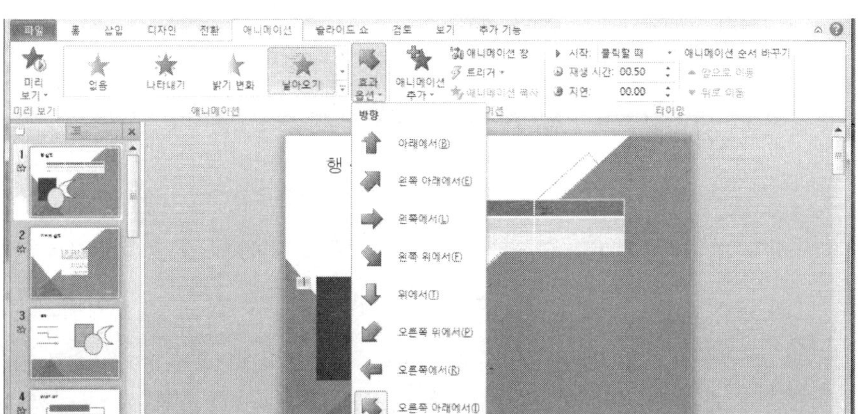

[그림 2-33] 애니메이션과 효과 옵션

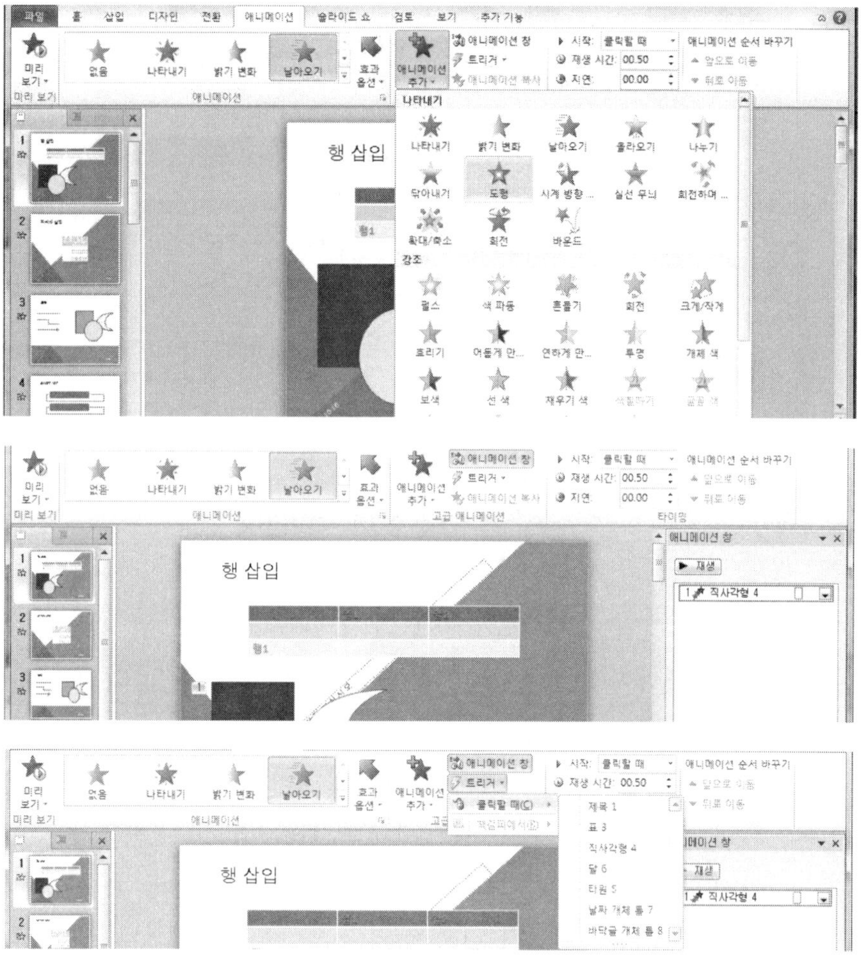

[그림 2-34] 애니메이션 추가

애니메이션 추가는 선택한 개체에 애니메이션 효과를 추가하는 기능으로 이 슬라이드의 기존 애니메이션 뒤에 적용된다. 애니메이션 창은 슬라이드에 있는 각각의 개체에 애니메이션 효과 적용의 종류, 나타나는 방법 및 시기, 서로 관련이 있는 여러 애니메이션 효과의 순서를 지정하여 애니메이션에 적용할 수 있는 기능이다.

트리거란 애니메이션을 위한 특수 조작 조건을 설정하는 기능으로 슬라이드 쇼 중에 슬라이드 위의 개체를 클릭하거나 특정 비디오 부분을 재생할 때 애니메이션 효과를 표시할 수 있다.

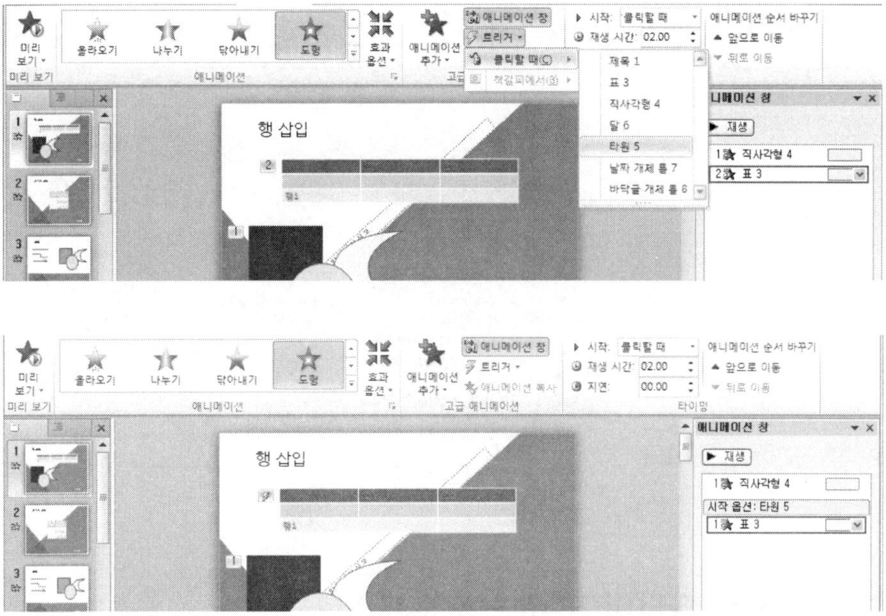

[그림 2-35] 트리거

2.6 슬라이드 쇼

슬라이드 쇼 시작 그룹에서는 첫 슬라이드나 현재 슬라이드부터 시작할 것인지 설정 및 웹브라우저 상에서 원격 시청자들에게 브로드캐스트하거나 사용자 지정 슬라이드를 만들거나 재생하는 기능이 포함되어 있다.

설정 그룹은 슬라이드 쇼 모드에 대한 고급 옵션 설정, 슬라이드 숨기기, 프레젠테이션 예행연습, 슬라이드 쇼 녹화 시작 위치 등을 설정하기 위한 기능이 포함되어 있다. 또한, 모니터 그룹은 슬라이드 쇼에 사용할 화면 해상도, 표시 위치 및 발표자 도구 사용을 설정하는 기능으로 구성되어 있다.

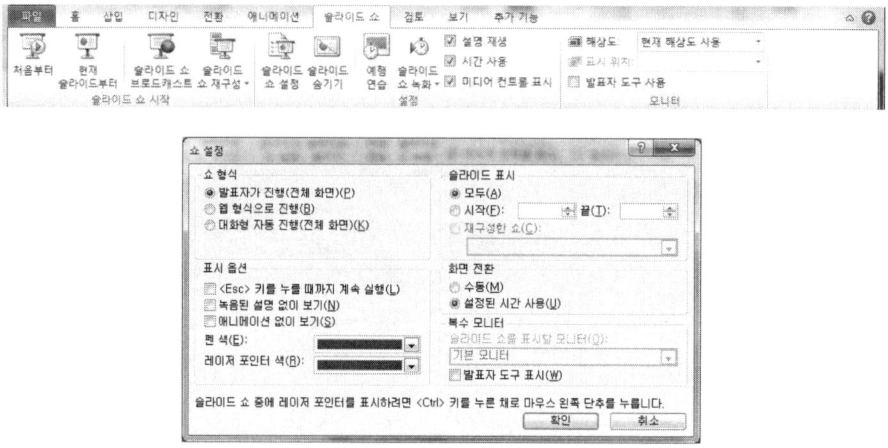

[그림 2-36] 슬라이드 쇼

2.6.1 슬라이드 쇼 브로드캐스트

슬라이드 쇼 브로드캐스트란 PowerPoint 내에서 슬라이드 쇼를 프레젠테이션 하는 동안에 웹을 통해 액세스 권한이 있는 초대한 원격 청중에게 브라우저에 슬라이드 쇼를 표시되는 기능으로 Internet Explorer, Firefox 및 Mac용 Safari 브라우저에서 사용 가능하다. 이러한 기능을 사용하기 위해서는 기본적으로 슬라이드 쇼를 호스팅하는 네트워크 서비스가 필요하며, 이 중 Windows Live ID가 있으면 사용할 수 있다.

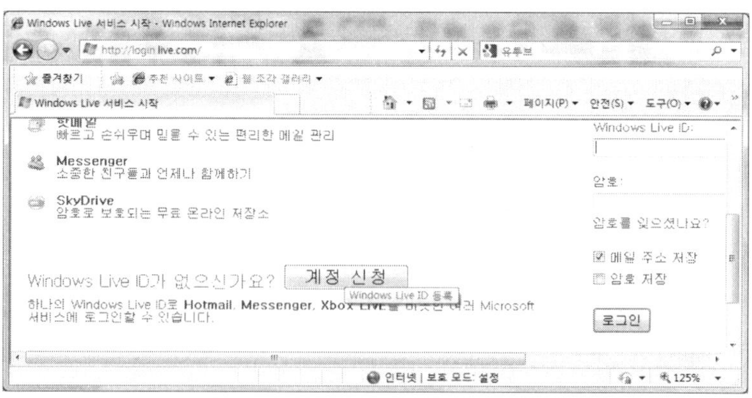

[그림 2-37] 슬라이드 쇼 브로드 캐스트(1)

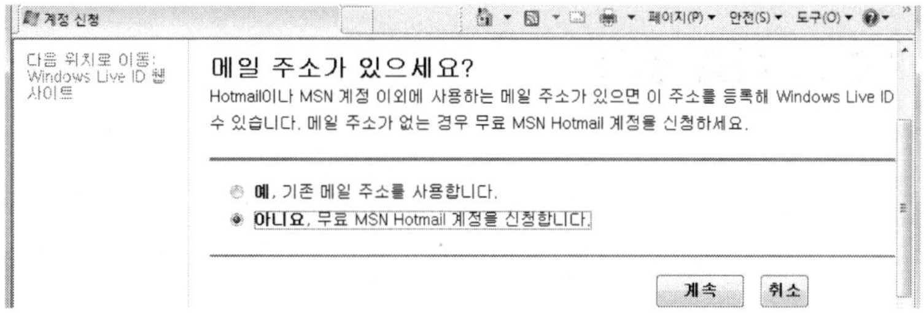

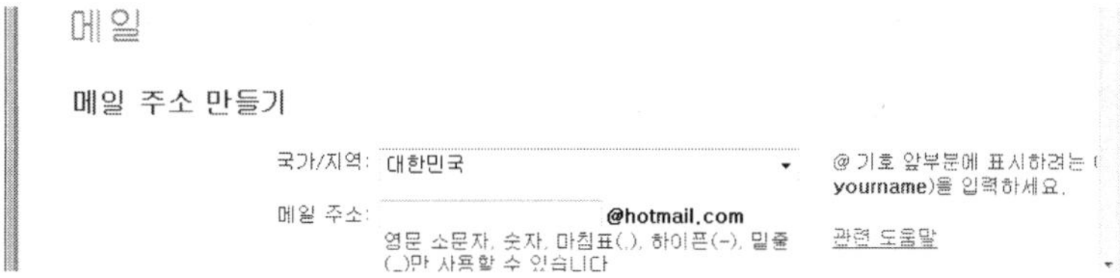

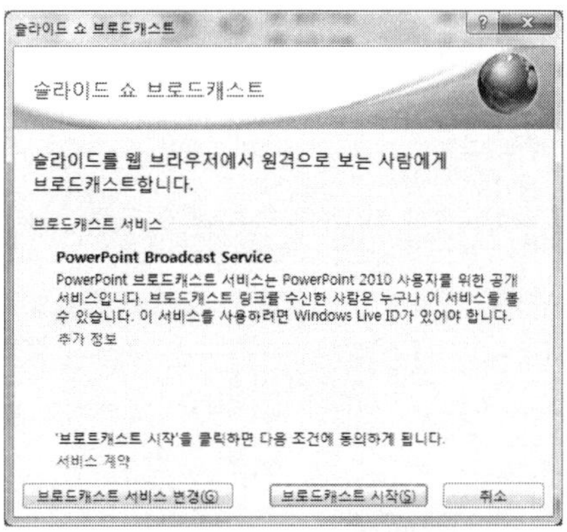

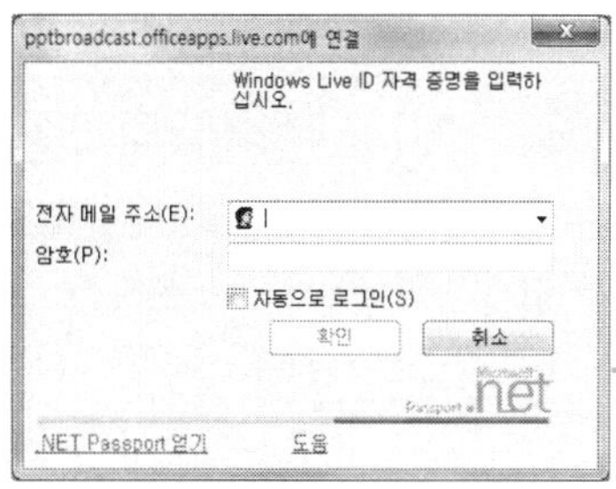

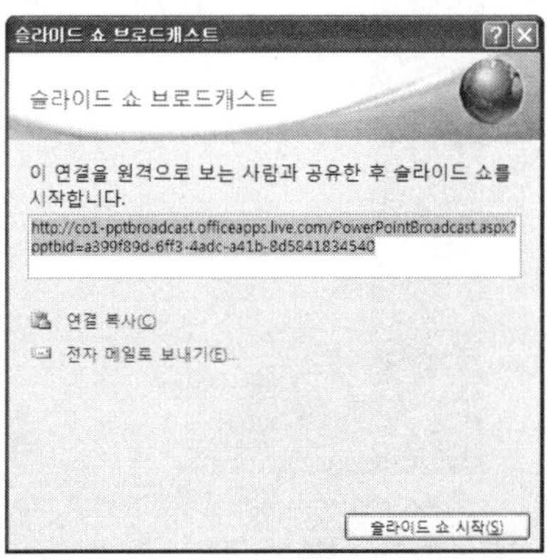

[그림 2-38] 슬라이드 쇼 브로드 캐스트(2)

2.6.2 다중 실행

파일 다중 실행하기란 프레젠테이션을 작성할 때 다른 프레젠테이션을 참조하며 작업을 진행할 수 있는 즉, 여러 개의 프레젠테이션을 실행할 수 있는 기능이다.

다중 실행을 이용하기 위해서는 우선, 작업할 파일과 참조할 파일들을 열고, 작업할 파일을 기본 보기로 설정한 다음 참조할 파일들을 읽기용 보기로 설정하여 작업을 수행한다.

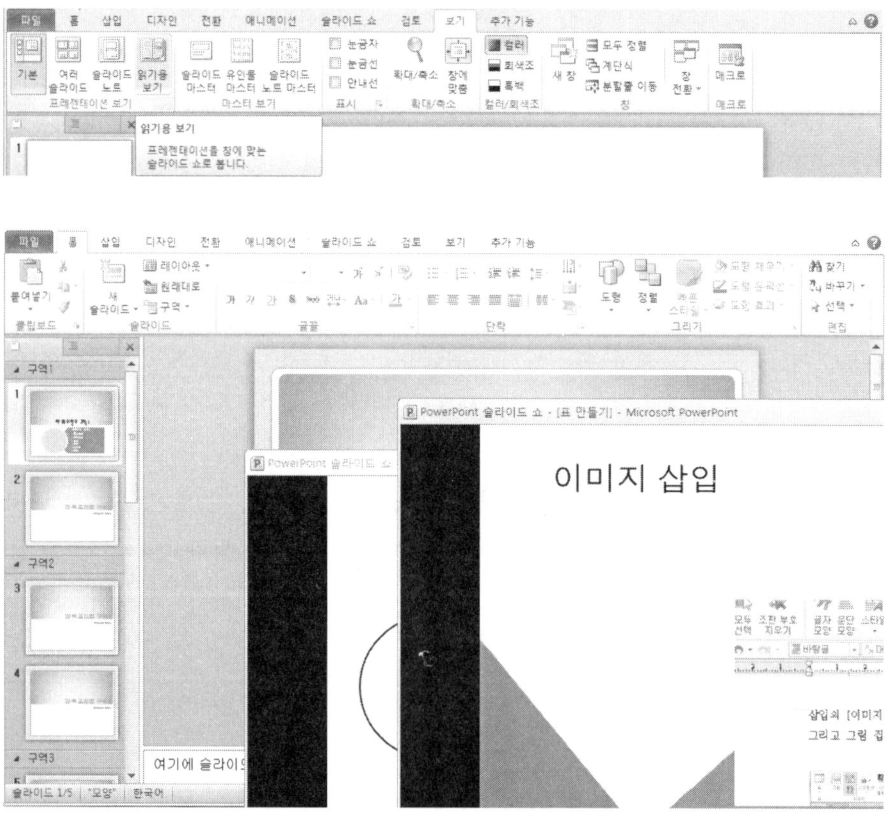

[그림 2-39] 파일 다중 실행

2.7 검토/보기

2.7.1 검 토

검토 리본은 언어 교정, 언어, 메모 그리고 비교 그룹으로 구성되어 있다. 언어 교정 그룹은 텍스트의 맞춤법 검사, 참조 자료를 이용하기 위한 리서치 및 다른 단어를 제안해 주는 동의어 사전을 포함하고 있으며, 언어 그룹은 단어나 단락을 다른 언어로 번역해 주는 번역, 한글/한자 변환과 언어 옵션 기능을 포함하고 있다.

이외에도 검토 리본에는 메모와 편집 등의 기능을 수행하는 메모 그룹, 다른 프레젠테이션과 현재 프레젠테이션과의 비교 및 변경 내용의 적용 여부 등에 관련된 비교 그룹이 포함되어 있다.

[그림 2-40] 검토와 보기

2.7.2 보 기

보기 리본은 프레젠테이션 보기, 마스터 보기, 표시, 확대/축소, 컬러/회색조 창 그리고 매크로 그룹으로 구성되어 있다.

프레젠테이션 보기 그룹에는 기본 보기 이외에도 여러 슬라이드,

슬라이드 노트, 슬라이드 쇼의 읽기용 보기가 있다. 기본 보기는 프레젠테이션을 작성하고 디자인할 때 사용하는 주 편집 보기이며, 여러 슬라이드 보기는 슬라이드를 다시 쉽게 정렬할 수 있도록 슬라이드를 축소판 그림 형태로 표시하는 보기이다.

또한, 슬라이드 노트 보기는 전체 페이지 즉, 인쇄되는 형태대로 표시되는 형식이며, 읽기용 보기는 청중이 보는 것과 동일한 실제 프레젠테이션처럼 전체 화면으로 표시되는 보기로 그래픽, 타이밍, 동영상, 애니메이션 효과 및 전환 효과가 실제 프레젠테이션에서 어떻게 보이는지 확인할 수 있다.

마스터 보기 그룹은 슬라이드 마스터, 유인물 마스터 그리고 노트 마스터 그룹으로 구성되어 있다.

표시는 눈금자나 눈금선 또는 안내선 표시를 설정하기 위한 그룹이며 컬러나 회색조 흑백으로 변환하는 컬러/회색조 그리고 창 그룹 및 일련의 명령어를 실행할 수 있도록 하는 기능의 매크로 그룹도 포함하고 있다.

슬라이드 마스터는 적용된 디자인 서식 파일의 정보를 저장하는 슬라이드로 슬라이드에서 텍스트 및 개체의 위치, 텍스트 및 개체에 해당하는 개체 틀의 크기, 텍스트 스타일, 배경, 색 테마, 효과, 애니메이션 등의 정보를 포함한다.

슬라이드 마스터를 추가하고자 하는 경우 보기 탭의 프레젠테이션 보기 그룹에서 슬라이드 마스터를 클릭하고, 슬라이드 마스터 탭의 마스터 편집 그룹에서 슬라이드 마스터 삽입을 클릭하여 추가한 후 필요 없는 기본 개체 틀을 Delete키를 이용하여 제거한다.

또한, 개체 틀을 추가하고자 하는 경우 추가한 슬라이드 마스터 아래에 축소판 그림으로 표시된 슬라이드 레이아웃 그룹의 개체 틀을 클릭하고 슬라이드 마스터에서 추가하고자 하는 위치를 클릭하고 끌어서 개체 틀을 그린다. 다음과정으로 파일 형식 목록에서 PowerPoint 서식 파일로 저장한다.

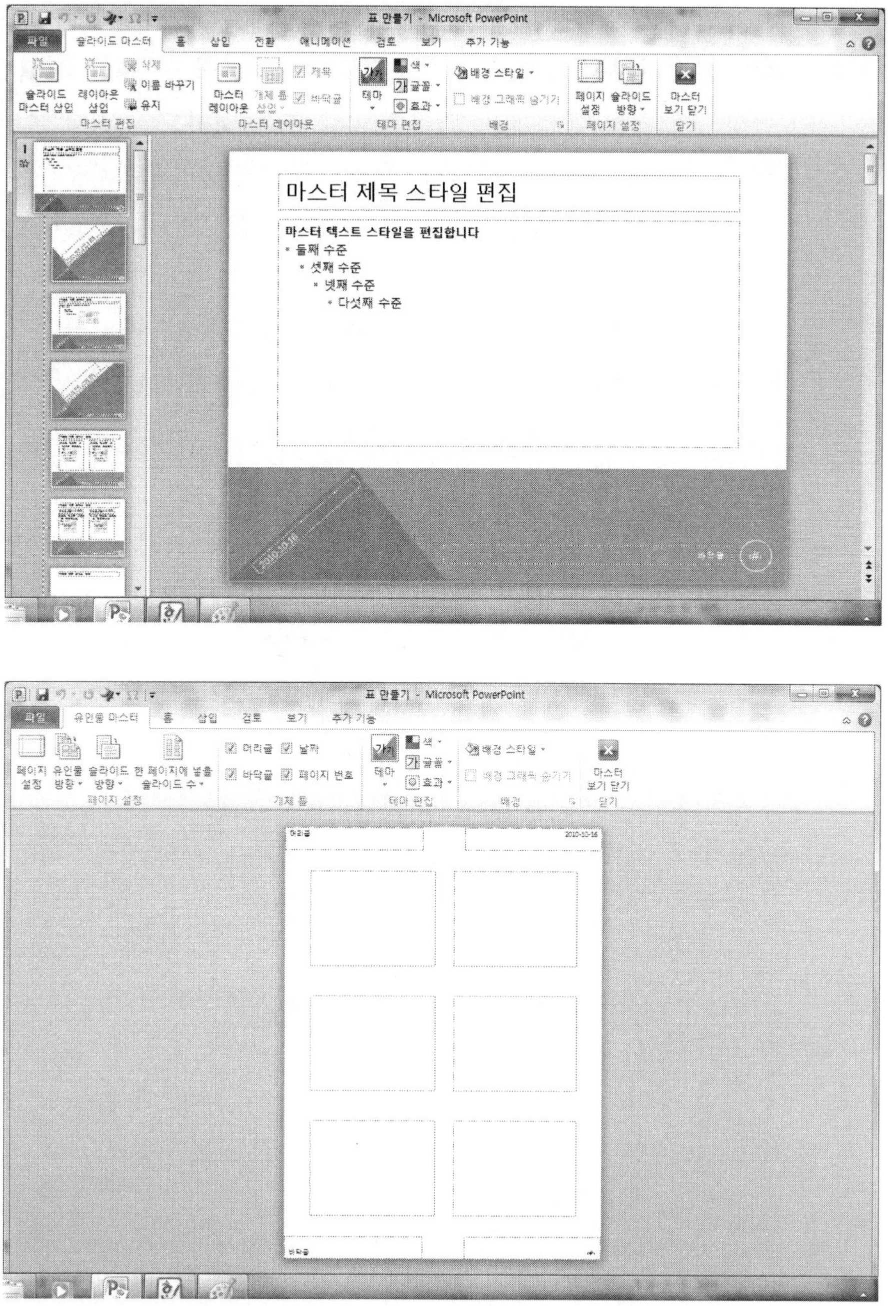

[그림 2-41] 슬라이드 마스터와 유인물 마스터

유인물 마스터는 청중들의 이해를 돕기 위해 작성하는 유인물에 대한 기본 서식을 설정하는 부분으로 페이지 설정, 유인물 및 슬라이드 방향, 한 페이지에 넣을 슬라이드 수를 설정하고 지정할 수는 페이지 설정 그룹과 머리글, 바닥글, 날짜, 페이지 번호를 지정하는 개체 틀 그룹, 서식을 지정하는 테마 편집 그룹 그리고 배경 그룹으로 구성되어 있다.

슬라이드 노트 마스터는 프레젠테이션의 모든 슬라이드 노트에 콘텐츠 또는 서식을 설정하는 부분으로 유인물과 동일한 그룹으로 구성되며, 이를 이용하여 슬라이드 노트 마스터에 원하는 그림을 추가하거나 글꼴 스타일의 변경 또는 슬라이드 영역, 슬라이드 노트 영역, 머리글, 바닥글, 페이지 번호 및 날짜의 모양과 위치를 변경할 수 있다. 이러한 기능들 외에도 추가적으로 Bluetooth가 포함되어 있다.

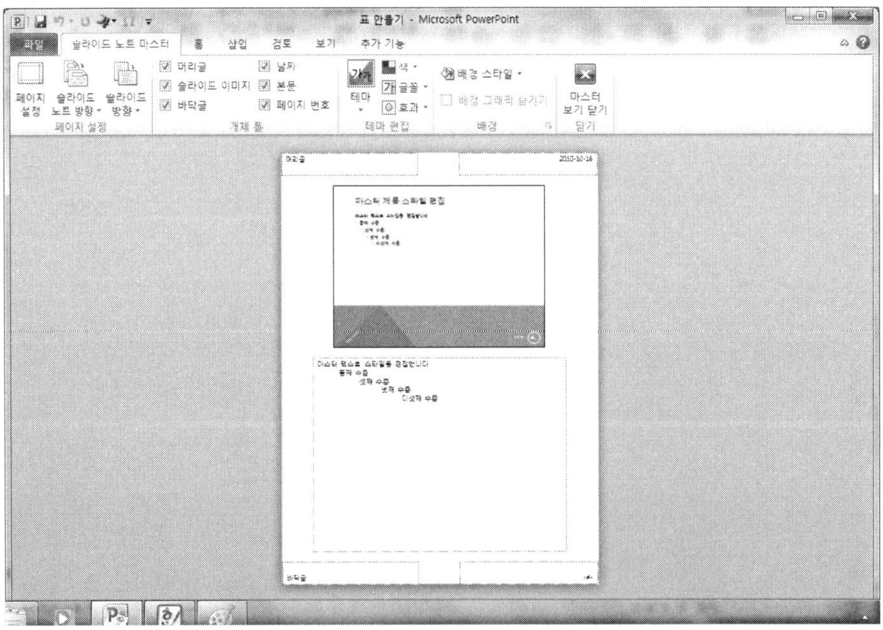

[그림 2-42] 슬라이드 노트 마스터와 추가 기능

MEMO

MEMO

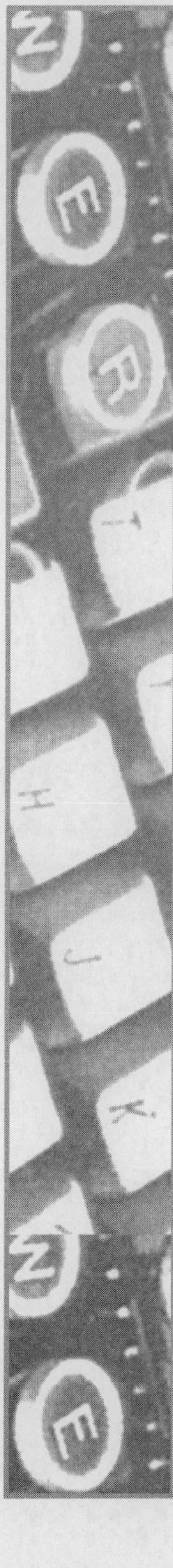

C.H.A.P.T.E.R 3

개 체 작 업

3.1 도형 간의 결합
3.2 그림 편집
3.3 비디오 편집
3.4 개체 간 애니메이션 복사와 점 편집
3.5 SmartArt 활용 도해/텍스트 효과 서식/그림 효과

3.1 도형 간의 결합

파워포인트 2010에서는 별도의 그래픽 프로그램 없이도 도형 간의 병합, 결합, 교차, 빼기가 가능하며 이러한 기능들을 수행하기 위해서는 파워포인트 옵션에서 빠른 실행 도구 모음의 리본 메뉴에 없는 명령 중 세이프에 관련된 명령을 빠른 실행 도구 모음의 리본에 추가해야 된다.

셰이프 병합과 셰이프 결합은 도형들을 하나로 만들거나 도형을 하나로 만드는 기능이며, 셰이프 교차와 셰이프 빼기는 교차되는 부분만 남기거나 먼저 그린 도형에서 나중에 그린 도형을 빼는 기능이다.

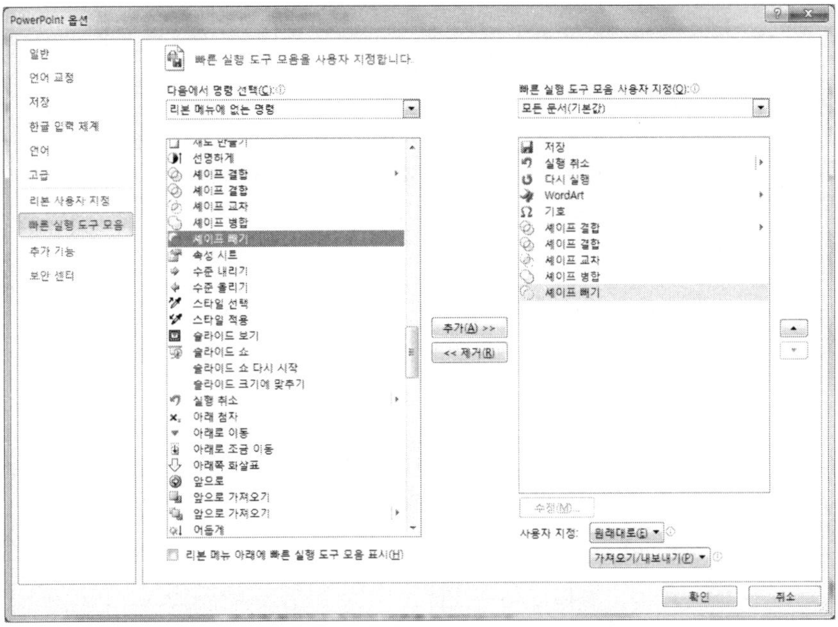

[그림 3-1] 도형 간의 결합(1)

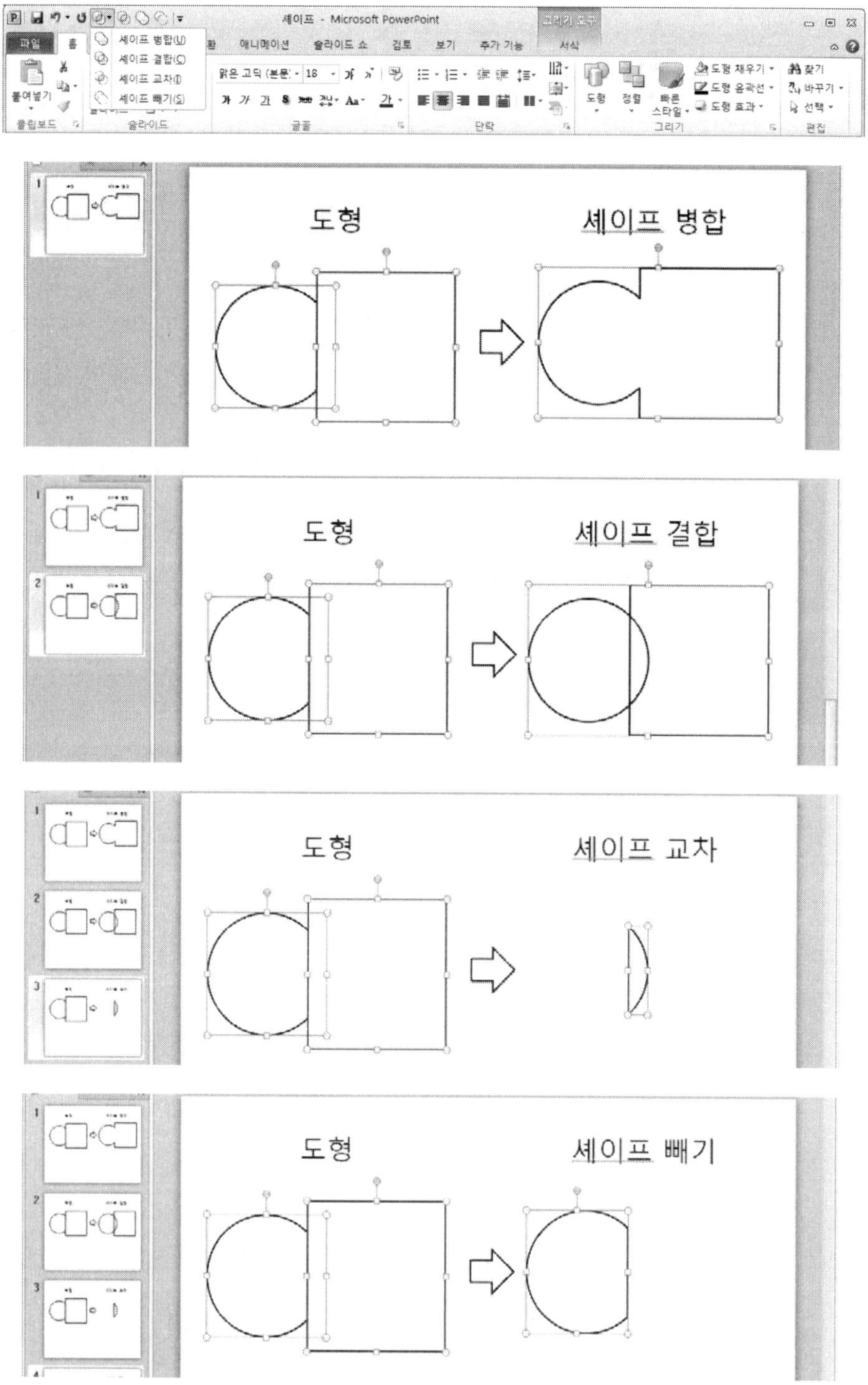

[그림 3-2] 도형 간의 결합(2)

3.2 그림 편집

배경 제거란 그림 중에서 원하지 않는 부분을 제거하는 기능으로 작업할 그림을 누르고 그림 도구의 서식 탭에 있는 배경 그룹에서 배경 제거 단추를 누른다.

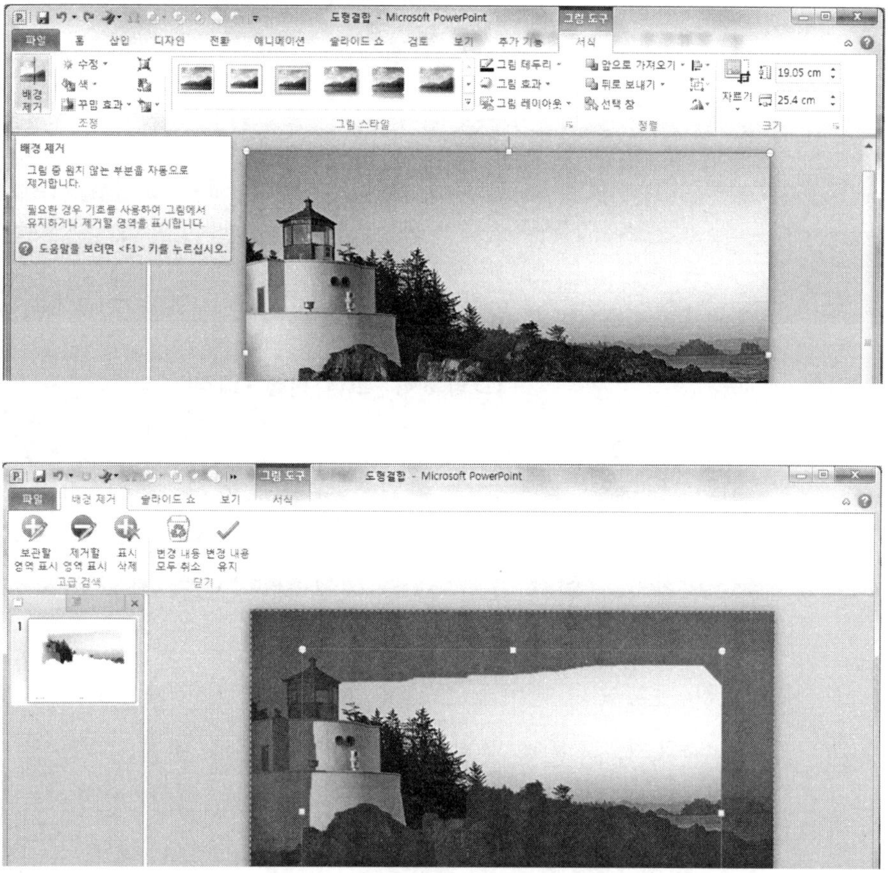

[그림 3-3] 그림 편집 – 배경(1)

[그림 3-4] 그림 편집 – 배경(2)

이때, 활성화된 배경 제거 탭은 그림을 유지할 부분이나 제거할 영역 표시할 선을 그리는 보관할 영역과 제거할 영역 표시, 제거할 영역을 변경하기 위한 표시 삭제, 변경 내용 모두 취소 그리고 변경 내용 유지하기 위한 기능으로 구성되어 있다.

크기 그룹의 자르기는 그림을 잘라 불필요한 부분을 제거하는 기능으로 자르기, 도형에 맞춰 자르기, 가로 세로 비율, 그림 크기를 조정하여 영역을 벗어나는 그림 부분을 자르고 그림 영역으로 채우기와 그림의 원래 가로 세로 비율은 유지하면서 영역 내에 표시되도록 크기를 조정하는 맞춤으로 구성되어 있다.

[그림 3-5] 그림 편집-도형에 맞춰 자르기

3.3 비디오 편집

파워포인트에서는 프레젠테이션 문서를 작성할 때 비디오나 클립아트 라이브러리의 애니메이션 GIF 파일을 직접 포함하거나 연결이 가능하다. 미디어 그룹은 비디오 파일, 웹사이트의 비디오, 클립아트 비디오로 구성된 비디오와 오디오 파일, 클립아트 오디오, 오디오 녹음으로 이루어진 오디오로 나누어져 있다.

삽입된 파일을 선택하면 밝기, 대비, 색, 포스터 틀 이미지 추가, 스타일 변경, 디자인 및 크기 재설정을 위한 비디오 서식과 비디오 트리밍, 책갈피 추가, 페이드 지속 시간 설정 등을 위한 재생으로 구성된 비디오 도구가 나타난다. 여기서 책갈피 기능이란 원하는 시간의 재생부분에 표시를 해두기 위한 기능이다.

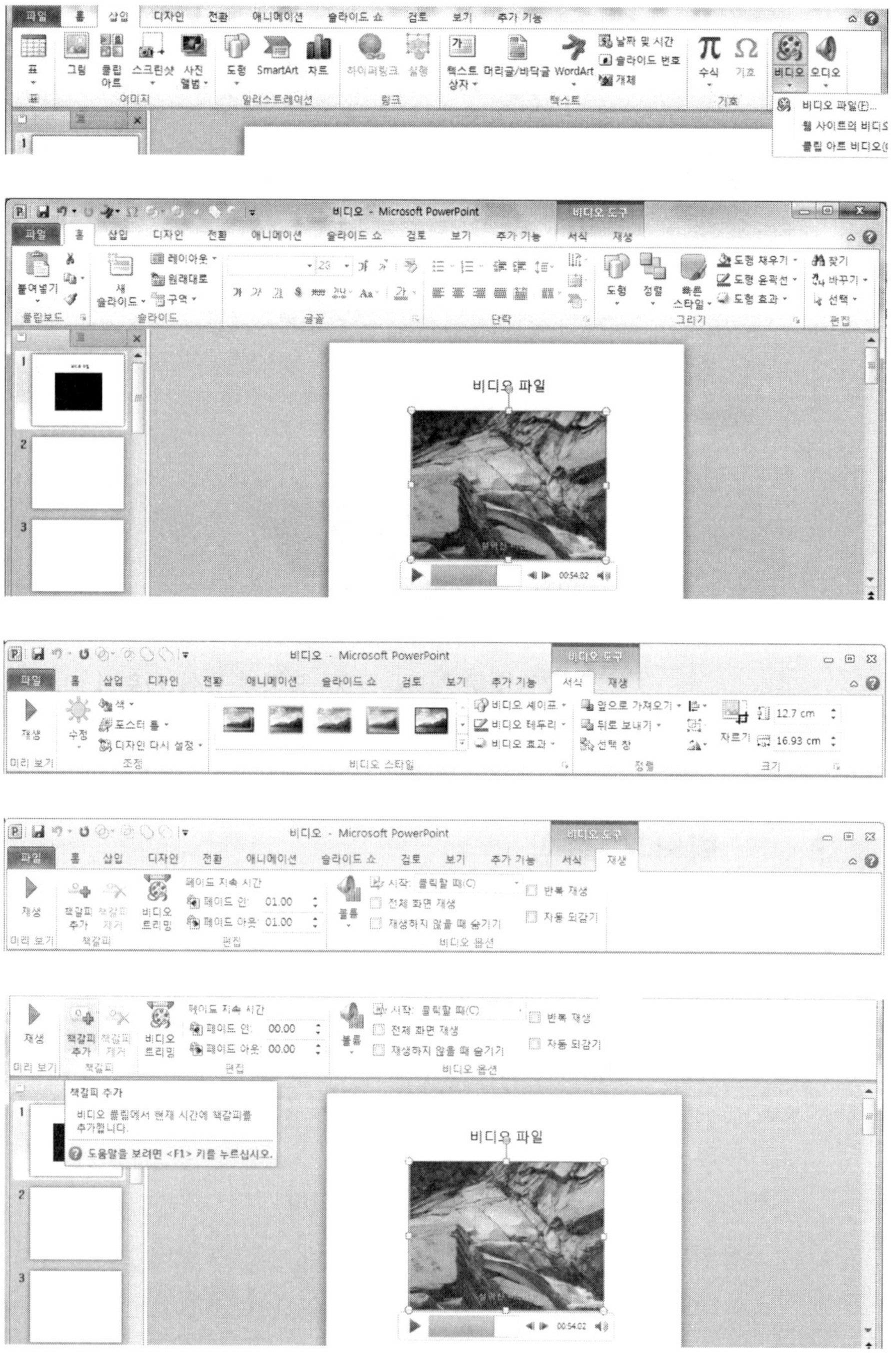
비디오 - Microsoft PowerPoint
비디오 도구
비디오 파일
책갈피 추가
비디오 클립에서 현재 시간에 책갈피를 추가합니다.
도움말을 보려면 <F1> 키를 누르십시오.

[그림 3-6] 비디오 편집

웹사이트의 유투브 등의 비디오 파일 연결은 비디오가 포함된 웹 사이트로 이동하여 Embed 태그 또는 소스 코드를 찾아 복사하여 연결한다.

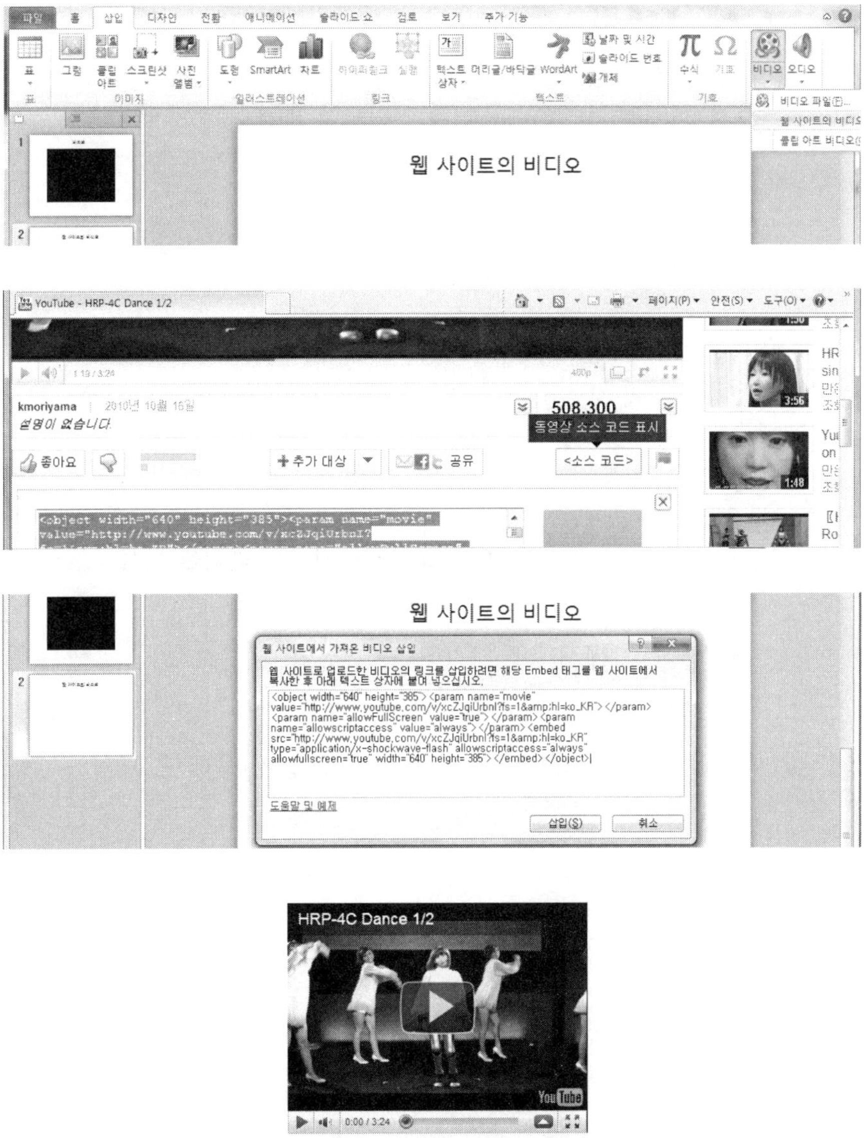

[그림 3-7] 웹사이트의 비디오

3.4 개체 간 애니메이션 복사와 점 편집

애니메이션 복사란 한 개체에서 애니메이션을 복사하여 다른 개체에 적용하는 것으로 여러 개체에 동시에 복사하려는 경우에는 애니메이션 복사를 두 번 누른 후 복사할 개체들을 누른다.

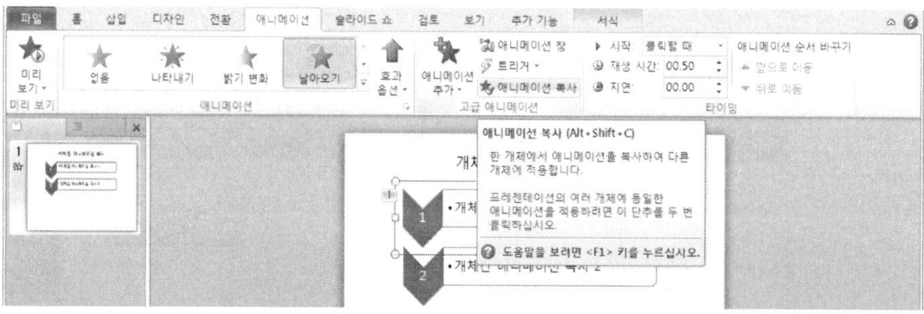

[그림 3-8] 개체 간 애니메이션 복사

도형 편집에서 점 편집이란 도형의 모양을 자유롭게 편집할 수 있는 기능으로 편집하고자 하는 도형을 선택하고 점 편집을 누른 후 왼쪽 마우스 단추를 누른 상태에서 점을 이동하며 도형을 편집할 수 있다.

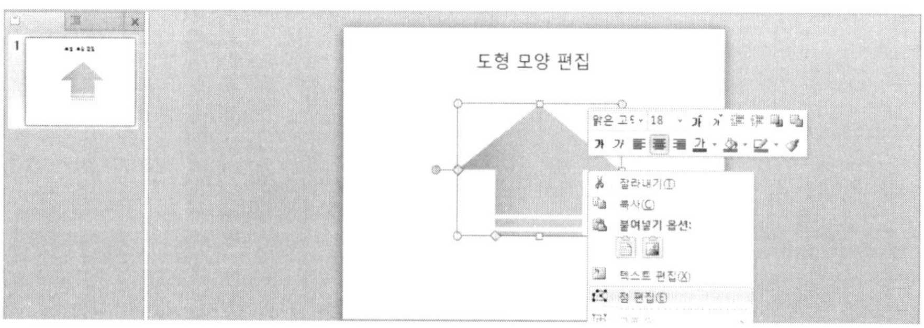

[그림 3-9] 점 편집(1)

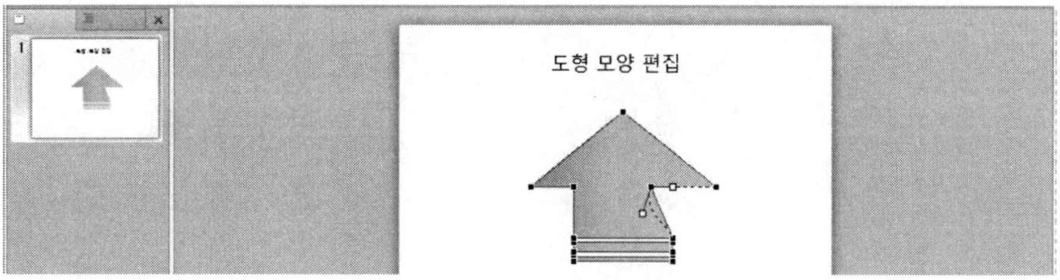

[그림 3-10] 점 편집(2)

3.5 SmartArt 활용 도해/텍스트 효과 서식/그림 효과

SmartArt를 활용한 도해란 SmartArt 그래픽 삽입, 도형 추가, 스타일 및 색 적용 그리고 레이아웃 변경을 통하여 SmartArt 도형을 다양하게 활용할 수 있는 기능이다.

[그림 3-11]과 [그림 3-12]는 세그먼트 주기형을 SmartArt 스타일에서 색 변경을 이용하여 적용한 경우와 레이아웃을 톱니바퀴형으로 변경한 후 도형의 위치와 3차원 서식 및 회전을 다시 설정하여 구성한 SmartArt 활용 도해이다.

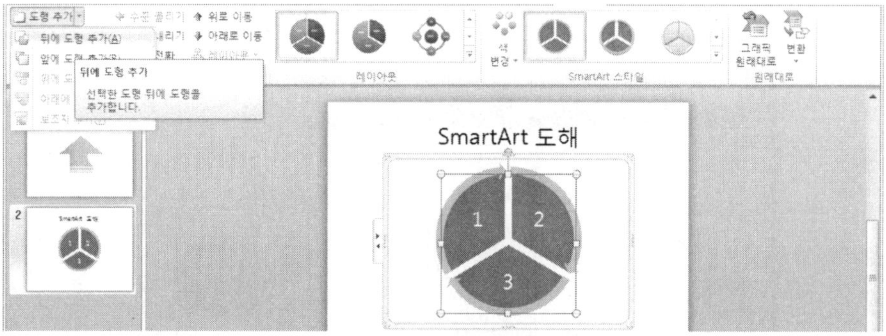

[그림 3-11] SmartArt 활용 도해(1)

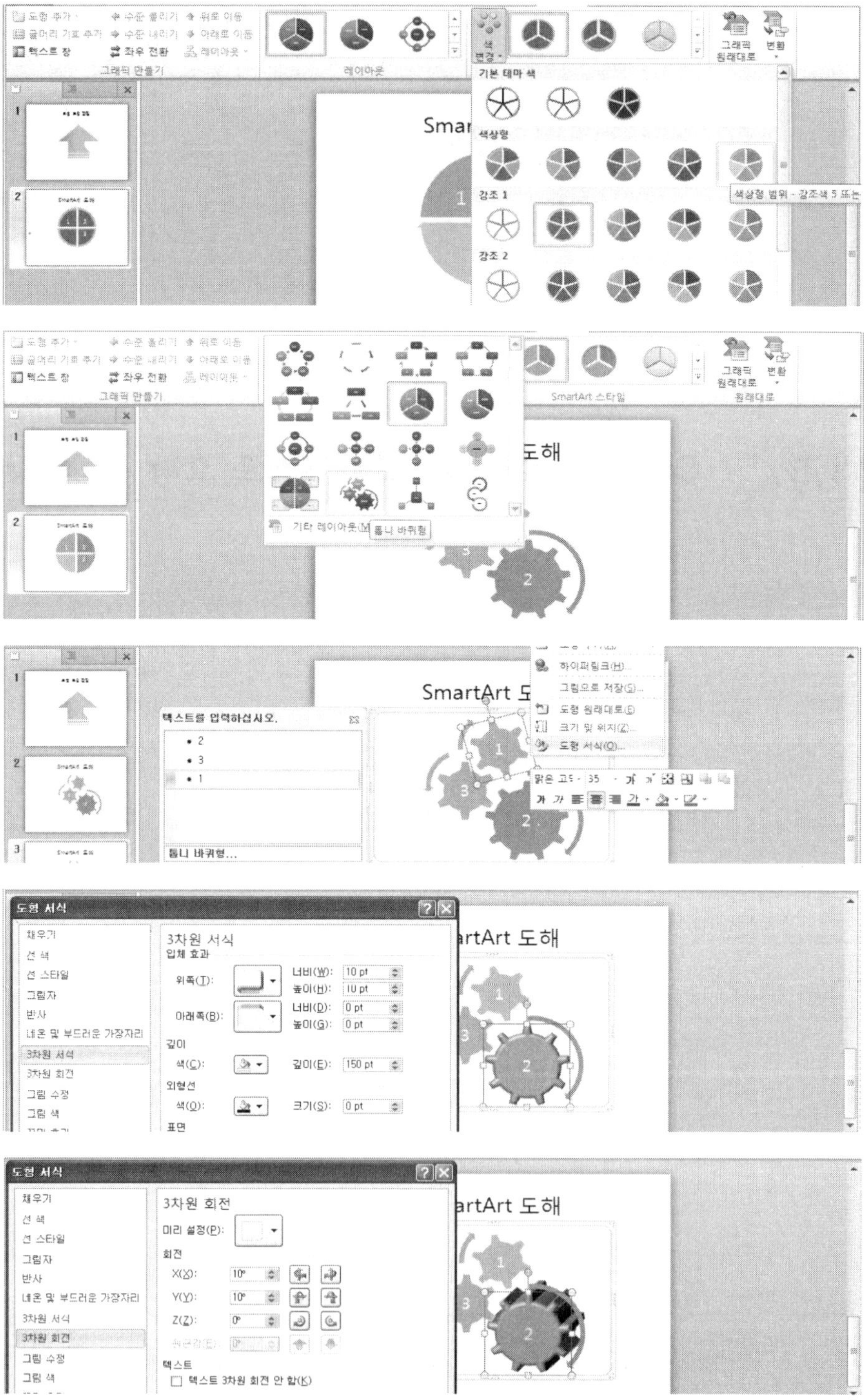

[그림 3-12] SmartArt 활용 도해(2)

텍스트 효과 서식과 그림 효과란 텍스트 윤곽선, 반사, 3차원 서식과 회전 및 부드러운 가장자리 등의 다양한 스타일의 그림 효과를 적용하여 표현할 수 있는 기능이다. 또한, 선택 창이란 개체를 여러 개의 레이어로 구성한 후 화면에서 보이거나 사라지게 만들 수 있는 기능이다.

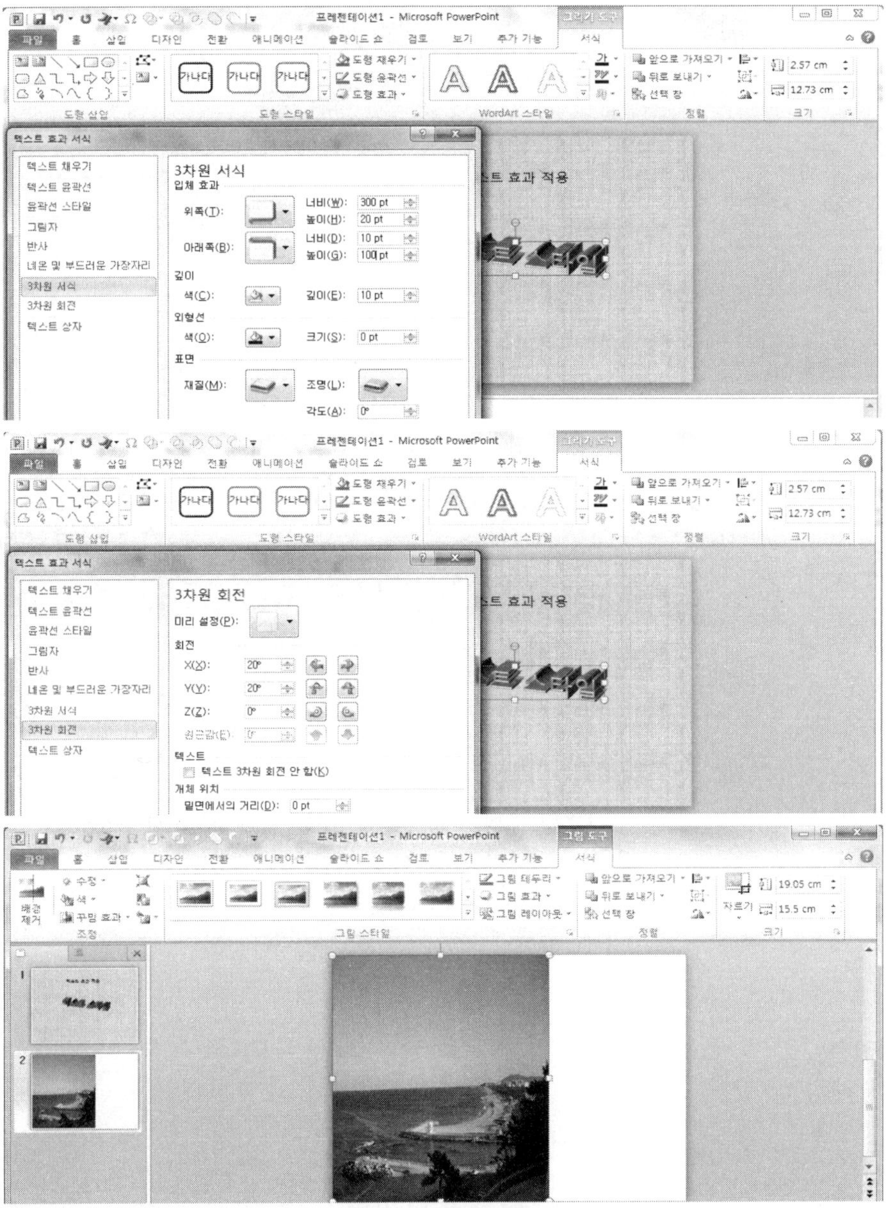

[그림 3-13] 텍스트와 그림 효과 및 선택 창(1)

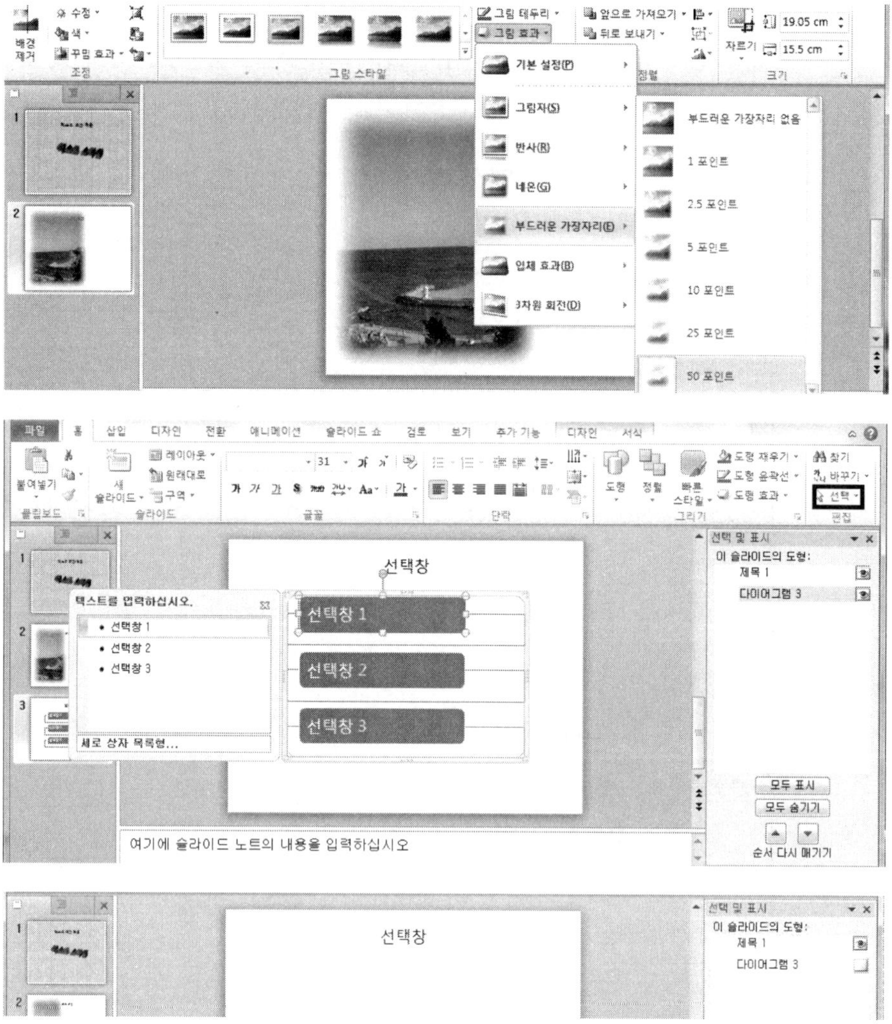

[그림 3-14] 텍스트와 그림 효과 및 선택 창(2)

MEMO

MEMO

C.H.A.P.T.E.R

4

ITQ
(Information Technology Qualification)

4.1 ITQ 파워포인트 2003 버전
4.2 ITQ 파워포인트 2003 버전용 기출 문제 풀이
4.3 ITQ 파워포인트 2007/2010 버전 변경 사항
4.4 ITQ 파워포인트 2007/2010 버전용 sample 문제 풀이

정보기술자격(ITQ)시험은 Information Technology Qualification의 약자로 정보화시대의 기업, 기관, 단체 구성원들에 대학 정보기술능력 또는 정보기술활용능력을 객관적으로 평가하여 정보기술관리 및 실무능력 수준을 지수화 및 등급화하여 국가에서 공식적으로 인증하는 시험으로, 산업인력의 정보경쟁력 강화를 통한 산업의 정보화를 추구하며 나아가서는 국가의 정보화를 촉진시키기 위한 목적으로 시행하는 국가공인자격이다.

4.1 ITQ 파워포인트 2003 버전

■ 파워포인트 2003 시험 출제 기준

평 가 문 항	배 점	주 요 내 용
전체 구성	60점	출력 크기, 슬라이드 개수, 슬라이드 번호, 바닥글, 슬라이드 마스터 등 전체적 구성
제목 슬라이드	40점	도형과 그림을 이용한 제목 슬라이드 작성 · 제목(도형)/부제목(워드아트) · 도형 안의 그림 삽입
목차 슬라이드	60점	목차에 따른 하이퍼링크와 도형 배치 · 도형 배치 · 하이퍼링크
텍스트 슬라이드	60점	텍스트와 클립아트, 도형의 조화 있는 배치 · 텍스트 입력/글머리 기호/줄 간격 · 그림 편집
표 슬라이드	80점	파워포인트 내에서의 표 작성 · 표 작성/텍스트 입력/문단 맞춤 · 도형 편집
차트 슬라이드	100점	프레젠테이션을 위한 표와 차트 작성 종합 · 차트 편집
도형 슬라이드	100점	도형을 이용한 슬라이드 작성 · 실무에 활용되는 다양한 도형 작성 · 그룹화/애니메이션 효과

4.2 ITQ 파워포인트 2003 버전용 기출 문제 풀이

정보기술자격(ITQ) 시험

과 목	코드	문제유형	시험시간	수험번호	성 명
한글파워포인트	1142	A	60분		

수험자 유의사항

- 수험자는 문제지를 받는 즉시 응시하고자 하는 과목의 문제지가 맞는지 확인하여야 합니다.
- 파일명은 본인의 "수험번호-성명"으로 입력하여 답안폴더(내문서₩ITQ₩)에 하나의 파일로 저장해야 하며, 답안문서 파일명이 "수험번호-성명"과 일치하지 않거나, 답안파일을 전송하지 않아 미제출로 처리될 경우 실격입니다(예 : 내문서₩ITQ₩12345678-홍길동.ppt).
- 답안 작성을 마치면 파일을 저장(크기 : 1.44Mb 이내로 작성)하고, '답안 전송' 버튼을 선택하여 감독위원 PC로 답안을 전송하십시오(단, 지정된 용량 초과 시 실격 처리됨). 수험생 정보와 저장한 파일명이 다를 경우 전송되지 않으므로 주의하시기 바랍니다.
- 답안 작성 중에도 주기적으로 저장하고 답안을 전송하여야 문제 발생을 줄일 수 있습니다. 작업한 내용을 저장하지 않고 전송할 경우 이전에 저장된 내용이 전송되오니 이점 유의하시기 바랍니다.
- 답안문서는 지정된 경로 외의 다른 보조기억장치에 저장하는 경우, 지정된 시험 시간 외에 작성된 파일을 활용할 경우, 기타 통신수단(이메일, 메신저, 네트워크 등)을 이용하여 타인에게 전달 또는 외부 반출하는 경우는 부정 처리합니다.
- 시험 중 부주의 또는 고의로 시스템을 파손한 경우는 수험자가 변상해야 하며, <수험자 유의사항>에 기재된 방법대로 이행하지 않아 생기는 불이익은 수험생 당사자의 책임임을 알려 드립니다.
- 문제의 조건은 MS-Office 2003버전으로 설정되어 있으니 유의하시기 바랍니다.
- 시험을 완료한 수험자는 답안파일이 전송되었는지 확인한 후 감독위원의 지시에 따라 문제지를 제출하고 퇴실합니다.

답안 작성요령

- 온라인 답안 작성 절차
  수험자 등록 ➡ 시험 시작 ➡ 답안파일 저장 ➡ 답안 전송 ➡ 시험 종료
- 슬라이드의 크기는 A4 Paper로 설정하여 작성합니다.
- 슬라이드의 총 개수는 6개로 구성되어 있으며 슬라이드 1부터 순서대로 작업하고 반드시 문제와 세부조건대로 합니다.
- 배점은 전체구성 점수 60점과 각 슬라이드 점수의 합계로 이루어집니다.
- 글꼴, 색깔 및 기타 사항에 대해 별도의 지시사항이 없는 경우에는 슬라이드 크기와 전체적인 균형을 고려하여 출력형태와 같이 작성합니다.
- 슬라이드 번호와 바닥글을 작성합니다(슬라이드 1에는 생략).
- 2-6번 슬라이드 제목 도형은 슬라이드 마스터를 이용하여 작성하십시오(슬라이드 1에는 생략).
- 문제와 세부조건, 세부조건 번호 ◯ (점선원)는 입력하지 않습니다.
- 각 개체의 위치는 오른쪽의 슬라이드와 동일하게 구성합니다.
- 그림 삽입 문제의 경우 반드시 「내문서₩ITQ₩Picture」 폴더에서 정확한 파일을 선택하여 삽입하십시오.
- 각 슬라이드를 각각의 파일로 작업해서 저장할 경우 실격 처리됩니다.

한국생산성본부 KOREA PRODUCTIVITY CENTER

■ 공통부분 작업(1)

1. 파일명을 내문서\ITQ 폴더에 '수험번호-성명' 형태 즉, 수험번호가 12345678이고 성명이 홍길동인 경우 '12345678-홍길동.ppt'로 저장한다.

2. 페이지 설정에서 슬라이드 크기를 A4 용지, 방향을 가로로 설정한 다음 삽입 리본의 텍스트 그룹에서 머리글/바닥글에서 슬라이드 번호, 바닥글을 표시한 후 제목 슬라이드에는 표시 안함으로 설정하고 바닥글을 입력한 다음 모두 적용 단추를 누른다.

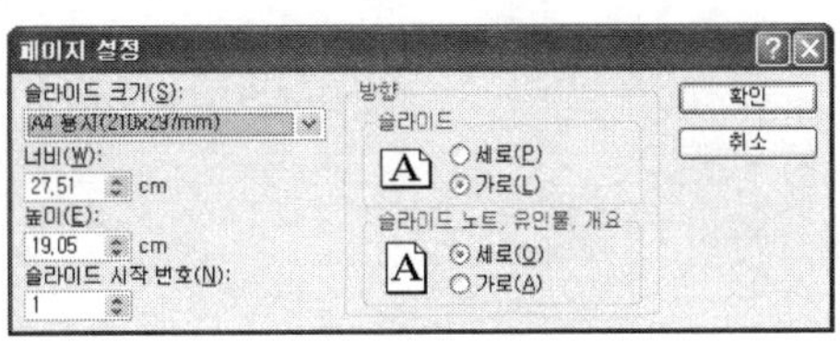

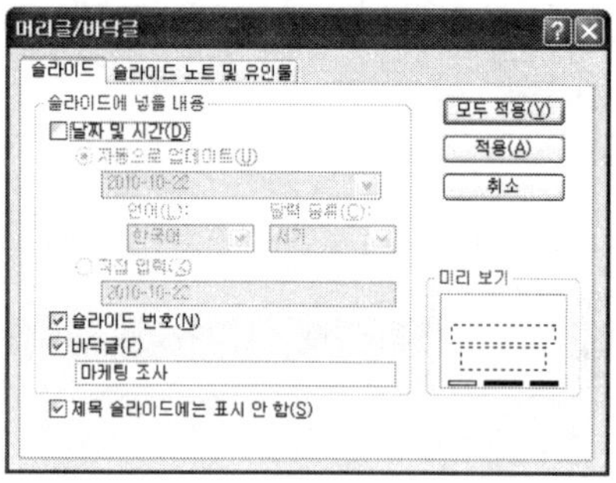

3. 보기의 슬라이드 마스터 보기를 선택하여 도형의 순서도 : 카드를 삽입하고 질감을 분홍 박엽지 채우기를 지정한 후, 마스터의 제목 입력 부분의 글꼴을 돋움, 40pt, 파랑으로 설정한 다음 정렬에서 맨 뒤로 보낸다.

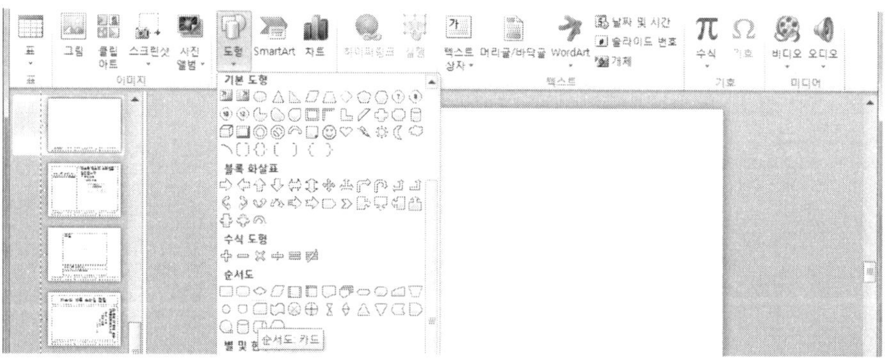

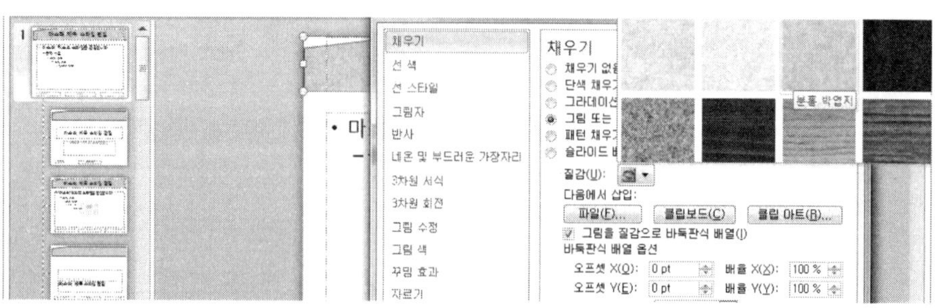

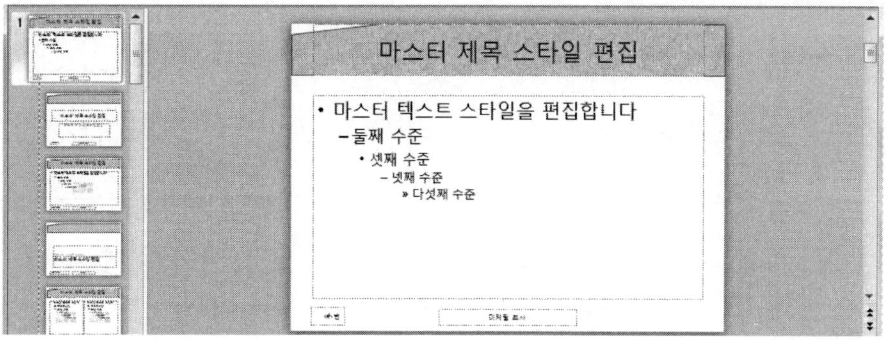

4. 공통부분의 마지막 과정으로 슬라이드 번호와 바닥글의 위치를 설정하고 홈 리본의 슬라이드에서 새 슬라이드를 6장 만든다.

[슬라이드 1] ≪제목 슬라이드≫ **(40점)**

(1) 제목 : 도형(그림자 스타일 6) + 텍스트(글꼴-돋움, 40pt, 빨강), 채우기 효과(질감-캔버스)
(2) 부제목 : 워드아트로 작성(글꼴 : 굴림, 40pt)
(3) 도형 : 도형의 배경을 「내문서WITQWPictureW그림1.jpg」로 채우기 하시오.

세부조건

① 도형 안에 그림 삽입
그림자 스타일 11

제목 슬라이드란 도형과 그림을 이용한 제목 슬라이드 작성 능력을 평가하는 부분으로 제목과 부제목을 각각 도형과 워드아트로 작성하며 도형 안에 그림을 삽입하는 형태로 구성되어 있다.

중요 포인트로는 제목 상자(채우기, 글꼴 시식, 정렬, 방향)와 워드아트의 정확한 작성, 도형 안 그림의 정확한 배치 그리고 지시 사항 및 출력 상태에 맞게 작성하는 것이다.

1. 도형의 순서도에서 순차적 액세스 저장소를 선택하여 도형을 삽입하고 정렬 그룹의 좌우 대칭을 실행한 후 채우기의 질감을 캔버스로 하여 그림자 스타일을 지정한다. 또한, 제목 부문에 마케팅 조사를 입력하고 글꼴을 돋움, 40pt, 빨강으로 지정한다.

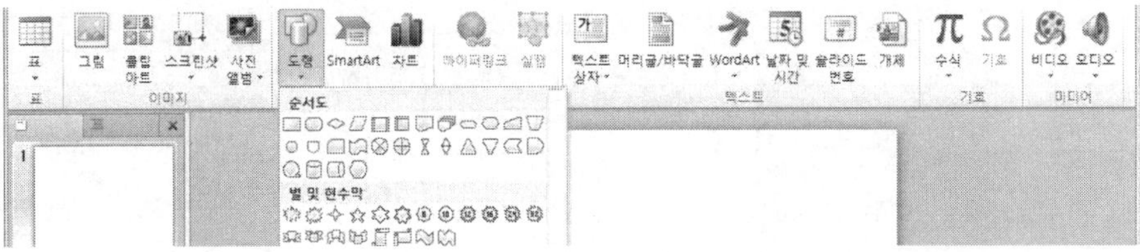

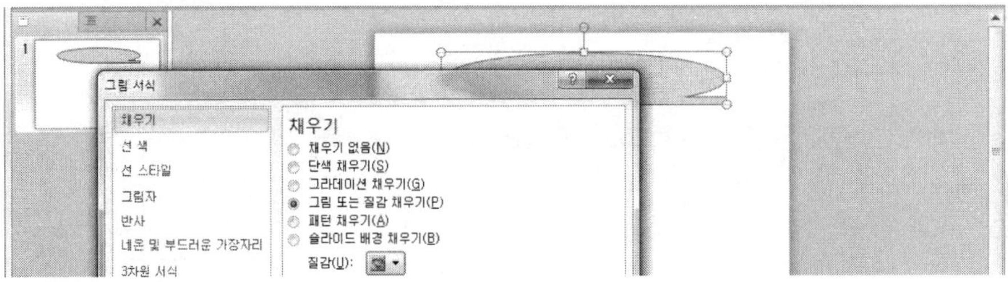

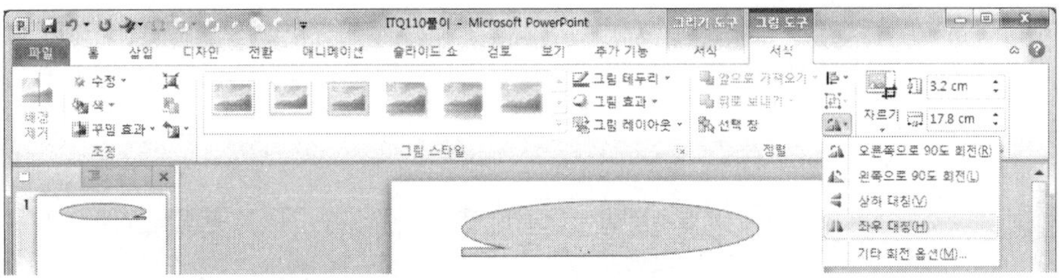

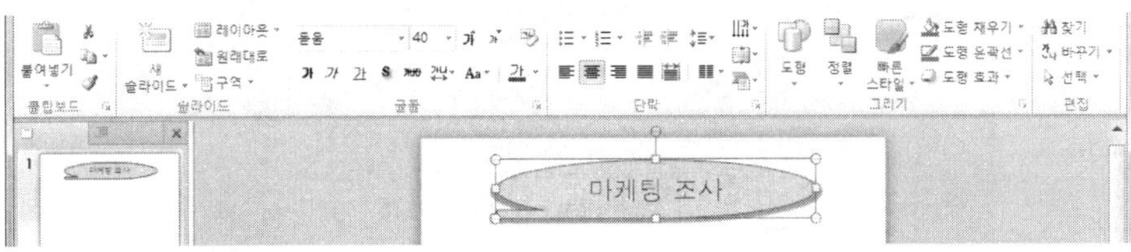

2. 기본 도형에서 배지를 삽입하고 그림자를 지정한 후 그림 서식의 채우기에서 지정한 그림을 삽입한다. 또한, 워드아트에서 부제목 "Marketing Research"를 입력하고 글꼴을 굴림, 40pt로 설정한 다음 워드아트 스타일의 텍스트 입력의 변환에서 갈매기형 수장을 선택한다.

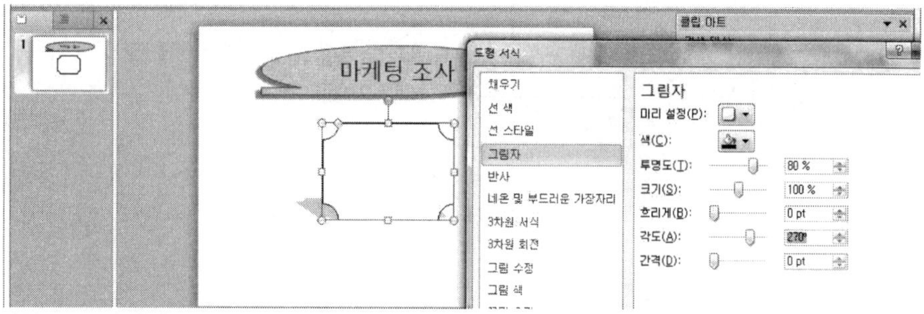
클립 아트
도형 서식
마케팅 조사
채우기
선 색
선 스타일
그림자
반사
네온 및 부드러운 가장자리
3차원 서식
3차원 회전
그림 수정
그림 색
그림자
미리 설정(P):
색(C):
투명도(T):
80 %
크기(S):
100 %
흐리게(B):
0 pt
각도(A):
270°
간격(D):
0 pt

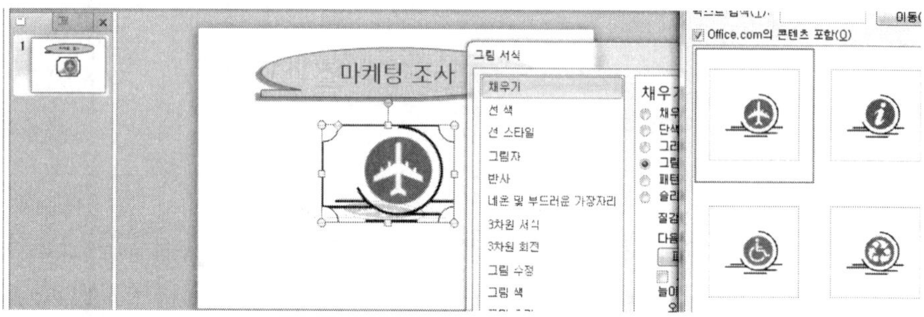
Office.com의 콘텐츠 포함(O)
그림 서식
마케팅 조사
채우기
선 색
선 스타일
그림자
반사
네온 및 부드러운 가장자리
3차원 서식
3차원 회전
그림 수정
그림 색

도형 채우기
도형 윤곽선
도형 효과
앞으로 가져오기
뒤로 보내기
선택 창
1.97 cm
13.41 cm
도형 삽입
도형 스타일
WordArt 스타일
크기
마케팅 조사
Marketing Research
그림자(S)
반사(R)
네온(G)
입체 효과(B)
3차원 회전(D)
변환(T)
변환 없음
모양
휘기
역갈매기형 수장

[슬라이드 2] ≪목차 슬라이드≫ **(60점)**

(1) 슬라이드 2~6 제목은 슬라이드 마스터를 이용하여 작성, 글꼴(돋움, 40pt, 파랑), 채우기 효과(질감-분홍 박엽지)

(2) 슬라이드와 같이 도형(그림자 스타일 2)을 이용하여 목차를 작성한다(글꼴 : 궁서, 24pt).

세부조건

① 텍스트에 하이퍼링크 적용 -> '슬라이드 6'

② 실행단추 -> 첫째 슬라이드

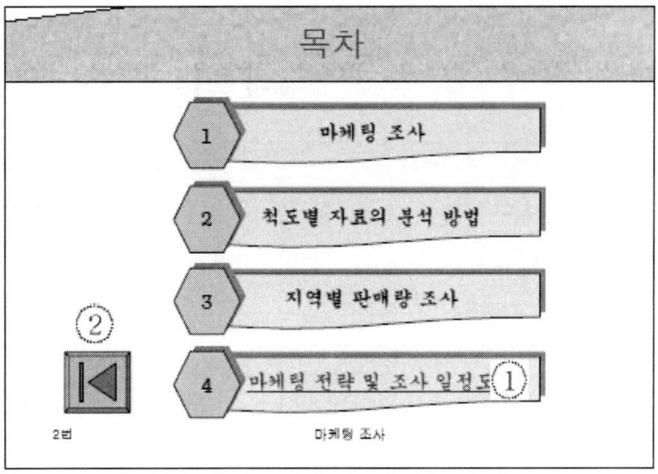

목차 슬라이드는 작성된 마스터를 이용한 제목 입력과 도형/텍스트 편집 및 배치, 효과 및 서식 등의 사용법, 하이퍼링크의 텍스트 적용 그리고 실행 단추의 모양과 위치, 기능의 작성으로 구성되어 있다.

1. 도형에서 육각형과 순서도 : 문서를 이용하여 도형을 작성하고 텍스트를 입력하여 글꼴을 궁서, 24pt로 지정하고 도형 서식에서 그림자 스타일을 설정한다.

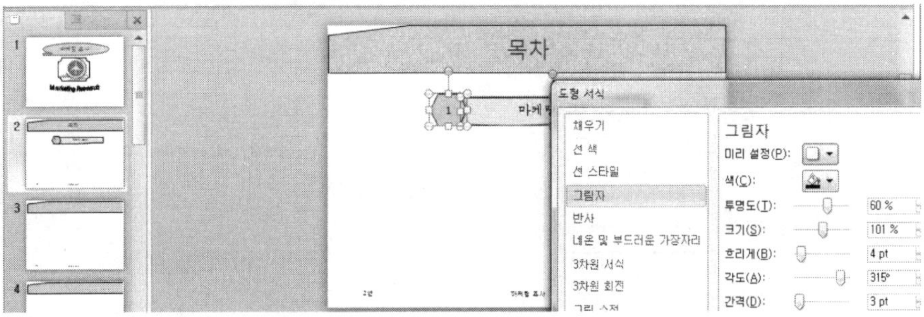

2. 마케팅 전략 및 조사 일정도를 블록 영역으로 만들고 하이퍼링크 기능을 이용하여 현재 문서의 슬라이드 6에 연결한 다음 도형에서 실행단추 : 시작을 그리고 첫째 슬라이드를 지정한다.

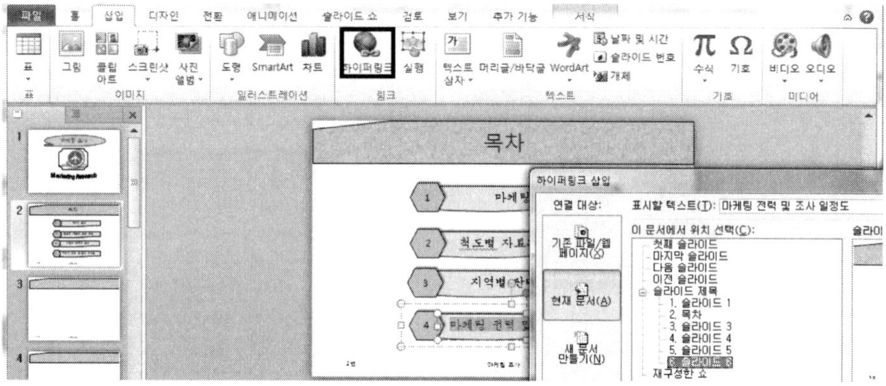

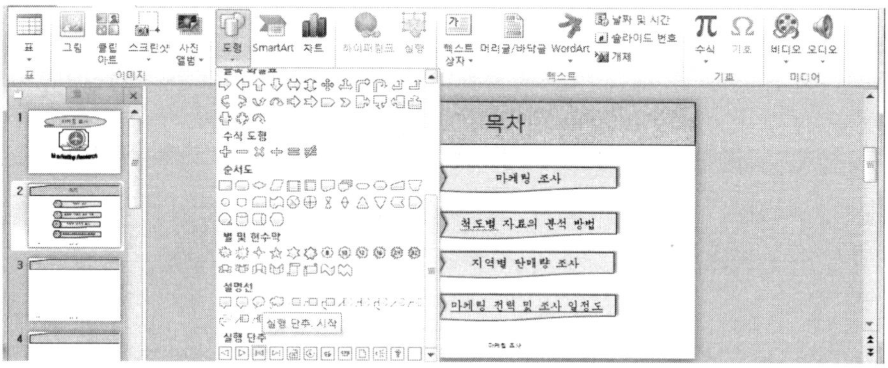

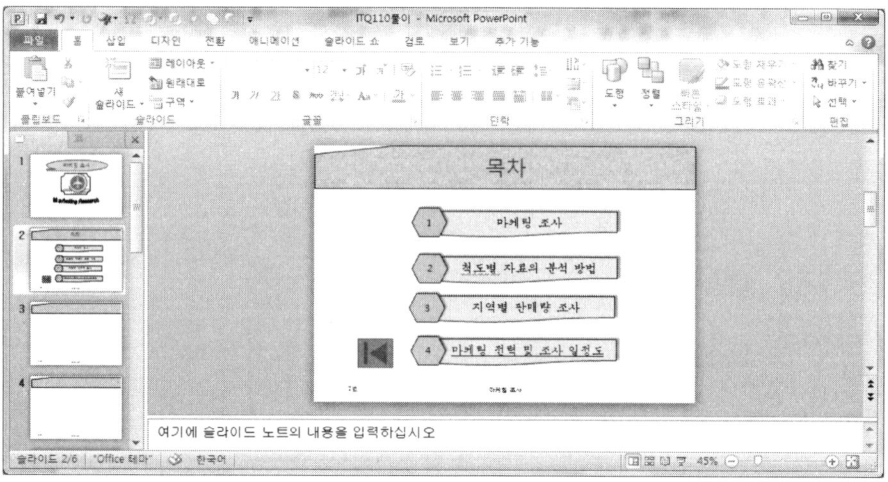

[슬라이드 3] ≪텍스트 슬라이드≫ **(60점)**

(1) 텍스트 작성 : 글머리기호 사용 (◆, ➢)

◆문단(굴림, 24pt, 굵게, 줄간격 : 1.5줄), ➢문단(굴림, 20pt, 줄간격 : 1.3줄)

세부조건

① 그림삽입 : 「내문서\ITQ\Picture\그림3.gif」 (회미하게)

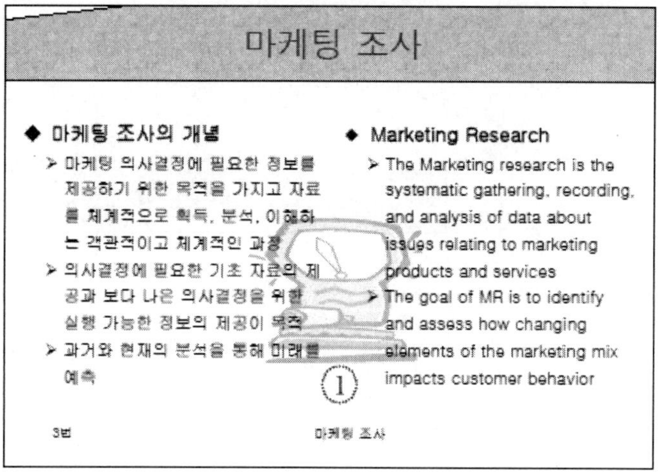

텍스트 슬라이드는 작성된 마스터를 이용한 제목 입력, 글머리 기호(수준 조절하기 포함)를 이용한 한글/영문 텍스트 입력, 편집, 배치 그리고 그림의 편집(크기, 효과 등) 및 배치로 구성되어 있다.

1. 텍스트 슬라이더를 작성하기 위해 제목을 입력하고 가로 텍스트 상자를 이용하여 문자열을 입력한 후 단락 그룹에서 머리글 기호를 이용하여 ◆와 ➢로 설정하고 탭 키를 이용하여 ➢ 머리글의 수준을 내린다.

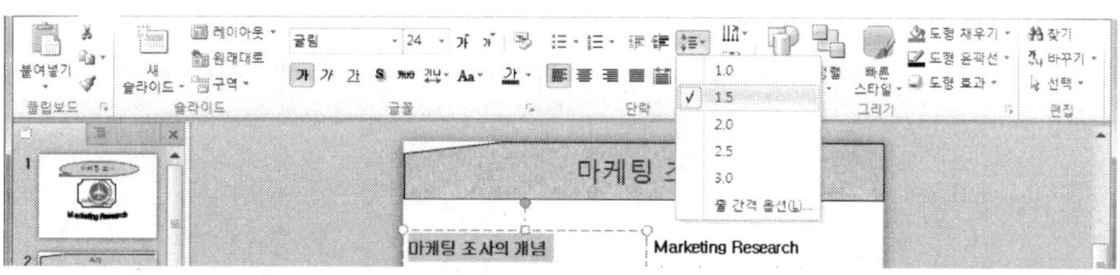

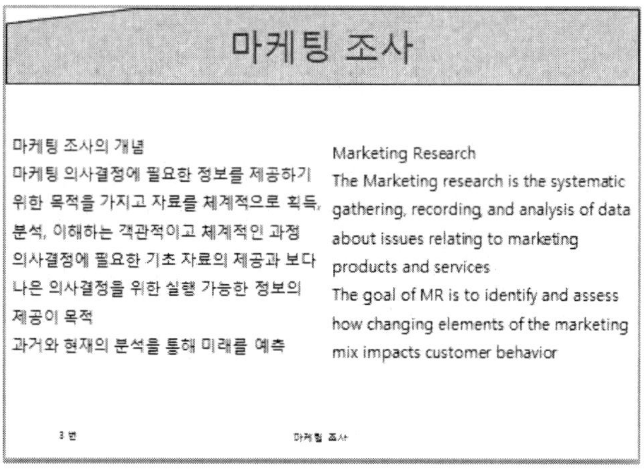

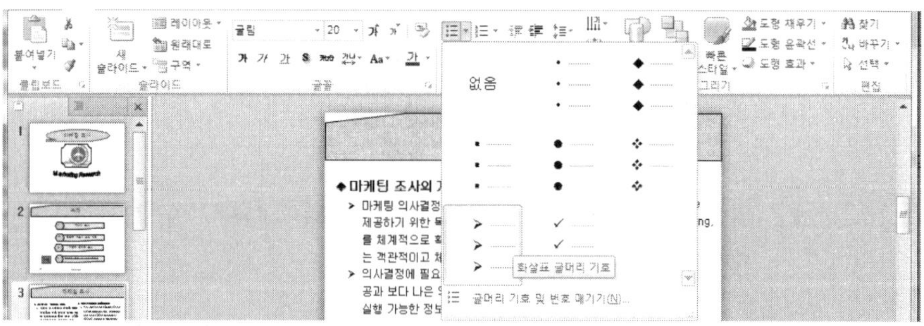

2. 글꼴을 굴림, 24pt/20pt, 굵게/보통, 줄 간격을 1.5줄/1.3줄로 각각 설정하고 지정된 경로의 그림을 삽입하여 희미하게 설정하고 그림을 맨 뒤로 보낸다.

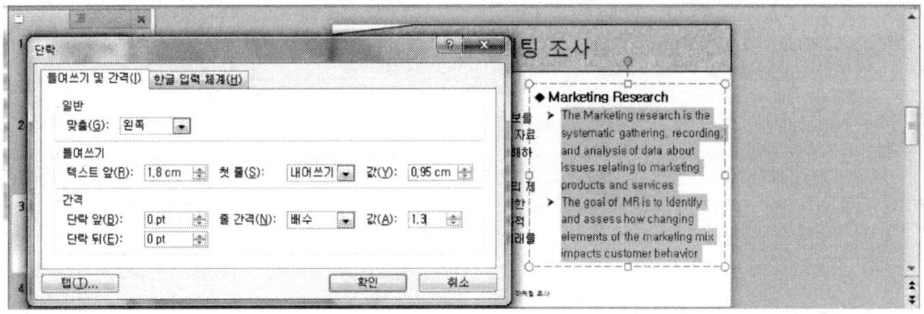

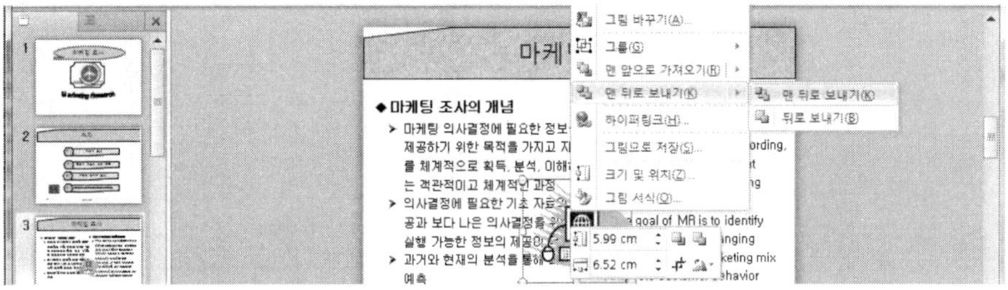

[슬라이드 4] ≪표 슬라이드≫ **(80점)**

(1) 도형과 표 작성 기능을 이용하여 슬라이드를 작성한다(글꼴 : 굴림, 20pt).

세부조건

① 상단 도형 : 2개 도형의 조합으로 작성

② 좌측 도형 : 그라데이션 효과(임의의 색 지정, 상향 대각선), 그림자 스타일 6

③ 표 색 채우기(노랑)

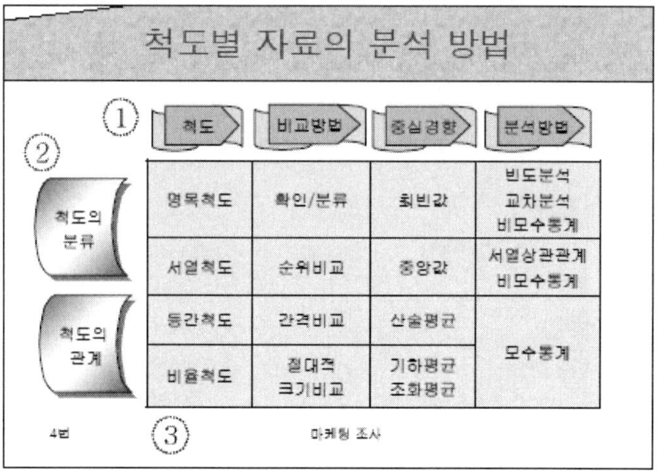

표 슬라이드란 작성된 마스터를 이용한 제목 입력, 다양한 기능을 이용한 도형과 텍스트 편집, 배치, 효과, 서식 그리고 병합, 선 모양, 서식, 정렬 등을 이용한 표 부분으로 구성되어 있다.

1. 4줄 4칸의 표를 만들고 순서도 : 천공 테이프와 블록 화살표 : 오각형의 2개의 도형을 조합하여 가로 항목을 만든다.

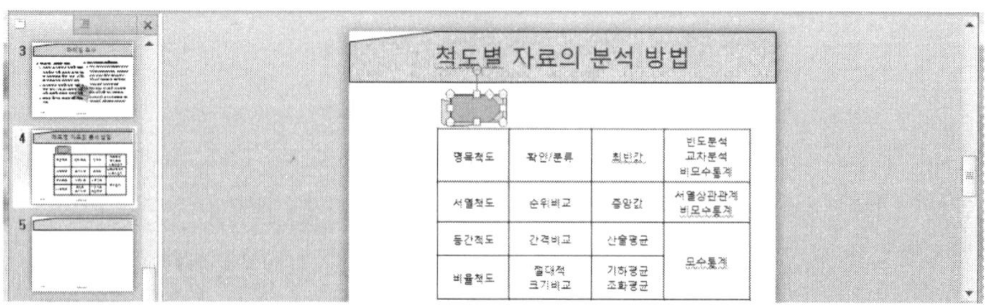

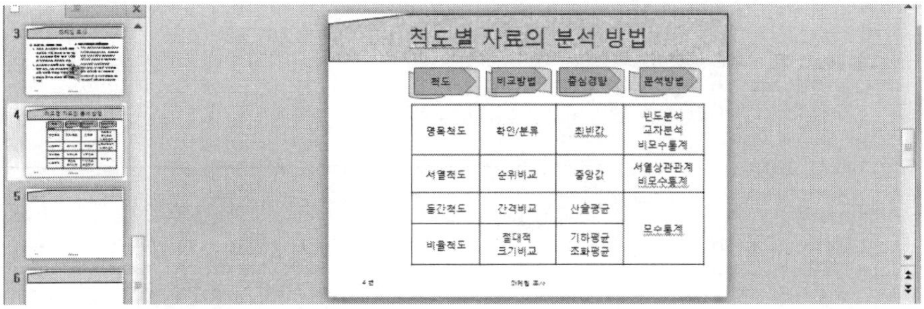

2. 순서도 : 저장 테이프를 이용하여 좌측 도형을 만들고 채우기에서 임의의 색, 상향 대각선으로 그라데이션 효과를 준 다음 그림자 스타일을 설정한다. 이때, 글꼴은 굴림, 20pt로 설정한다.

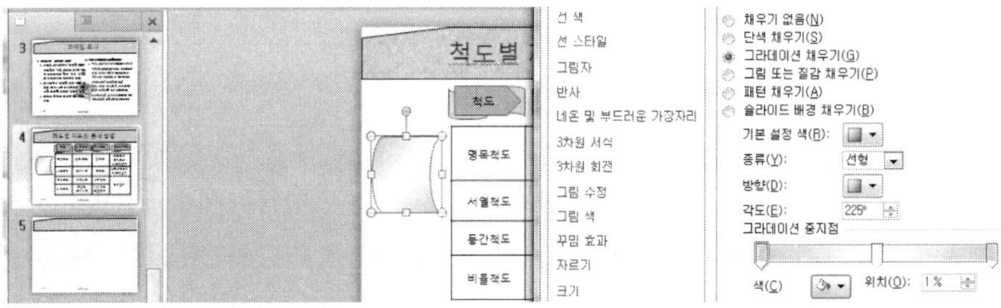

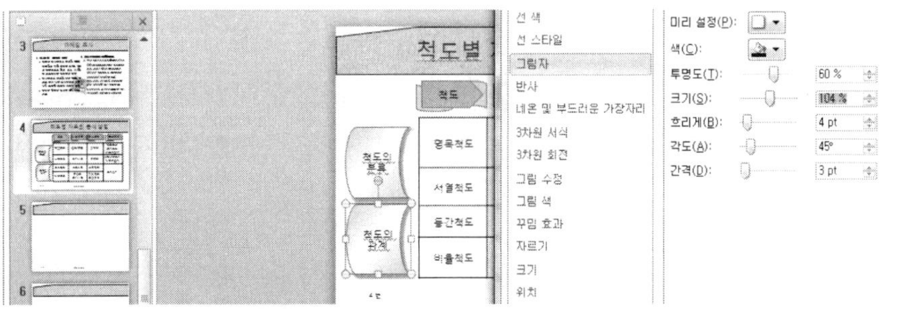

[슬라이드 5] ≪차트 슬라이드≫ **(100점)**

(1) 차트 작성 기능을 이용하여 슬라이드를 작성하시오.
(2) 차트 : 종류(이중 축 혼합형), 글꼴(돋움, 16pt), 그림자

세부조건

※ 차트설명
- 차트제목 : 궁서, 20pt, 그림자
- 그림영역 : 그라데이션(흰색, 밝은 녹색, 상향 대각선)
- 데이터 계열 서식 : 넓은 하향 대각선 무늬('냉장고' 계열만)
- 값 표시 : 냉장고 계열의 'C지역' 요소만
- 데이터 테이블 표시

① 도형을 이용하여 'C지역 판매량 저조' 표시(파란색 적용, 외곽선 없음, 투명도 50%, 바탕, 16pt)

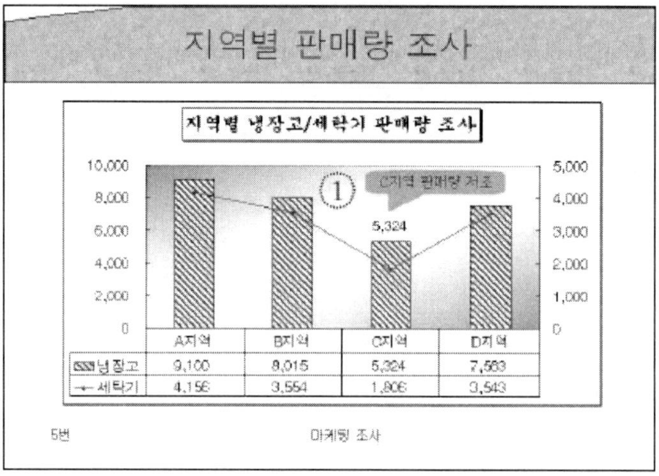

차트 슬라이드는 작성된 마스터를 이용한 제목 입력, 차트 유형과 데이터 입력 및 계열, 차트 편집(차트 및 그림 영역의 색과 외곽선 유무, 축 제목, 범례, 추가 서식 등)과 차트 내부 도형 작성 등으로 구성되어 있다.

1. 일러스트레이션 그룹에서 차트를 세로 막대형으로 삽입하고 액셀 시트에서 계열과 항목을 추가 또는 삭제하면서 데이터를 입력한다.

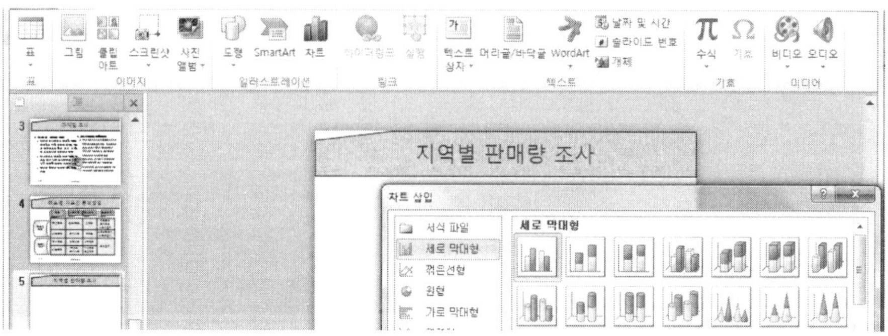

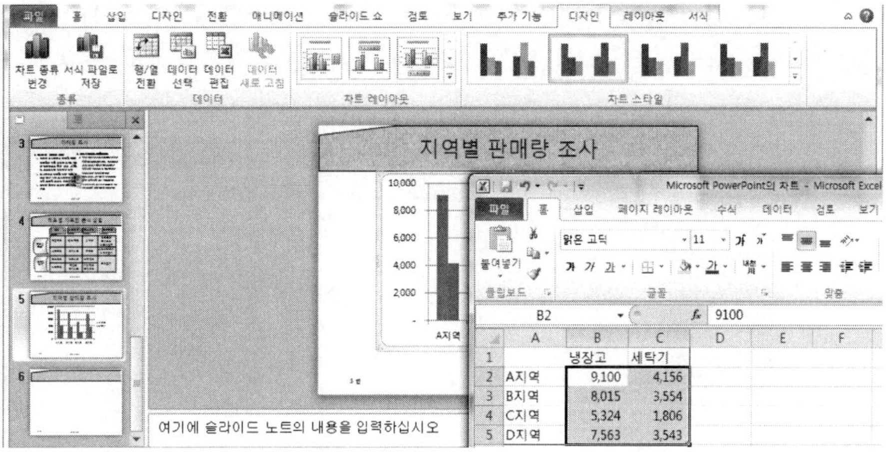

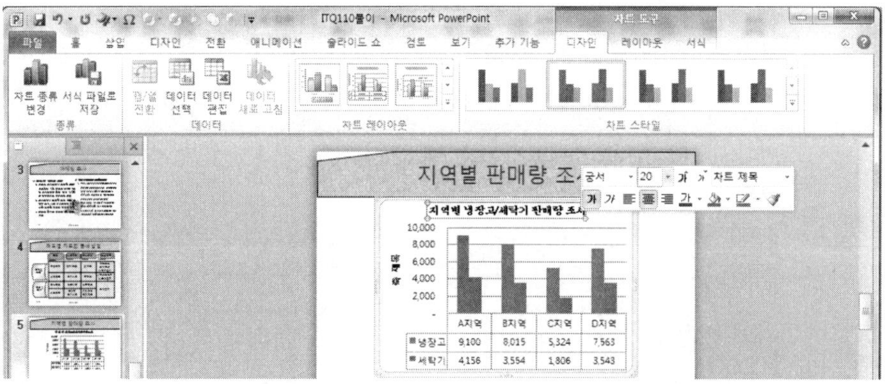

2. 데이터 계열 서식에서 냉장고 데이터를 넓은 하향 대각선으로 패턴을 채우고, 그림 영역 서식에서 흰색과 밝은 녹색을 이용하여 상향 대각선으로 그라데이션을 설정한다.

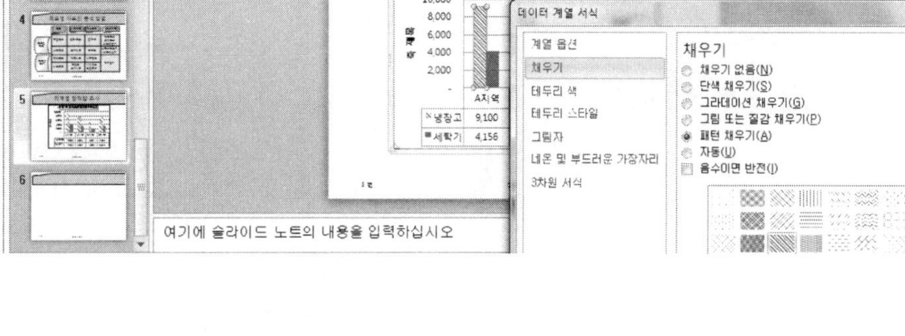

3. 디자인에서 차트 레이아웃, 차트 스타일을 지정하고 제목을 입력한 후 궁서, 20pt, 그림자를 지정한다.

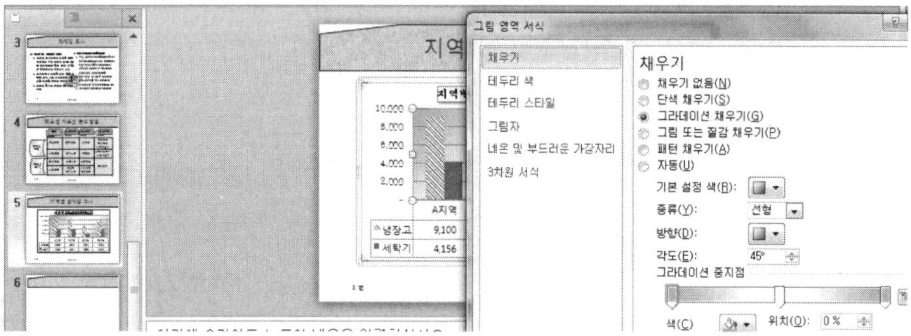

4. 세탁기 계열의 차트 종류를 표시가 있는 꺾은 선형으로 변경하고 데이터 계열 서식에서 계열 옵션을 보조 축으로 설정한 후 C 지역 냉장고만을 선택한 뒤 데이터 레이블을 표시한다.

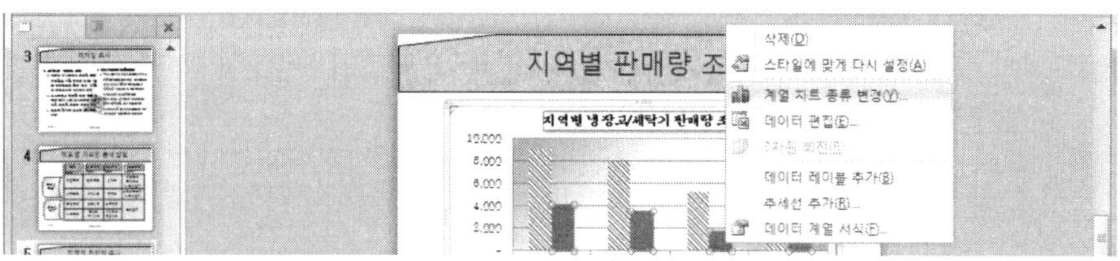

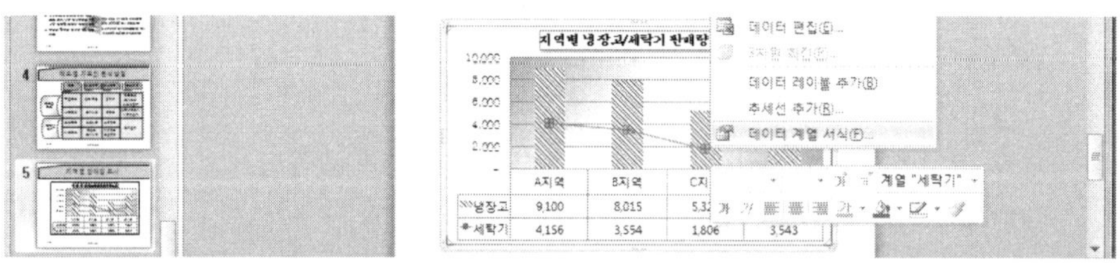

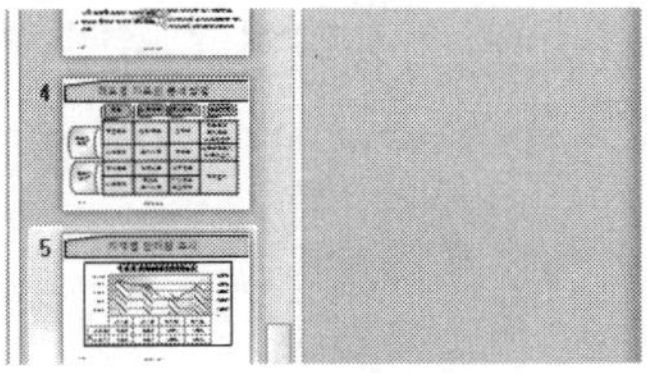

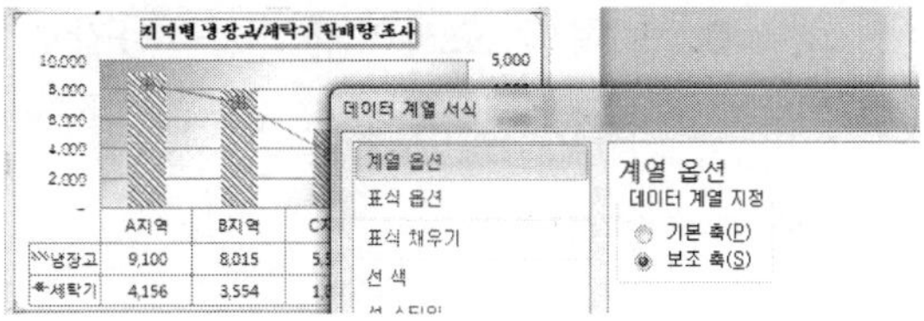

5. 기본 축 서식의 축 옵션에서 최소값 0, 최대값 10000, 주 단위를 2000으로 고정하고 주 눈금을 안쪽, 보조 눈금을 없음으로 각각 설정한다. 또한, 보조 축 서식의 축 옵션에서 최소값 0, 최대값 5000, 주 단위를 1000으로 고정하고 주 눈금을 안쪽, 보조 눈금을 없음으로 각각 설정한다.

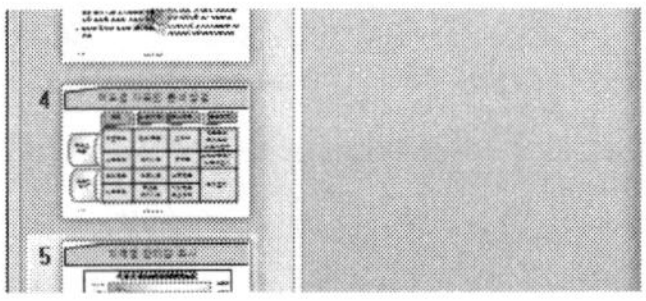

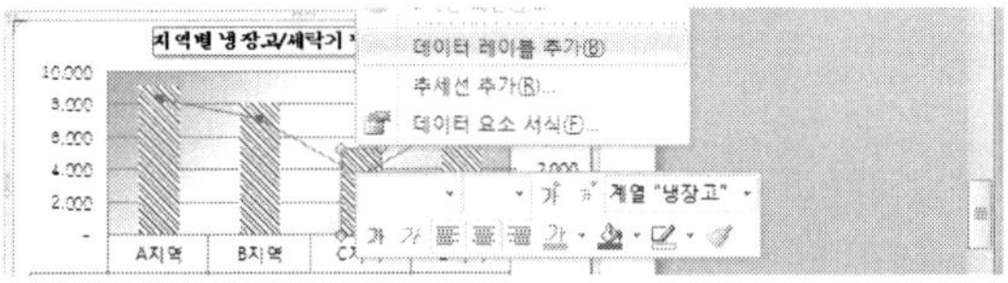

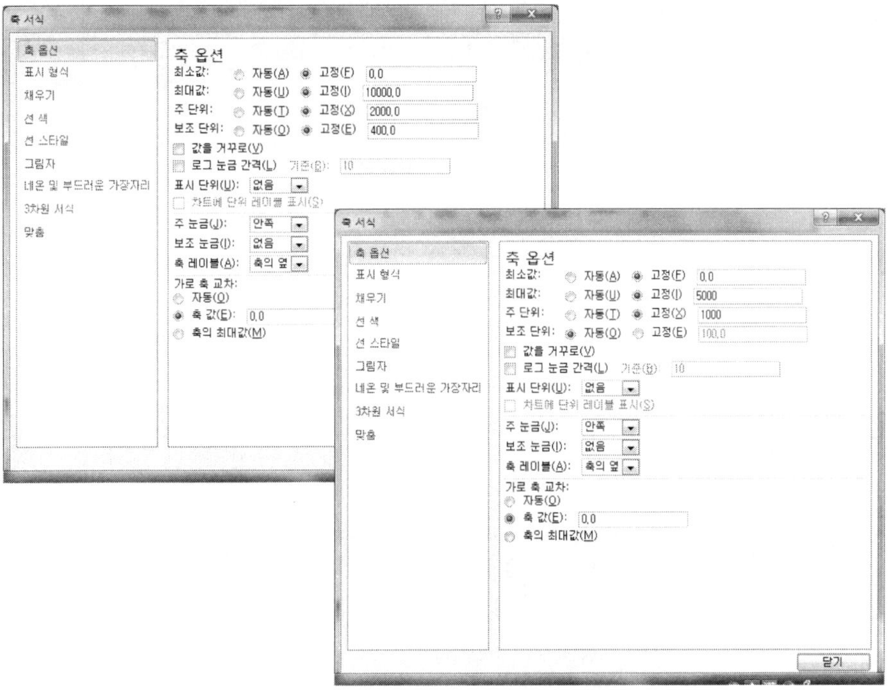

6. 도형의 모서리가 둥근 사각형 설명선을 이용하여 C지역 판매량 저조라는 문자열을 입력하고 주 눈금선 서식에서 선색 없음으로 설정한다.

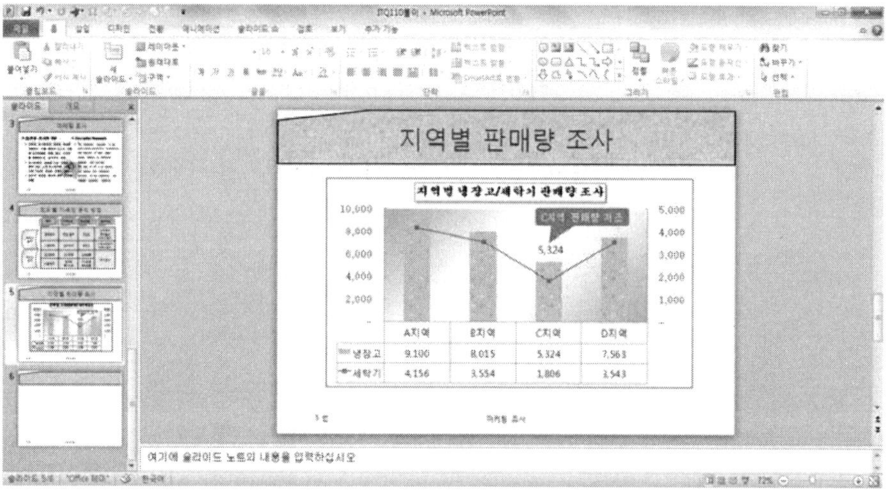

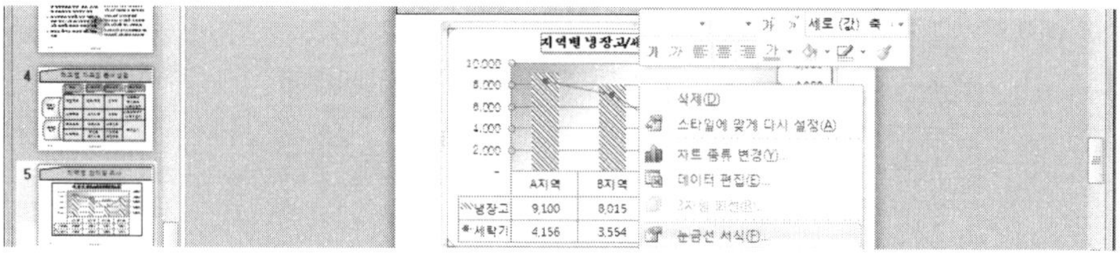

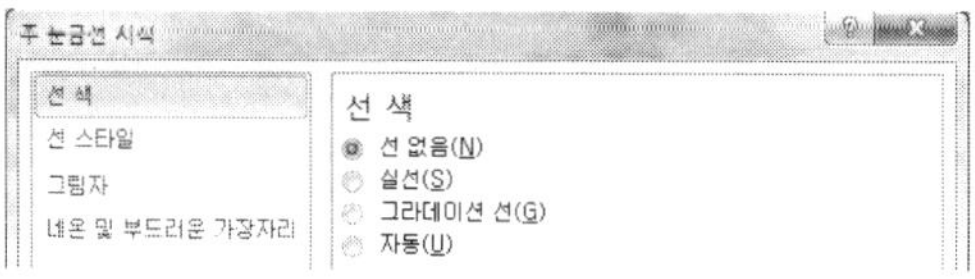

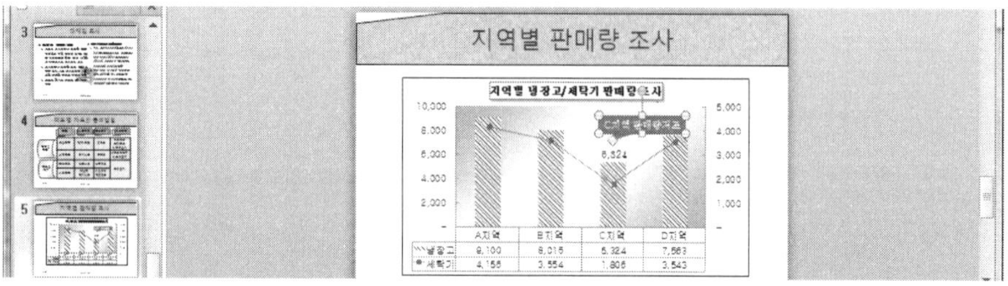

[슬라이드 6] ≪도형 슬라이드≫ **(100점)**

(1) 슬라이드와 같이 도형을 배치한다(글꼴 : 굴림, 18pt).

(2) 애니메이션 순서 : ① → ②

세부조건

① 그룹화 후 애니메이션 효과 : 날아오기(왼쪽에서)

② 그룹화 후 애니메이션 효과 : 블라인드(세로)

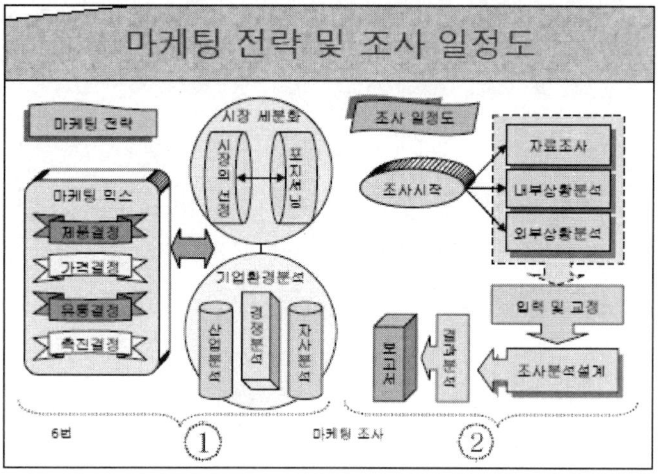

도형 슬라이드는 작성된 마스터 이용한 제목 입력, 도형의 작성, 편집, 배치, 효과, 서식 등과 개체의 그룹화 그리고 애니메이션 효과 등으로 구성되어 있다.

1. 순서도 : 문서 도형을 그리고 정렬의 회전의 상하 대칭을 선택하여 문자열을 입력한 후 색상을 변경하고 그림자를 형성한다.

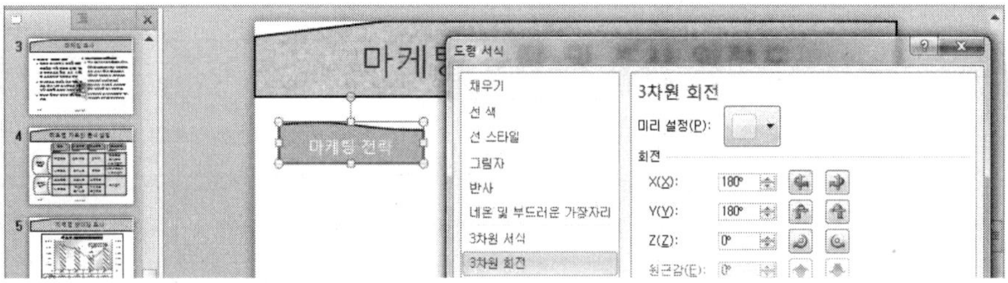

2. 모서리가 둥근 사각형을 그리고 3차원 회전을 이용하여 입체형을 그리고 동일한 크기의 모서리가 둥근 사각형을 그린 후 채우기에서 색상을 선택한다.

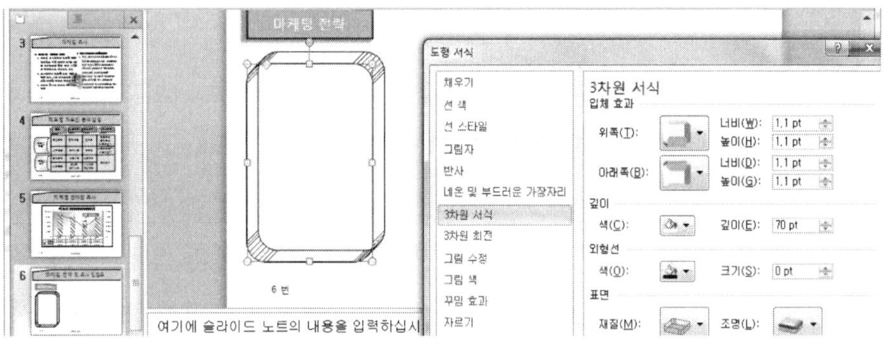

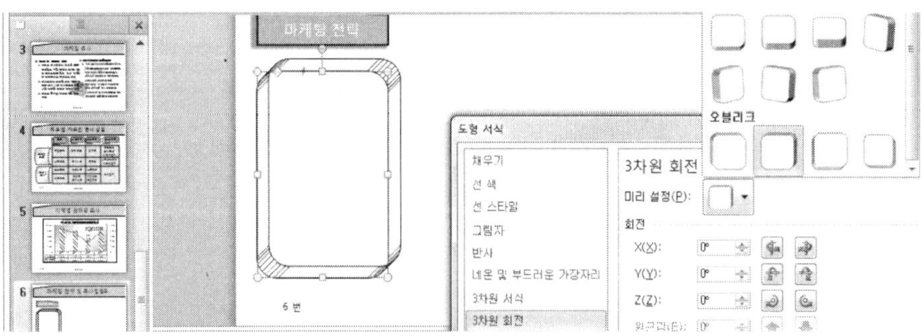

3. 아래 쪽 리본과 위쪽 리본을 이용하여 마케팅 믹스의 항목을 만들고 정렬에서 개체위치의 맞춤을 이용하여 세로 간격을 동일하게 설정한 다음 도형을 이용하여 시장 세분화와 기업환경 분석이라는 도형을 만든다.

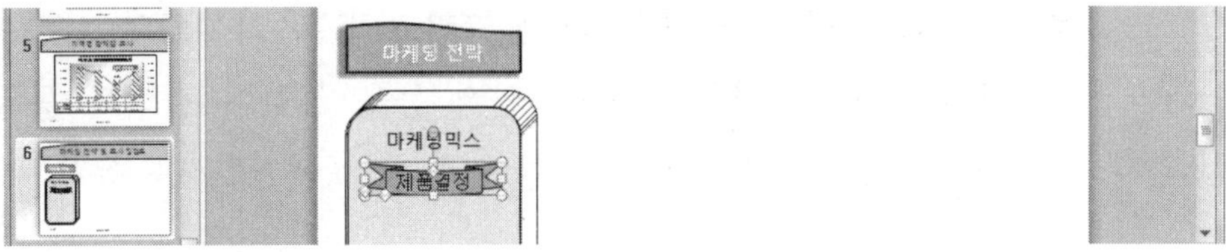
마케팅 전략
마케팅믹스
제품결정

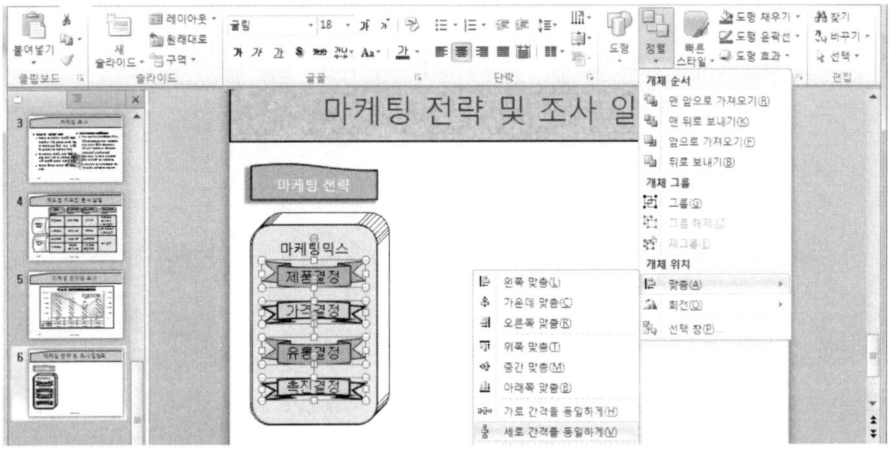
마케팅 전략 및 조사 일
마케팅 전략
마케팅믹스
제품결정
가격결정
유통결정
촉진결정
개체 순서
맨 앞으로 가져오기(R)
맨 뒤로 보내기(K)
앞으로 가져오기(F)
뒤로 보내기(B)
개체 그룹
그룹(G)
그룹 해제(U)
재그룹(E)
개체 위치
맞춤(A)
회전(O)
선택 창(P)...
왼쪽 맞춤(L)
가운데 맞춤(C)
오른쪽 맞춤(R)
위쪽 맞춤(T)
중간 맞춤(M)
아래쪽 맞춤(B)
가로 간격을 동일하게(H)
세로 간격을 동일하게(V)

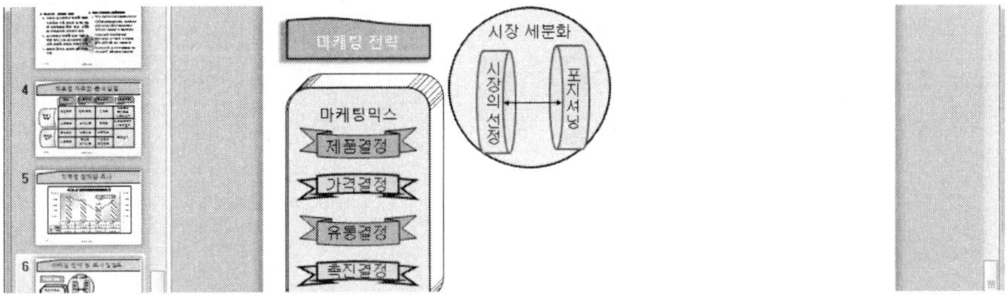
마케팅 전략
시장 세분화
시장의 선정
포지셔닝
마케팅믹스
제품결정
가격결정
유통결정
촉진결정

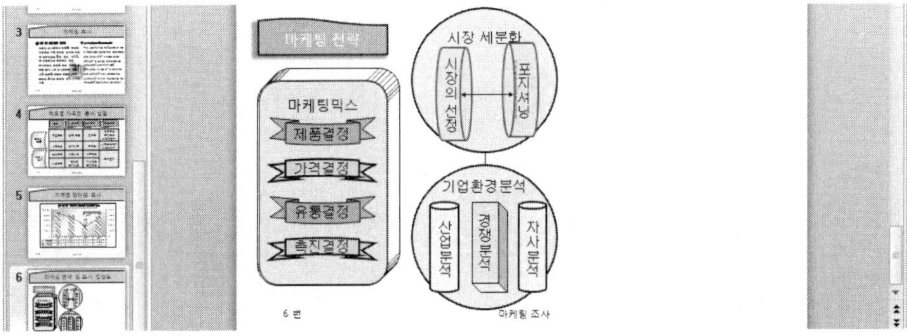
마케팅 전략
시장 세분화
시장의 선정
포지셔닝
기업환경분석
산업분석
경쟁분석
자사분석
마케팅믹스
제품결정
가격결정
유통결정
촉진결정

4. 순서도 : 천공 테이프와 타원 그리고 블록 화살표와 사각형을 이용하여 도형을 그리고 3차원 설정 등을 통하여 출력과 동일한 도형을 완성한 후 제목을 제외한 모든 도형의 글꼴을 돋움, 18pt로 설정한다.

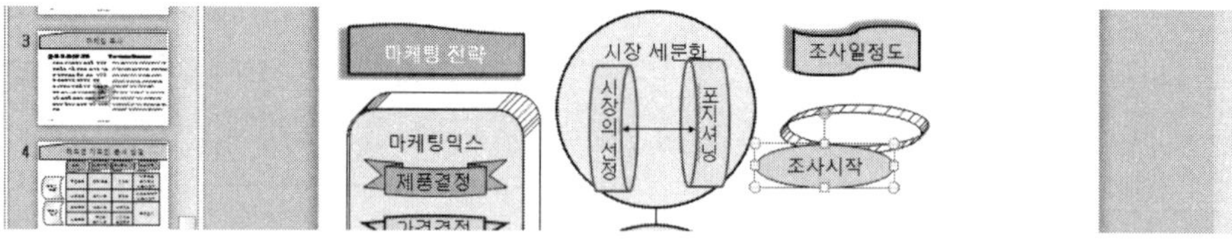

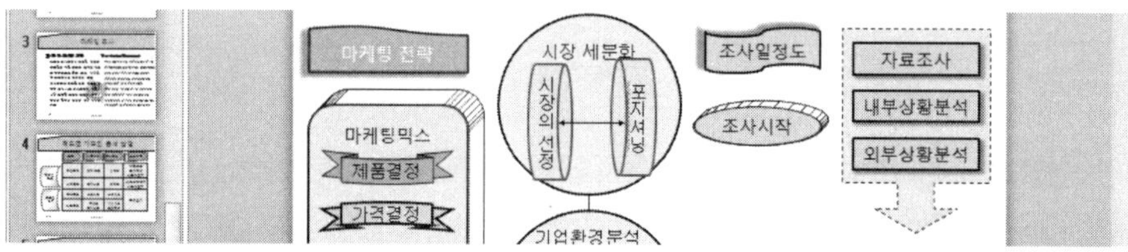

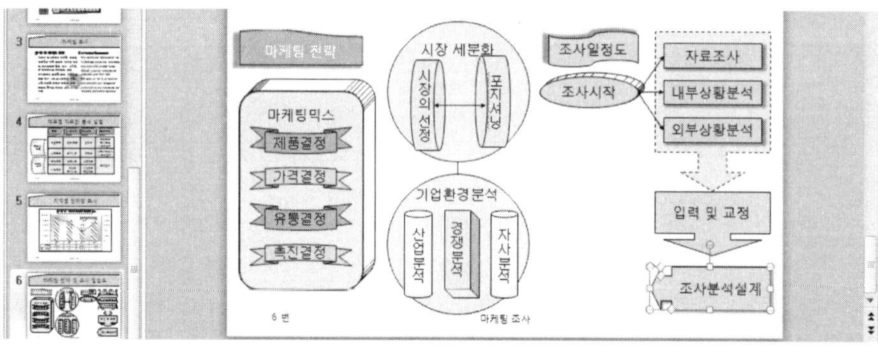

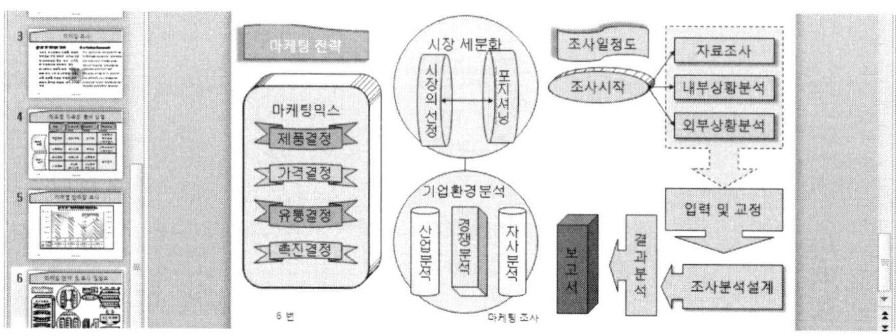

5. 도형의 그룹을 형성하여 애니메이션 리본의 효과 옵션에서 왼쪽에서 날아오기와 세로 블라인드의 애니메이션 효과를 설정한다.

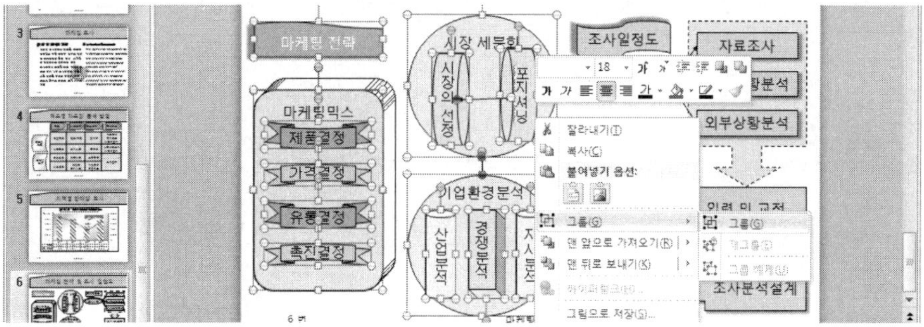

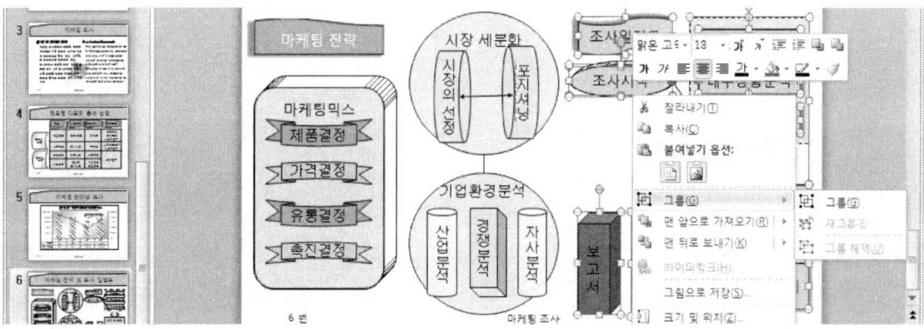

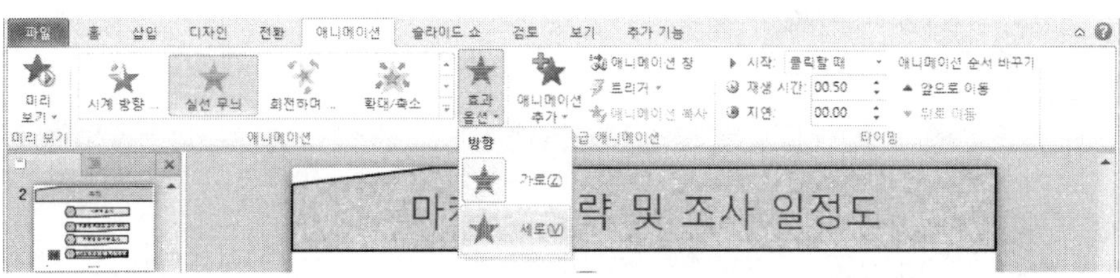

MEMO

MEMO

MEMO

■ 공통부분 작업(2)

1. 파일명을 내문서\ITQ 폴더에 '수험번호-성명' 형태 즉, 수험번호가 12345678이고 성명이 홍길동인 경우 '12345678-홍길동.ppt'로 저장한다.

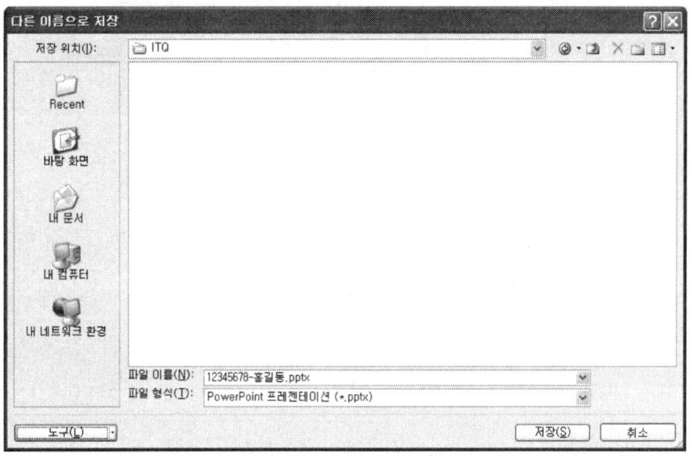

2. 페이지 설정에서 슬라이드 크기를 A4 용지, 방향을 가로로 설정한 다음 삽입 리본의 텍스트 그룹에서 머리글/바닥글에서 슬라이드 번호, 바닥글을 표시한 후 제목 슬라이드에는 표시 안함으로 설정하고 바닥글에 입력한 다음 모두 적용 단추를 누른다.

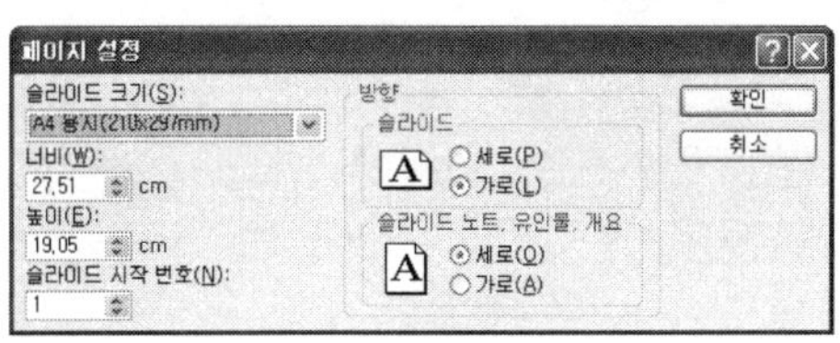

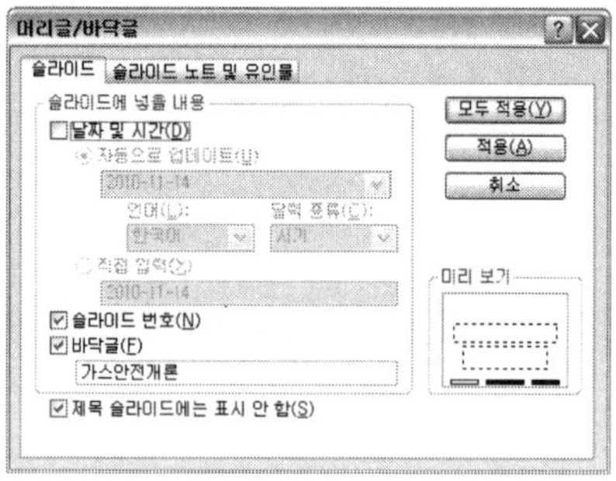

2. 보기의 슬라이드 마스터 보기를 선택하여 오각형을 삽입하고 질감을 꽃다발로 하여 채우기를 지정한 후, 마스터의 제목 입력 부분의 글꼴을 돋움, 40pt, 파랑으로 설정한 다음 정렬에서 맨 뒤로 보낸다. 공통부분의 마지막 과정으로 슬라이드 마스터에서 슬라이드 번호와 바닥글의 위치를 설정하고 홈 리본의 슬라이드에서 새 슬라이드를 6장 만든다.

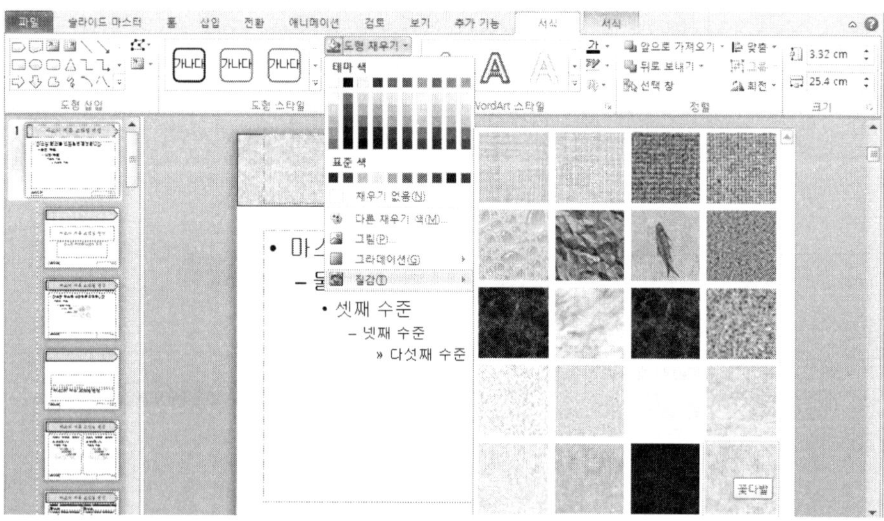

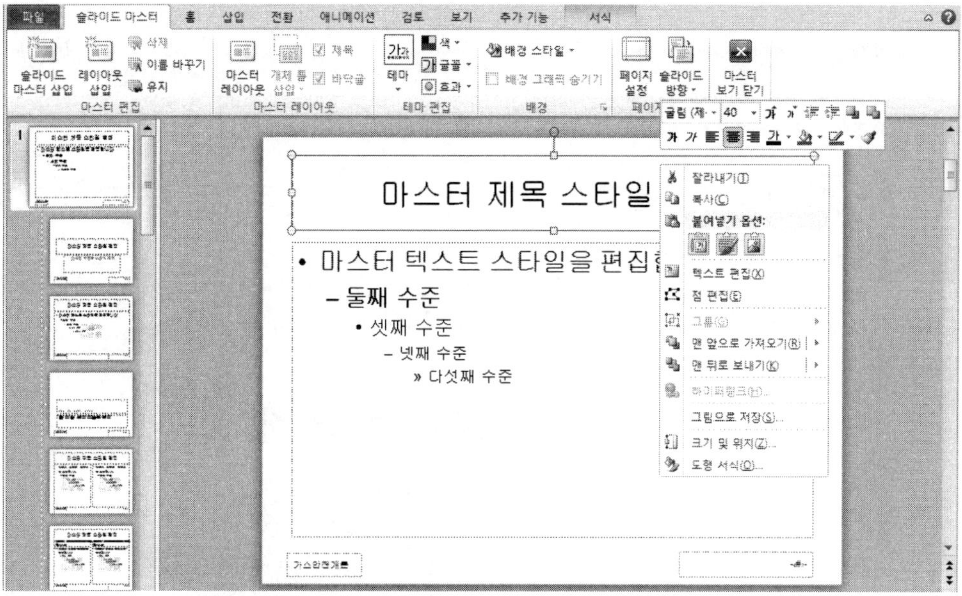
파일
슬라이드 마스터
홈
삽입
전환
애니메이션
검토
보기
추가 기능
서식
슬라이드 마스터 삽입
레이아웃 삽입
삭제
이름 바꾸기
유지
마스터 편집
마스터 레이아웃
제목
바닥글
테마
색
글꼴
효과
테마 편집
배경 스타일
배경 그래픽 숨기기
배경
페이지 설정
슬라이드 방향
마스터 보기 닫기
마스터 제목 스타일
• 마스터 텍스트 스타일을 편집합
– 둘째 수준
• 셋째 수준
– 넷째 수준
» 다섯째 수준
잘라내기(T)
복사(C)
붙여넣기 옵션:
텍스트 편집(X)
점 편집(E)
그룹(G)
맨 앞으로 가져오기(R)
맨 뒤로 보내기(K)
하이퍼링크(H)...
그림으로 저장(S)...
크기 및 위치(Z)...
도형 서식(O)...

[슬라이드 1] <제목 슬라이드> **(40점)**

(1) 제목 : 도형(그림자 스타일 1) + 텍스트(글꼴-굴림, 40pt, 검정), 채우기 효과(질감-분홍 박엽지)
(2) 부제목 : 워드아트로 작성(글꼴 : 궁서, 40pt)
(3) 도형 : 도형의 배경을 「내문서₩ITQ₩Picture₩그림1.jpg」로 채우기 하시오.

세부조건

① 도형 안에 그림 삽입
그림자 스타일 4

1. 도형에서 이등변 삼각형을 선택하여 도형을 삽입하고 채우기 효과 질감을 분홍 박엽지로 설정하여 그림자 스타일을 지정한다. 또한, 제목 부분에 가스안전개론이라는 문자열을 입력하고 글꼴을 굴림, 40pt, 검정으로 지정한다.

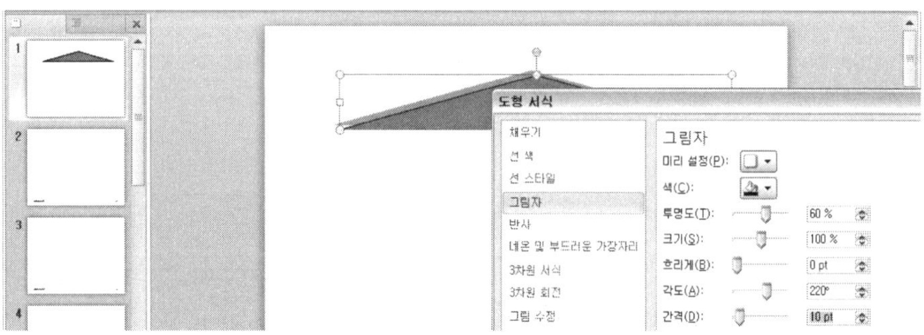

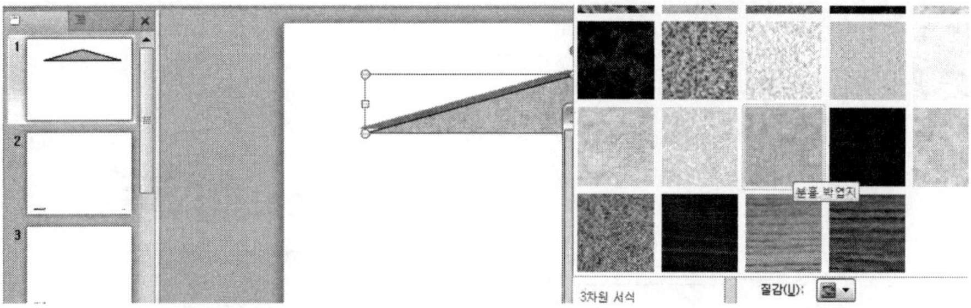

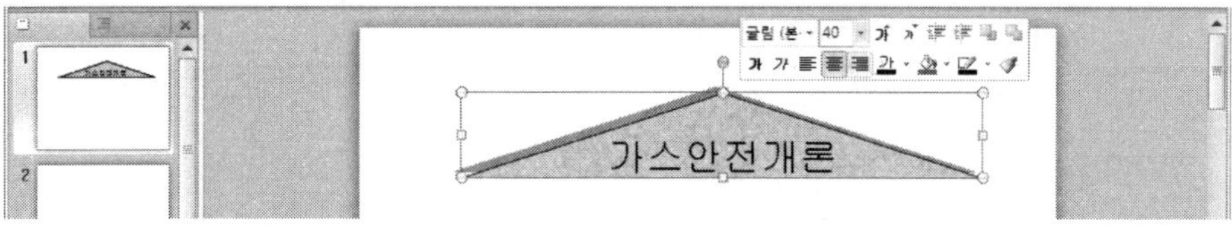

2. 워드아트에서 부제목 "Introduction of Gas Safety"를 입력하고 글꼴을 궁서, 40pt로 설정한 다음 워드아트 스타일의 텍스트 입력의 변환에서 휘어 올라오기 선택한다.

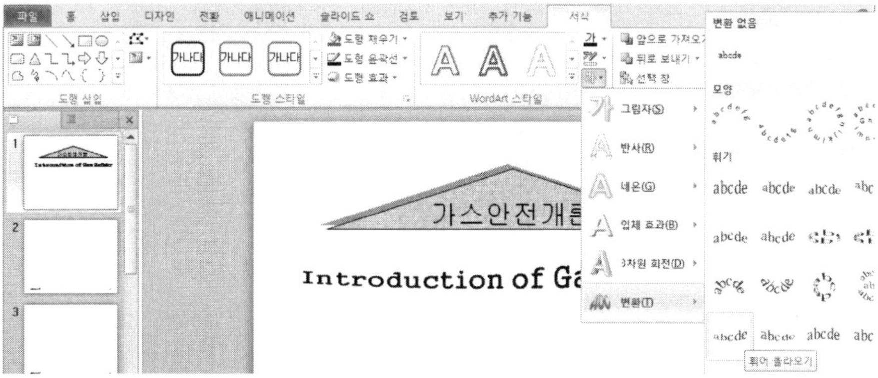

3. 도형의 순서도 : 문서를 그리고 그림자 서식을 설정한 후, 그림 안에 채우기에서 지정한 그림을 삽입한다.

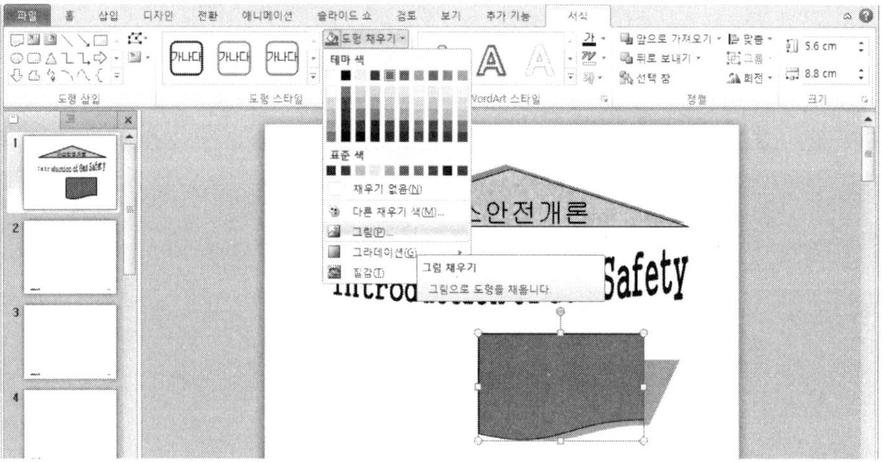

[슬라이드 2] ≪목차 슬라이드≫ **(60점)**

(1) 슬라이드 2~6 제목은 슬라이드 마스터를 이용하여 작성, 글꼴(궁서, 40pt, 파랑), 채우기 효과(질감-꽃다발)

(2) 슬라이드와 같이 도형(그림자 스타일 6)을 이용하여 목차를 작성한다(글꼴 : 돋움, 24pt).

세부조건

① 텍스트에 하이퍼링크 적용 -> '슬라이드 4'

② 실행단추 -> 마지막 슬라이드

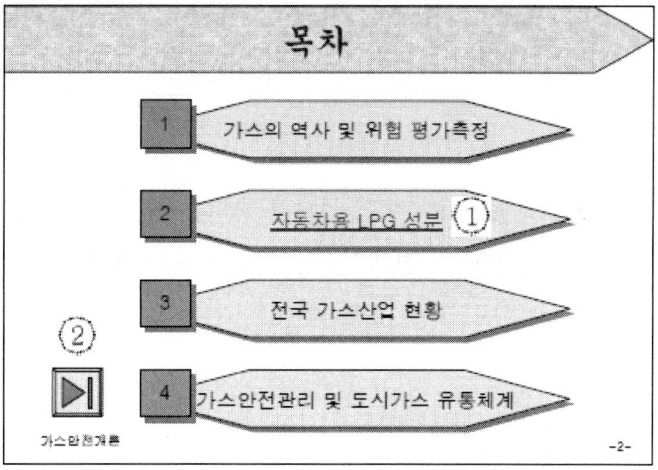

1. 도형에서 직사각형과 육각형을 이용하여 도형을 작성하고 그림자 스타일을 지정한 후 문자열을 입력하여 글꼴을 돋움, 24pt로 지정한다.

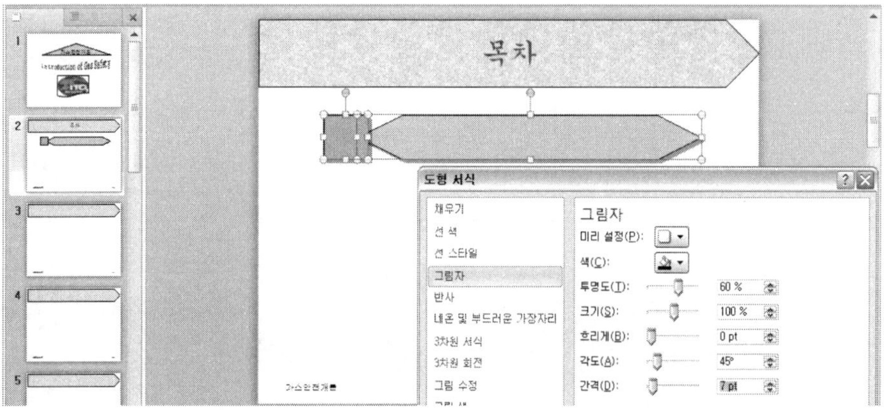

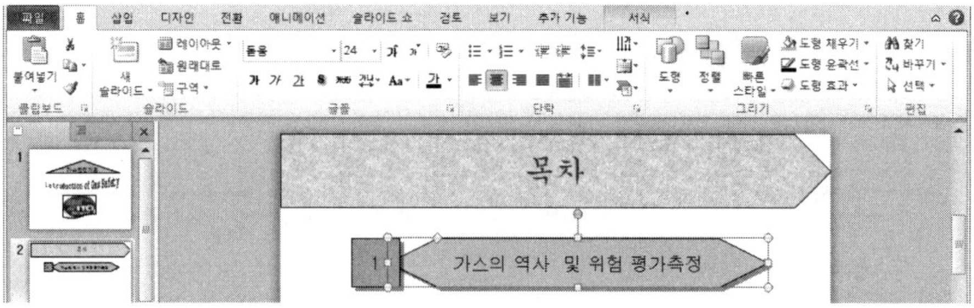

2. 자동차용 LPG 성분을 블록 영역으로 만들고 하이퍼링크 기능을 이용하여 현재 문서의 슬라이드 4에 연결한 다음 테마 색에서 하이퍼링크 글꼴을 빨강으로 지정한다.

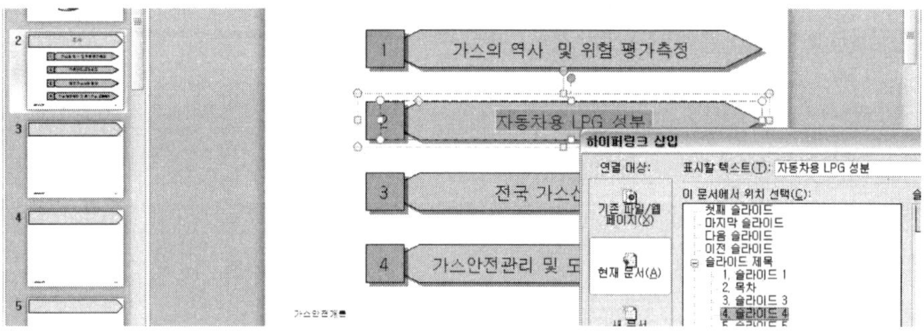

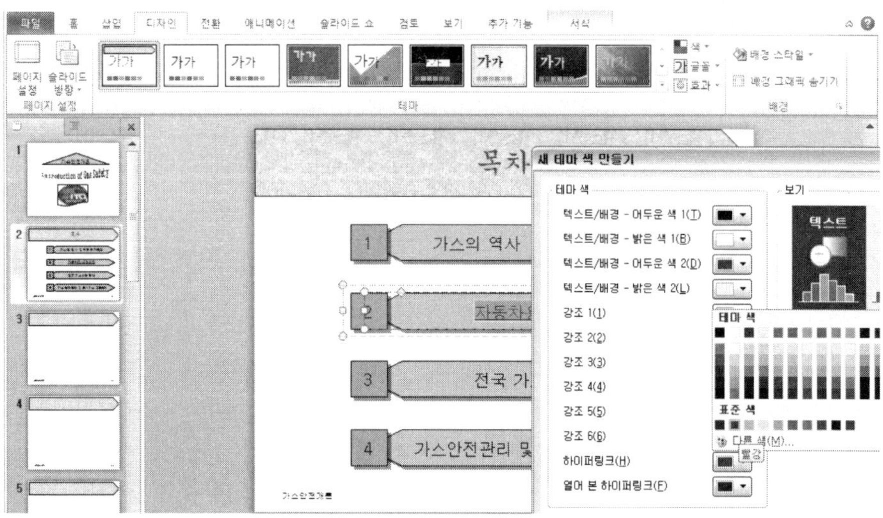

3. 도형에서 실행단추 : 끝을 그리고 실행 설정을 마지막 슬라이드로 지정한다.

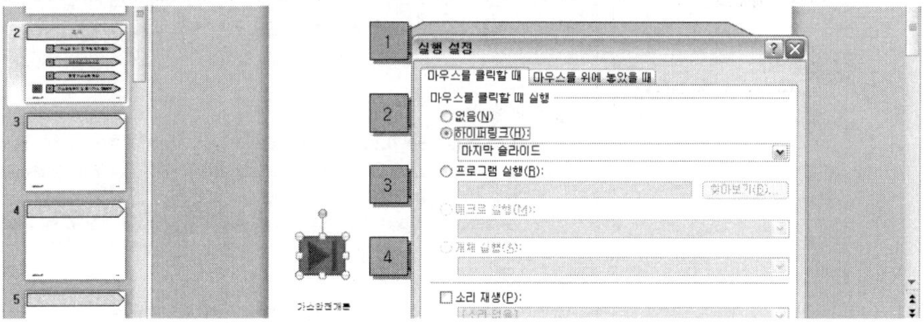

[슬라이드 3] <텍스트 슬라이드> **(60점)**

(1) 텍스트 작성 : 글머리기호 사용 (◆, •)

◆문단(굴림, 24pt, 굵게, 줄간격 : 1.5줄), •문단(굴림, 20pt, 줄간격 : 1.3줄)

세부조건

① 그림삽입 :
「내문서\ITQ\Picture\그림3.gif」
(희미하게)

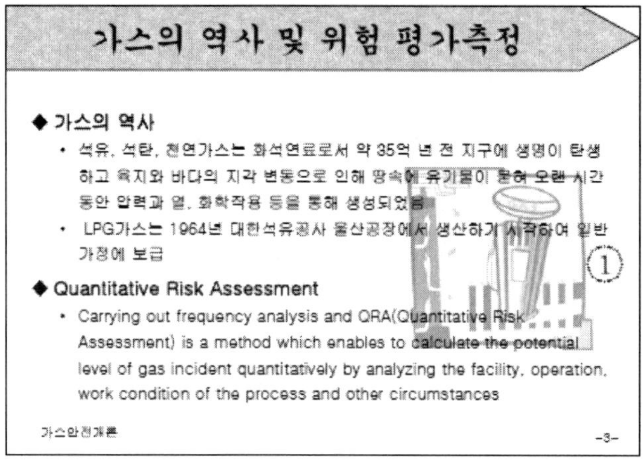

1. 텍스트 슬라이더를 작성하기 위해 제목을 입력하고 가로 텍스트 상자를 이용하여 문자열을 입력한 후 단락 그룹에서 머리글 기호를 이용하여 ◆와 •로 설정하고 탭 키를 이용하여 •머리글의 수준을 내린다.

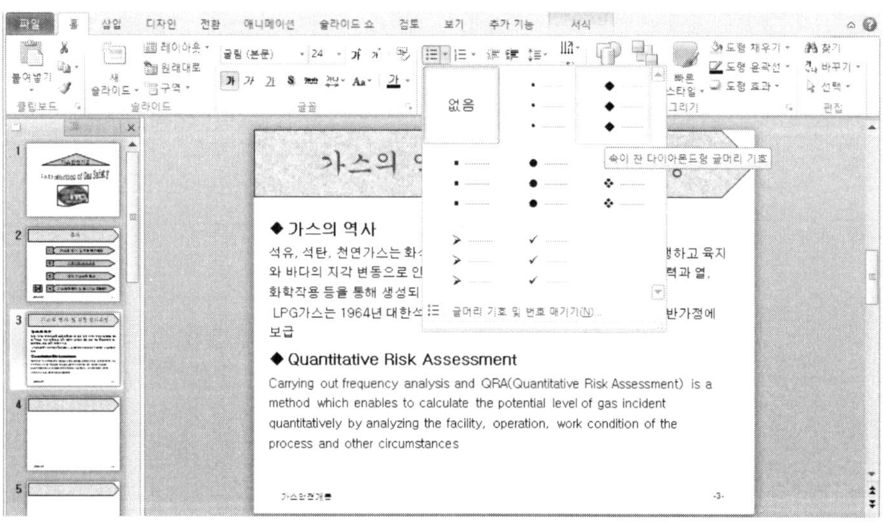

2. 글꼴을 굴림, 24pt/20pt, 굵게/보통, 줄 간격을 1.5줄/1.3줄로 각각 설정하고 지정된 경로의 그림을 삽입하여 희미하게 설정한 후 그림을 맨 뒤로 보낸다.

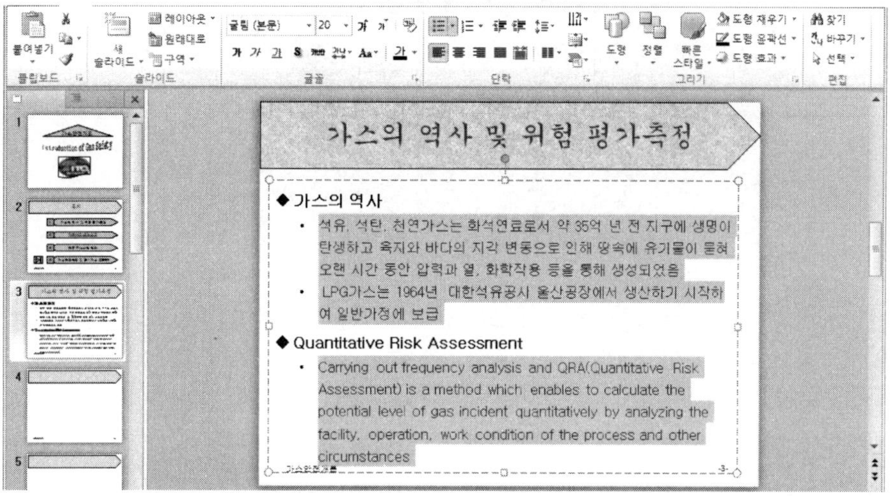

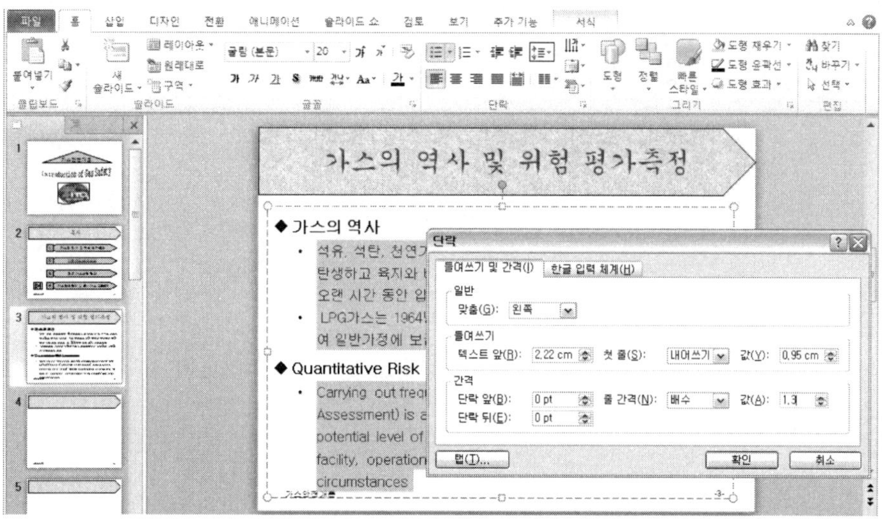

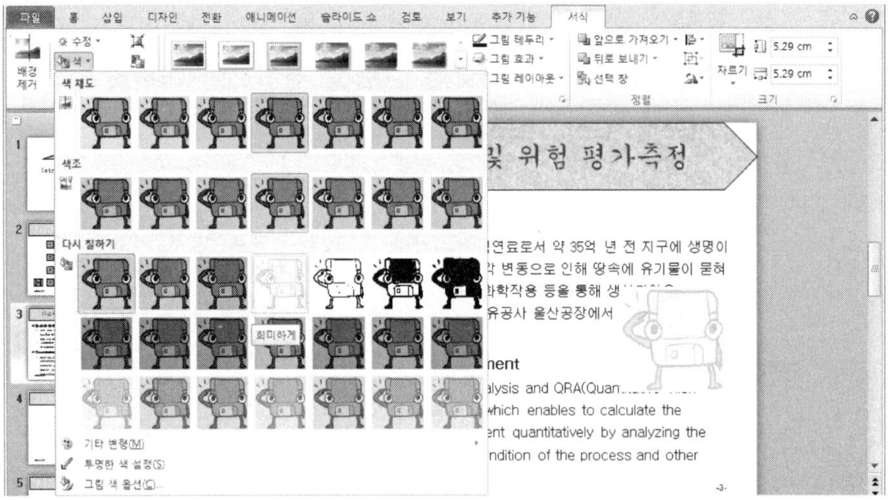

[슬라이드 4] ≪표 슬라이드≫ **(80점)**

(1) 도형과 표 작성 기능을 이용하여 슬라이드를 작성한다(글꼴 : 돋움, 20pt).

세부조건

① 상단 도형 : 그라데이션 효과(임의의 색 지정, 세로), 그림자 스타일 2

② 좌측 도형 : 2개 도형의 조합으로 작성

③ 표 색 채우기(노랑)

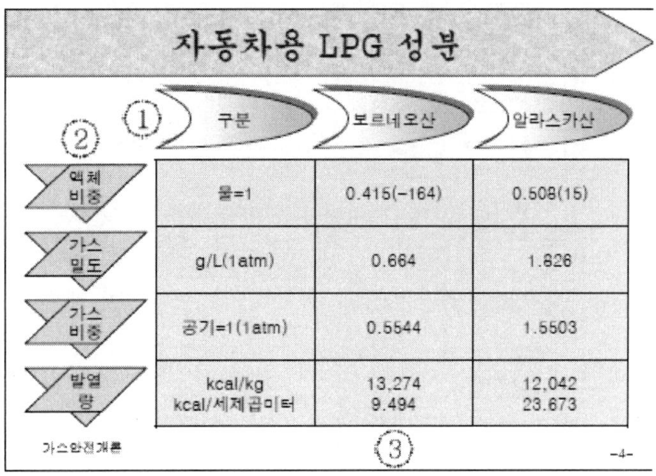

1. 4줄 3칸의 표를 만들고 문자열을 입력하고 채우기에서 임의의 색을 지정한 다음 도형에서 달을 정렬에서 좌우 대칭시켜 가로 항목을 만들고 그림자 효과를 지정한다.

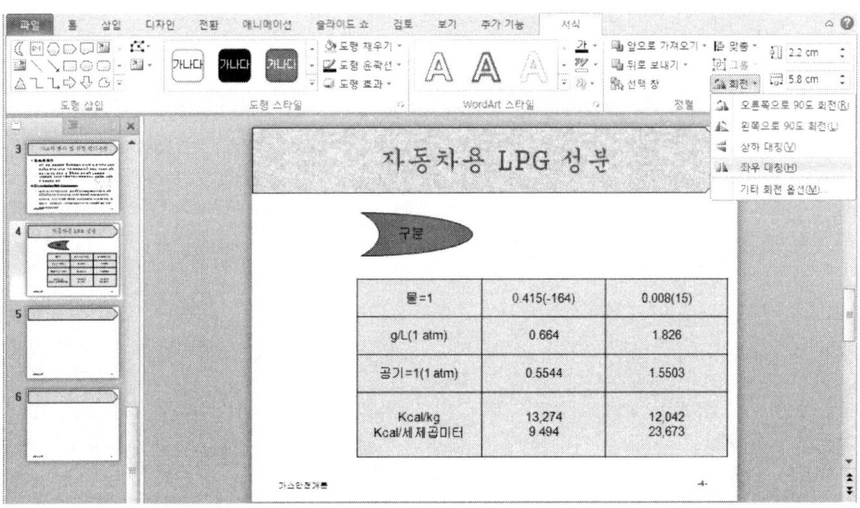

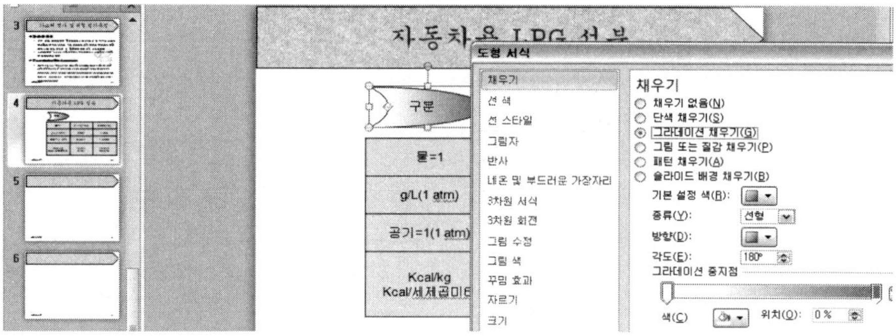

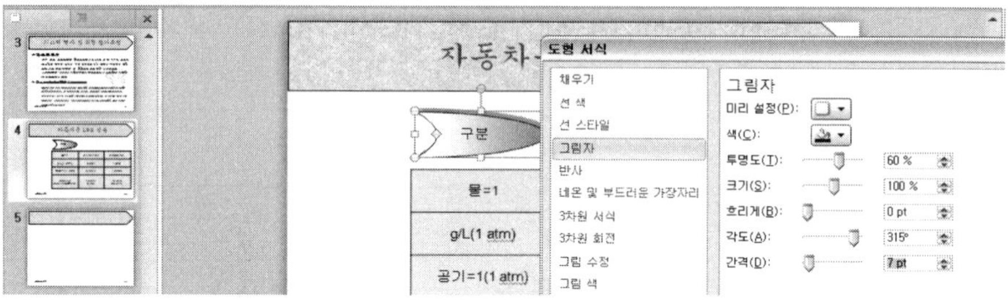

2. 이등변 삼각형을 상하 대칭한 후 평행 사변형과 조합하여 좌측 도형을 만들고 채우기에서 임의의 색을 지정한다. 이때, 글꼴은 돋움, 20pt로 설정한다.

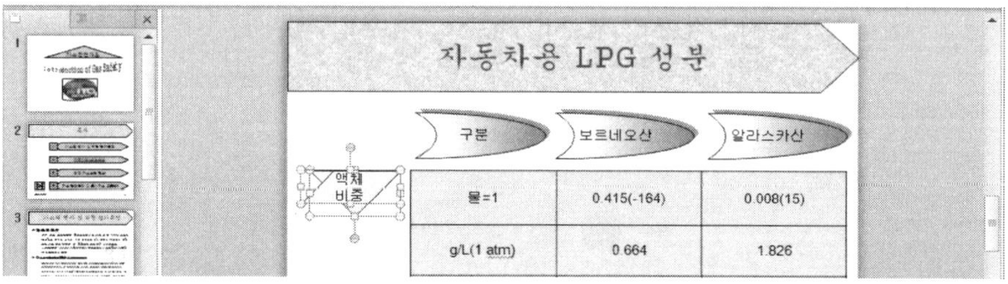

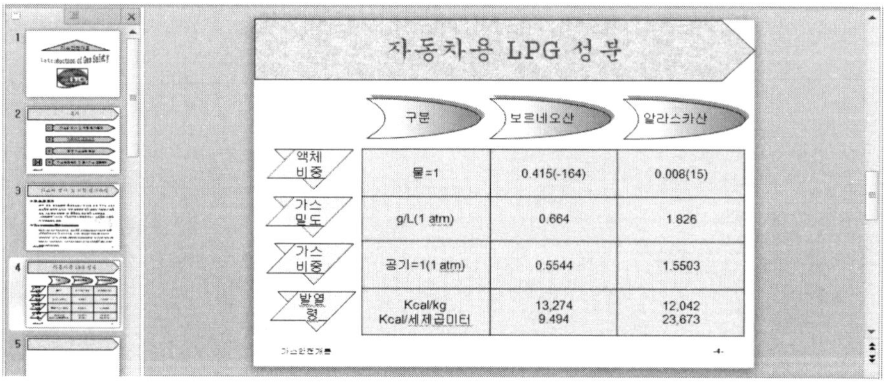

[슬라이드 5] <차트 슬라이드> **(100점)**

(1) 차트 작성 기능을 이용하여 슬라이드를 작성하시오.

(2) 차트 : 종류(묶은 세로 막대형), 글꼴(굴림, 18pt), 그림자

세부조건

※ 차트설명

- 차트제목 : 돋움, 20pt, 그림자
- 그림영역 : 그라데이션(흰색, 밝은 녹색, 가운데에서)
- 데이터 요소 서식 : 넓은 상향 대각선 무늬(도시가스수요가수의 '서울' 요소만)
- 값 표시 : LPG수요가수의 '서울' 요소만
- 데이터 테이블 표시

① 도형을 이용하여 '수요가수가 400 이하' 표시(파란색 적용, 외곽선 없음, 투명도 50%, 궁서, 18pt)

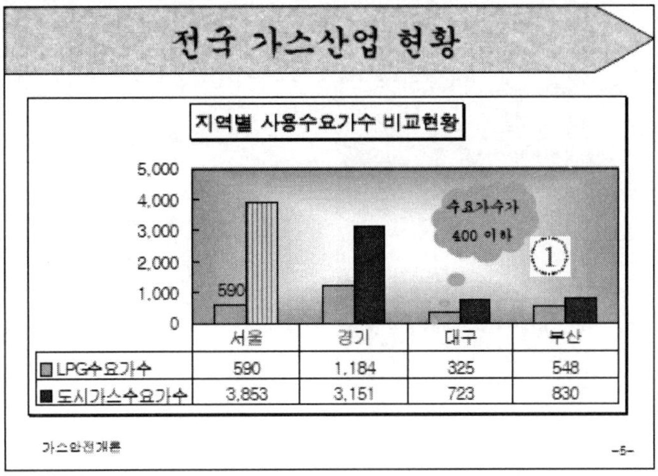

1. 일러스트레이션 그룹에서 차트를 세로 막대형으로 삽입하고 액셀 시트에서 계열과 항목을 추가 또는 삭제하면서 데이터를 입력한다.

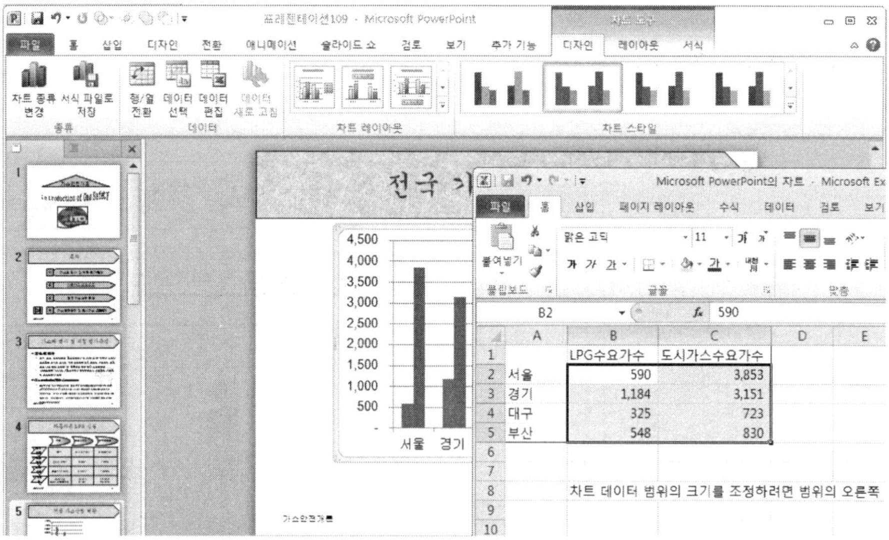

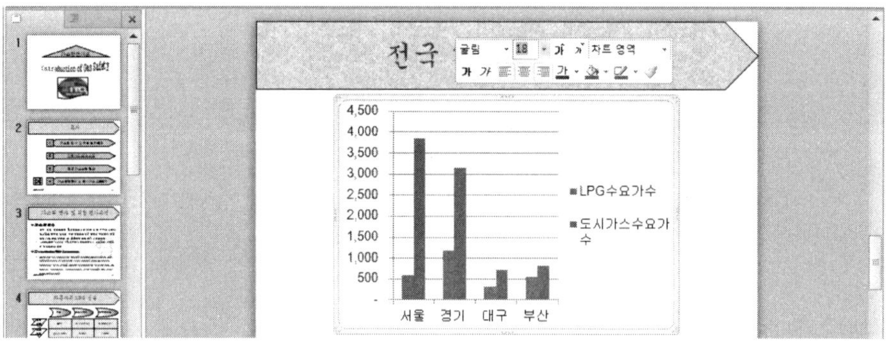

2. 디자인에서 차트 레이아웃, 차트 스타일을 지정하고 제목을 입력한 후 돋움, 20pt, 그림자를 지정한다. 이후, 데이터 계열 서식에서 도시가스수요가수의 서울요소만 넓은 상향 대각선으로 패턴을 채우고, 그림 영역 서식에서 흰색, 밝은 녹색, 가운데로 그라데이션을 설정한다.

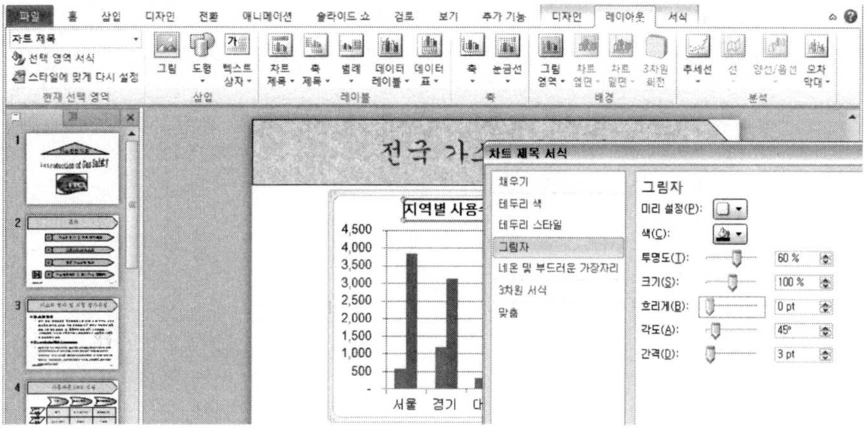
차트 제목 서식
채우기
테두리 색
테두리 스타일
그림자
네온 및 부드러운 가장자리
3차원 서식
맞춤
그림자
미리 설정(P):
색(C):
투명도(T): 60 %
크기(S): 100 %
흐리게(B): 0 pt
각도(A): 45°
간격(D): 3 pt
전국 가스
지역별 사용수
서울 경기

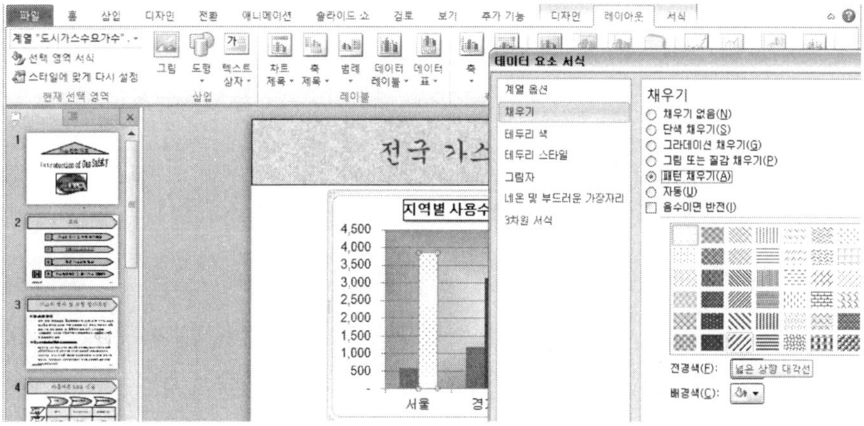
데이터 요소 서식
계열 옵션
채우기
테두리 색
테두리 스타일
그림자
네온 및 부드러운 가장자리
3차원 서식
채우기
채우기 없음(N)
단색 채우기(S)
그라데이션 채우기(G)
그림 또는 질감 채우기(P)
패턴 채우기(A)
자동(U)
음수이면 반전(I)
전경색(F): 넓은 상향 대각선
배경색(C):
계열 "도시가스수요가수"
전국 가스
지역별 사용수
서울

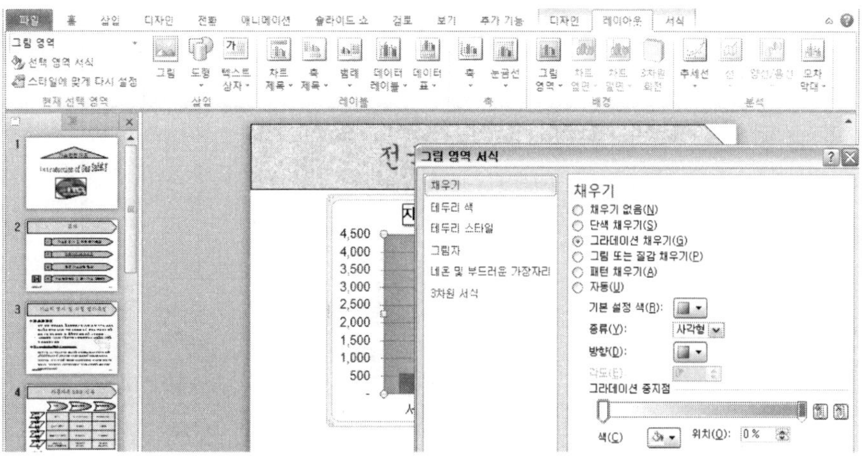
그림 영역 서식
채우기
테두리 색
테두리 스타일
그림자
네온 및 부드러운 가장자리
3차원 서식
채우기
채우기 없음(N)
단색 채우기(S)
그라데이션 채우기(G)
그림 또는 질감 채우기(P)
패턴 채우기(A)
자동(U)
기본 설정 색(R):
종류(Y): 사각형
방향(D):
각도(E)
그라데이션 중지점
색(C)
위치(O): 0 %
그림 영역

3. LPG수요가수 계열의 서울요소만 데이터 값을 표시한다.

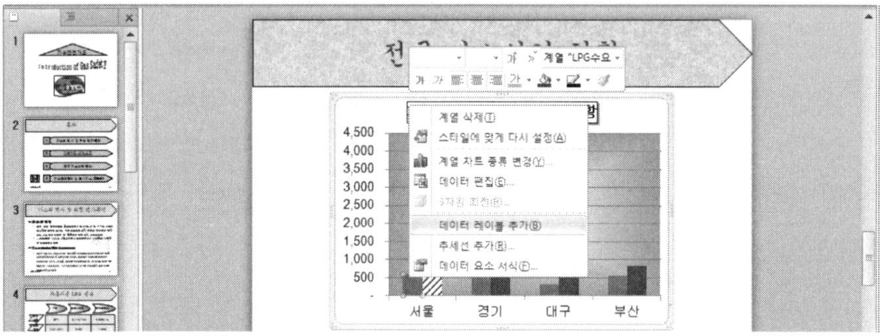

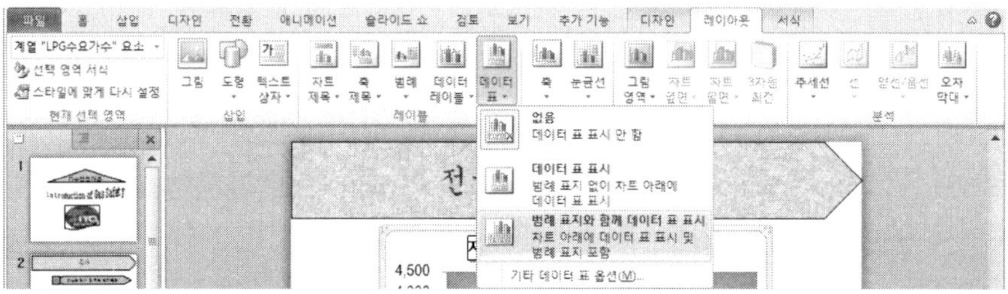

4. 기본 축 서식의 축 옵션에서 최소값 0, 최대값 5000, 주 단위를 1000으로 고정하고 주 눈금을 안쪽, 보조 눈금을 없음으로 각각 설정한다.

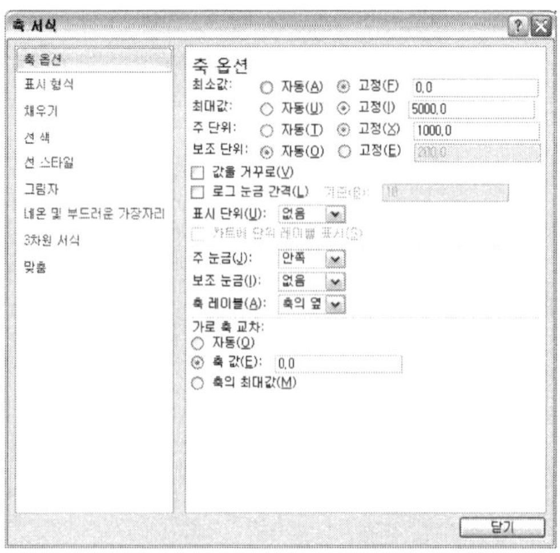

5. 도형의 구름 모양 설명선을 이용하여 C 지역 판매량 저조라는 문자열을 입력하고 주 눈금선 서식에서 선색 없음으로 설정한다.

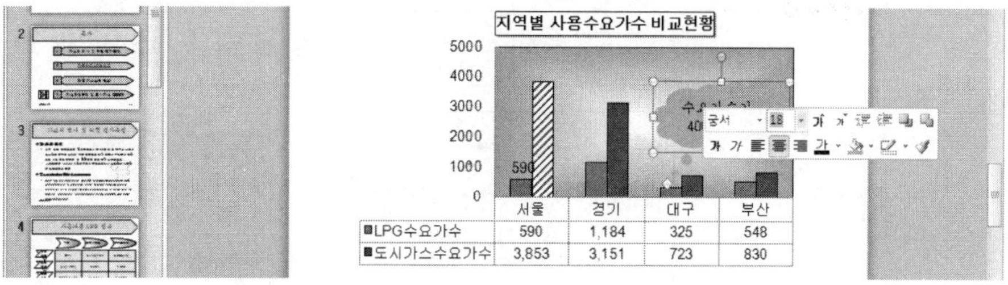

[슬라이드 6] ≪도형 슬라이드≫ **(100점)**

(1) 슬라이드와 같이 도형을 배치한다(글꼴 : 돋움, 18pt).

(2) 애니메이션 순서 : ① ➡ ②

세부조건

① 그룹화 후 애니메이션 효과 : 날아오기(왼쪽에서)

② 그룹화 후 애니메이션 효과 : 블라인드(세로)

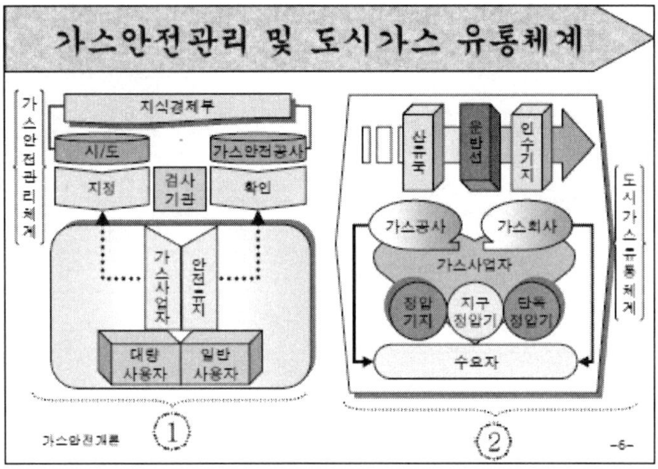

1. 순서도 : 문서, 원통 등의 도형을 그린 후 갈매기형 수장을 그리고 90도 회전 후 도형 서식의 텍스트 상자에서 모든 텍스트를 270도 회전으로 설정한다. 모서리가 둥근 직사각형을 그린 후 오프셋 대각선 오른쪽 위로 그림자를 설정한다. 도형의 순서도 : 수동 입력과 정육면체의 좌우 대칭 그리고 꺾인 연결선과 꺾인 화살표 연결선을 이용하여 연결하고 양쪽 중괄호를 이용하여 가스안전관리체계를 입력하여 왼쪽 그룹을 완성한다.

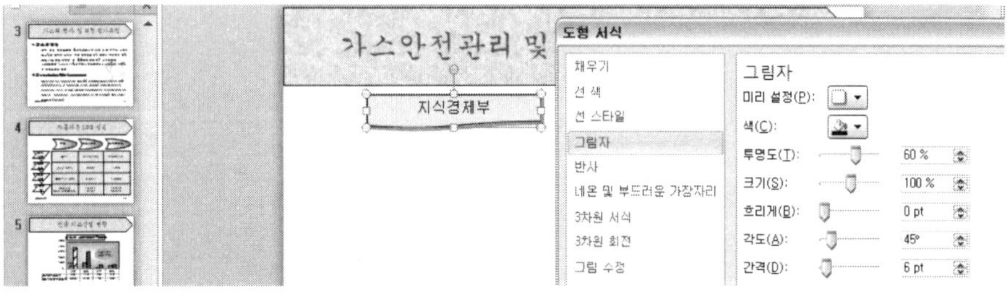

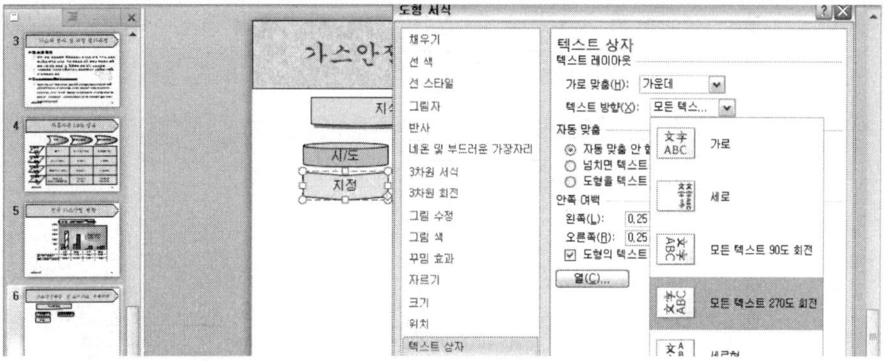
도형 서식
채우기
선 색
선 스타일
그림자
반사
네온 및 부드러운 가장자리
3차원 서식
3차원 회전
그림 수정
그림 색
꾸밈 효과
자르기
크기
위치
텍스트 상자
텍스트 레이아웃
가로 맞춤(H): 가운데
텍스트 방향(X): 모든 텍스...
자동 맞춤
안쪽 여백
왼쪽(L):
오른쪽(R):
가로
세로
모든 텍스트 90도 회전
모든 텍스트 270도 회전
시/도
지정

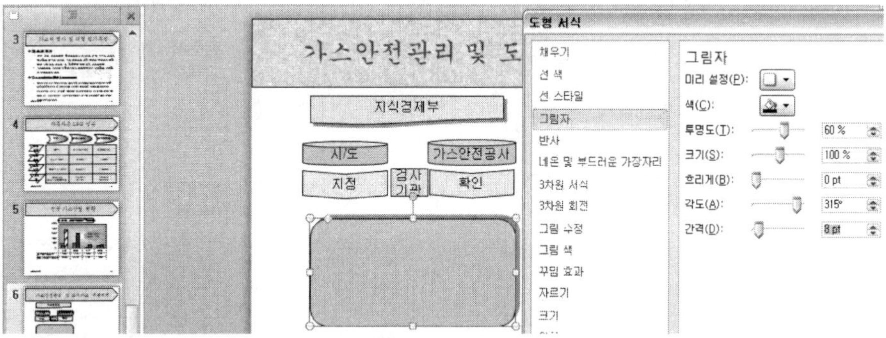
도형 서식
채우기
선 색
선 스타일
그림자
반사
네온 및 부드러운 가장자리
3차원 서식
3차원 회전
그림 수정
그림 색
꾸밈 효과
자르기
크기
그림자
미리 설정(P):
색(C):
투명도(T): 60 %
크기(S): 100 %
흐리게(B): 0 pt
각도(A): 315°
간격(D): 8 pt
지식경제부
시/도
가스안전공사
지정
검사기관
확인

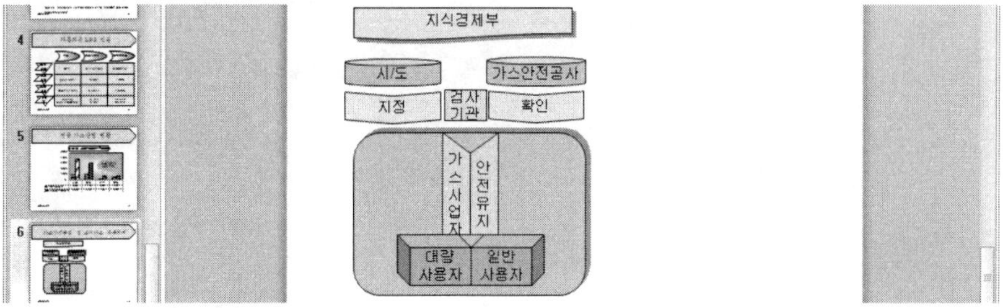
지식경제부
시/도
가스안전공사
지정
검사기관
확인
가스사업자
안전유지
대량 사용자
일반 사용자

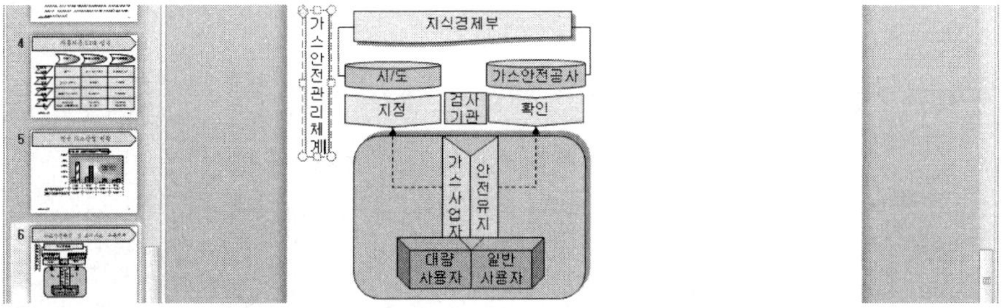
가스안전관리체계
지식경제부
시/도
가스안전공사
지정
검사기관
확인
가스사업자
안전유지
대량 사용자
일반 사용자

2. 육각형과 줄무늬가 있는 화살표, 정육면체, 하트, 순서도 : 순차적 액세스 저장소 등과 회전, 연결선 그리고 그림자 설정을 이용하여 출력과 동일한 오른쪽 부분을 완성한다. 이후, 제목을 제외한 모든 도형의 글꼴을 돋움, 18pt로 설정한다.

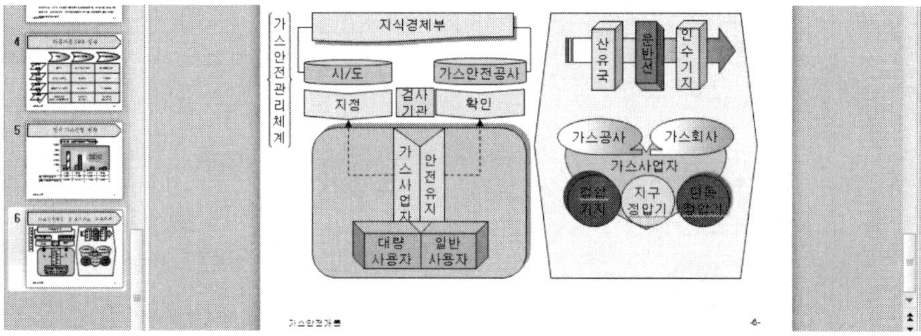

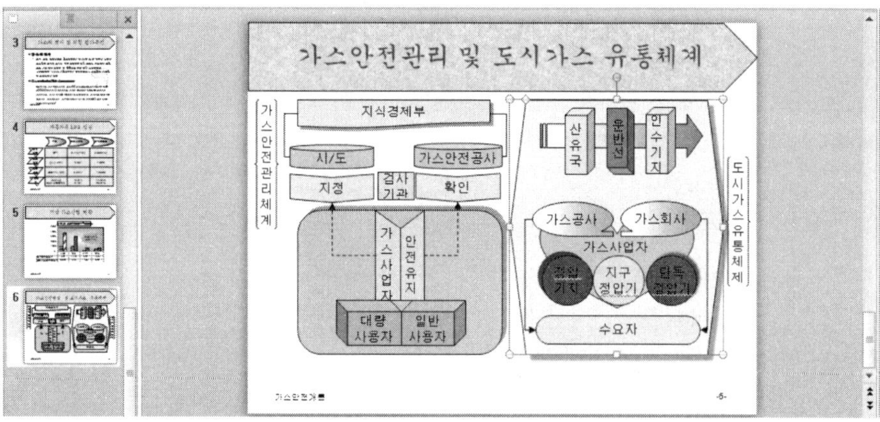

3. 마지막 과정으로 도형의 그룹을 형성하여 애니메이션 리본의 효과 옵션에서 왼쪽에서 날아오기와 애니메이션 추가의 추가 나타내기 효과에서 블라인드를 추가한 다음 세로 블라인드의 애니메이션 효과를 설정한다.

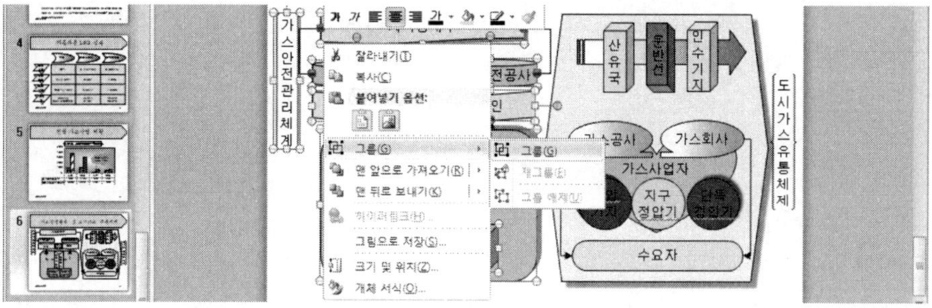
잘라내기(T)
복사(C)
붙여넣기 옵션:
그룹(G)
맨 앞으로 가져오기(R)
맨 뒤로 보내기(K)
하이퍼링크(H)...
그림으로 저장(S)...
크기 및 위치(Z)...
개체 서식(O)...
그룹(G)
재그룹(E)
그룹 해제(U)
가스안전관리체계
도시가스유통체계
가스사업자
수요자

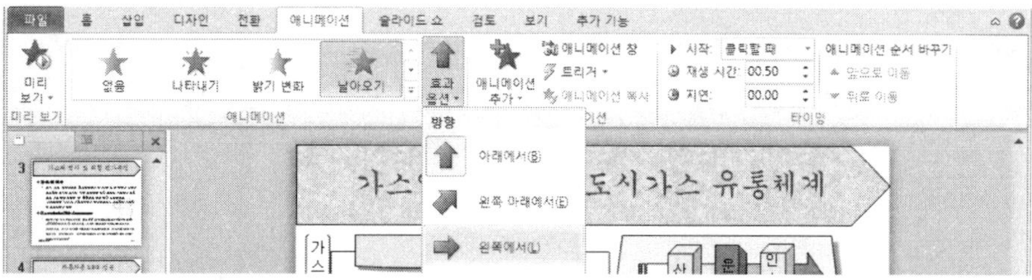
파일 홈 삽입 디자인 전환 애니메이션 슬라이드 쇼 검토 보기 추가 기능
미리 보기
없음 나타내기 밝기 변화 날아오기
효과 옵션
애니메이션 추가
애니메이션 창
트리거
애니메이션 복사
시작: 클릭할 때
재생 시간: 00.50
지연: 00.00
애니메이션 순서 바꾸기
앞으로 이동
뒤로 이동
타이밍
방향
아래에서(B)
왼쪽 아래에서(E)
왼쪽에서(L)
도시가스 유통체계

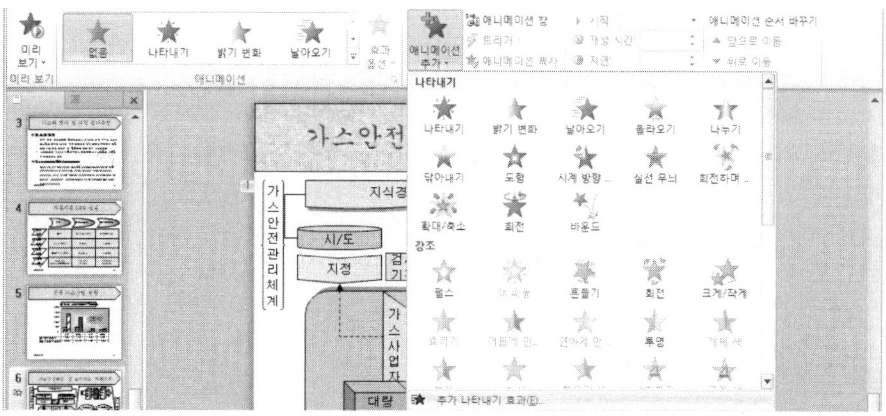
미리 보기
없음 나타내기 밝기 변화 날아오기
애니메이션 추가
나타내기
나타내기 밝기 변화 날아오기 올라오기 나누기
닦아내기 도형 시계 방향 ... 실선 무늬 회전하며 ...
확대/축소 회전 바운드
강조
펄스 크게/작게
투명
추가 나타내기 효과(E)...
가스안전
가스안전관리체계
지식경
시/도
지정

파일 홈 삽입 디자인 전환 애니메이션 슬라이드 쇼 검토 보기 추가 기능
미리 보기
회전 바운드 블라인드 펄스
효과 옵션
애니메이션 추가
애니메이션 창
트리거
애니메이션 복사
시작: 클릭할 때
재생 시간: 00.50
지연: 00.00
애니메이션 순서 바꾸기
앞으로 이동
뒤로 이동
방향
가로(Z)
세로(V)
및 도시가스 유통체계

MEMO

MEMO

MEMO

■ 공통부분 작업(3)

1. 파일명을 내문서\ITQ 폴더에 '수험번호-성명' 형태 즉, 수험번호가 12345678이고 성명이 홍길동인 경우 '12345678-홍길동.ppt'로 저장한다.

2. 페이지 설정에서 슬라이드 크기를 A4 용지, 방향을 가로로 설정한 다음 삽입 리본의 텍스트 그룹에서 머리글/바닥글에서 슬라이드 번호, 바닥글을 표시한 후 제목 슬라이드에는 표시 안함으로 설정하고 바닥글에 입력한 다음 모두 적용 단추를 누른다.

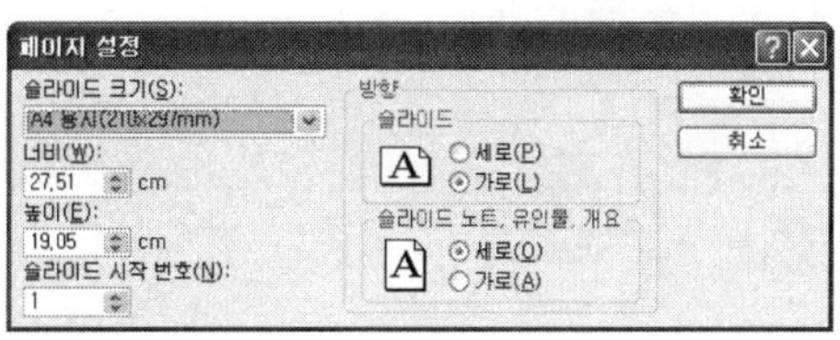

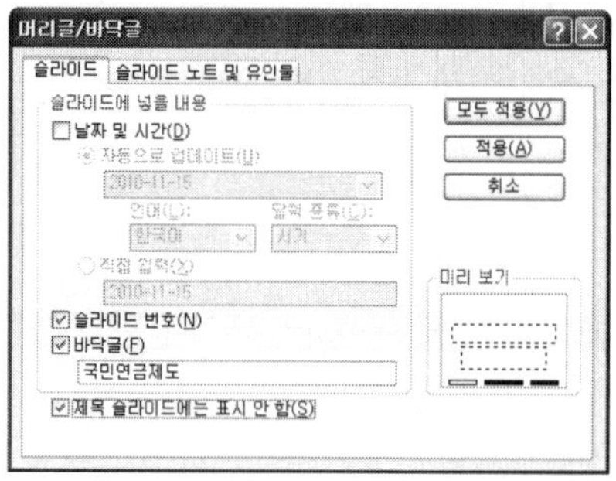

3. 보기의 슬라이드 마스터 보기를 선택하고 오각형을 삽입하고 질감을 분홍 박엽지로 하여 채우기를 지정한 후, 마스터의 제목 입력 부분의 글꼴을 궁서 40pt, 검정으로 설정한 다음 정렬에서 맨 뒤로 보낸다. 공통부분의 마지막 과정으로 슬라이드 번호와 바닥글의 위치를 설정하고 홈 리본의 슬라이드에서 새 슬라이드를 6장 만든다.

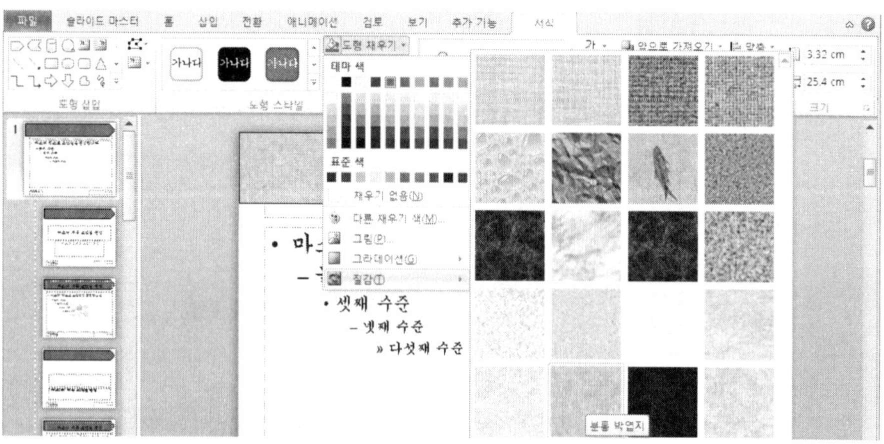

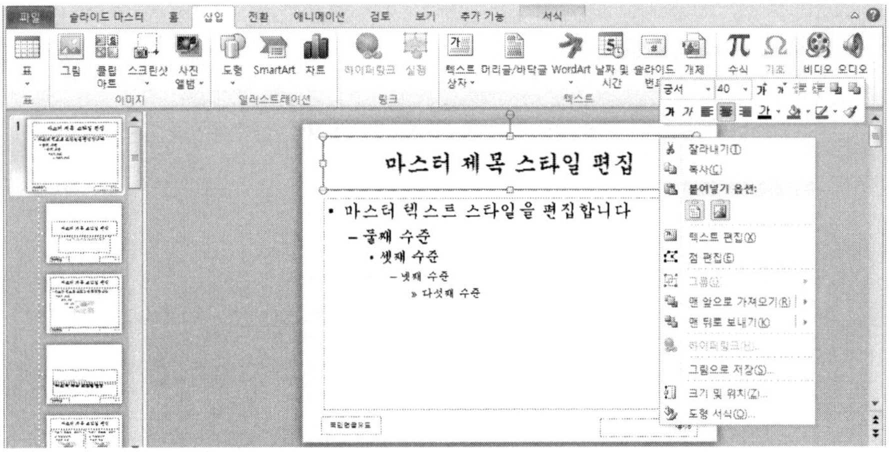
파일
슬라이드 마스터
홈
삽입
전환
애니메이션
검토
보기
추가 기능
서식
마스터 제목 스타일 편집
• 마스터 텍스트 스타일을 편집합니다
– 둘째 수준
• 셋째 수준
– 넷째 수준
» 다섯째 수준
잘라내기(T)
복사(C)
붙여넣기 옵션:
텍스트 편집(X)
점 편집(E)
맨 앞으로 가져오기(R)
맨 뒤로 보내기(K)
그림으로 저장(S)...
크기 및 위치(Z)...
도형 서식(O)...

[슬라이드 1] ≪제목 슬라이드≫ **(40점)**

(1) 제목 : 도형(그림자 스타일 12) + 텍스트(글꼴-바탕, 40pt, 파랑), 채우기 효과(질감-파랑 박엽지)
(2) 부제목 : 워드아트로 작성(글꼴 : 굴림, 40pt)
(3) 도형 : 도형의 배경을 「내문서₩ITQ₩Picture₩그림2.bmp」로 채우기 하시오.

세부조건

① 도형 안에 그림 삽입
그림자 스타일 5

1. 도형에서 순서도 : 순차적 액세스 저장소를 선택하여 도형을 삽입하고 채우기 효과 질감을 파랑 박엽지로 설정하여 그림자 스타일을 지정한다. 또한, 제목 부분에 가스안전개론이라는 문자열을 입력하고 글꼴을 바탕, 40pt, 파랑으로 지정한다.

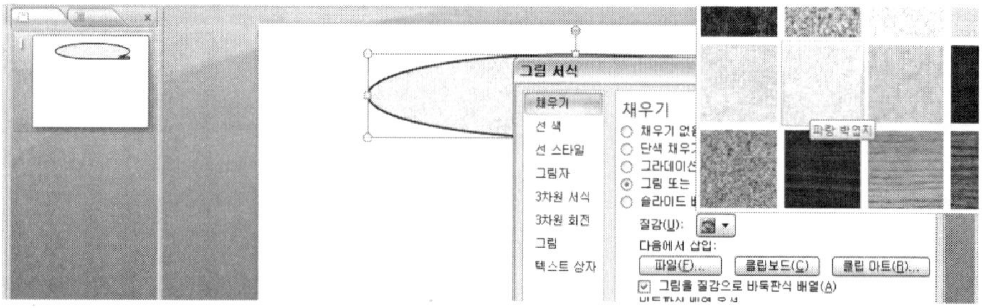

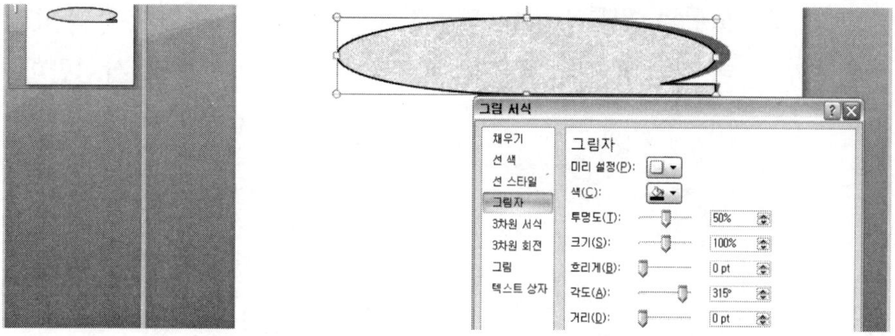

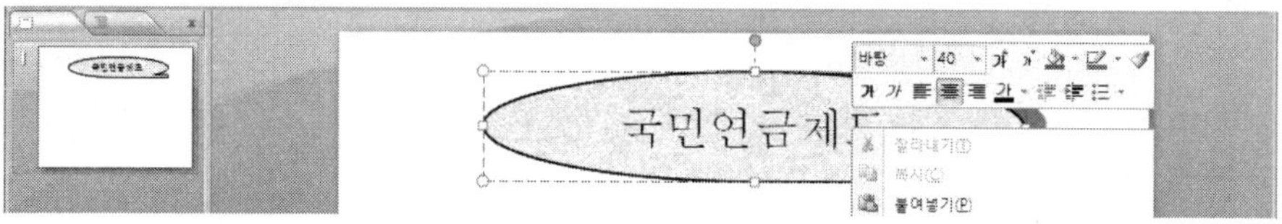

2. 워드아트에서 부제목 "National Pension Service"를 입력하고 글꼴을 굴림, 40pt로 설정한 다음 워드아트 스타일의 텍스트 입력의 변환에서 위쪽 수축을 선택한다.

3. 도형의 원통과 순서도 : 저장 데이터를 회전하여 조합한 후 저장 데이터 영역의 채우기 부분을 지정된 그림으로 삽입한다.

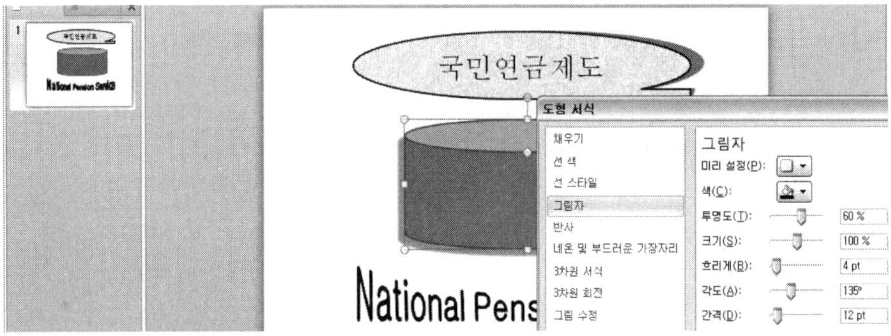

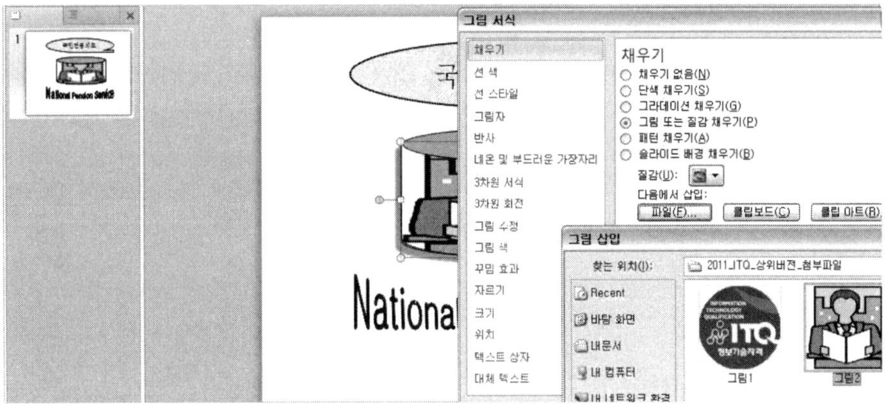

[슬라이드 2] ≪목차 슬라이드≫ **(60점)**

(1) 슬라이드 2~6 제목은 슬라이드 마스터를 이용하여 작성, 글꼴(궁서, 40pt, 검정), 채우기 효과(질감-분홍 박엽지)

(2) 슬라이드와 같이 도형(그림자 스타일 6)을 이용하여 목차를 작성한다(글꼴 : 굴림, 24pt).

세부조건

① 텍스트에 하이퍼링크 적용 -> '슬라이드 3'

② 실행단추 -> 첫째 슬라이드

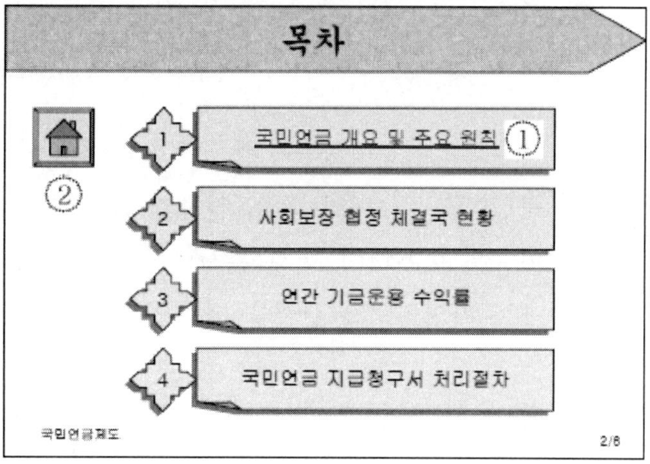

1. 도형에서 왼쪽/오른쪽/위쪽/아래쪽 설명선과 모서리가 접힌 도형을 이용하여 도형을 작성하고 그림자 스타일을 지정한 후 문자열을 입력하여 글꼴을 굴림, 24pt로 지정한다.

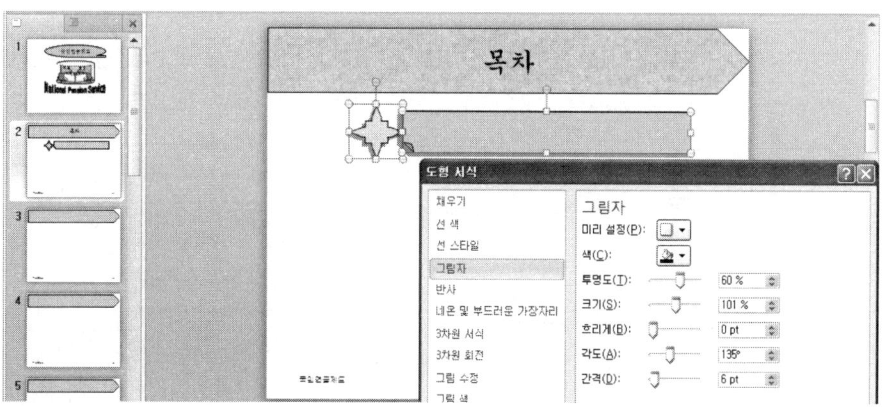

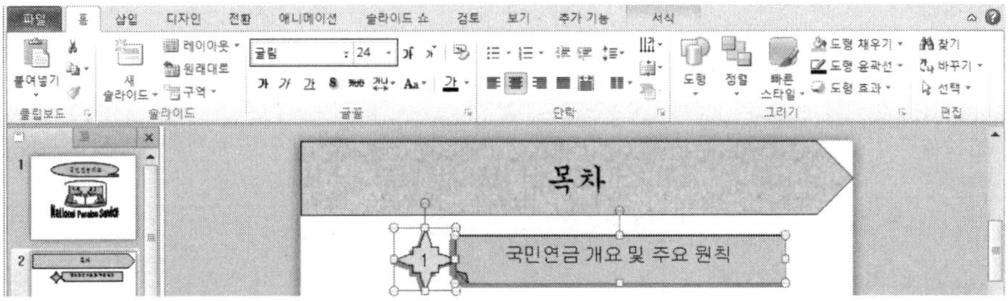

2. 국민연금 개요 및 주요 원칙을 블록 영역으로 만들고 하이퍼링크 기능을 이용하여 현재 문서의 슬라이드 4에 연결한 다음 테마 색에서 하이퍼링크 글꼴을 빨강으로 지정한다.

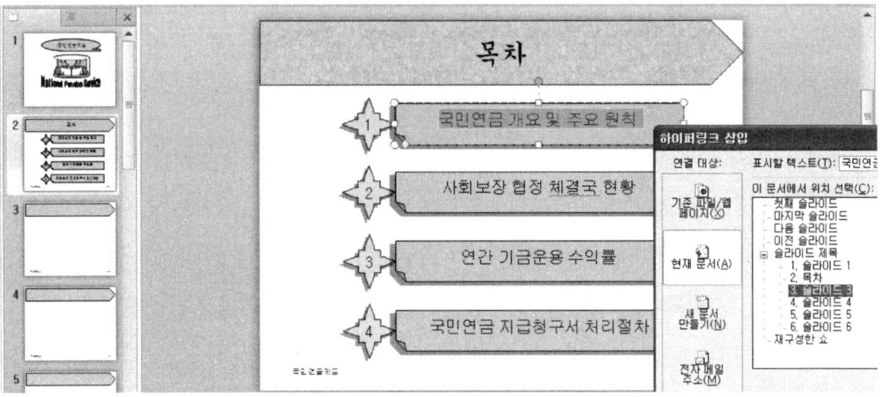

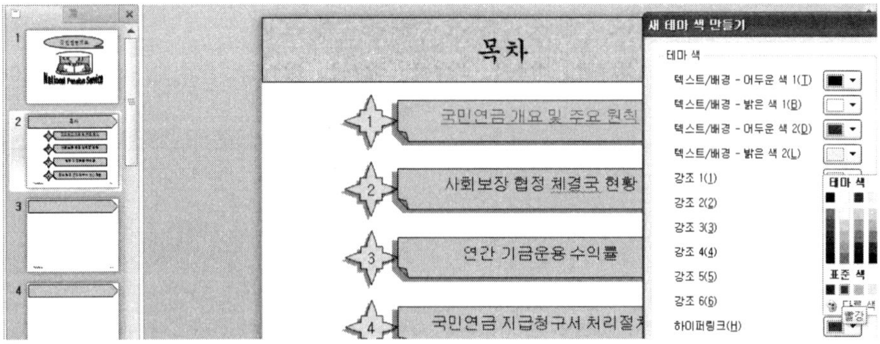

3. 도형에서 실행단추 : 홈을 그리고 실행 설정을 마지막 슬라이드로 지정한다.

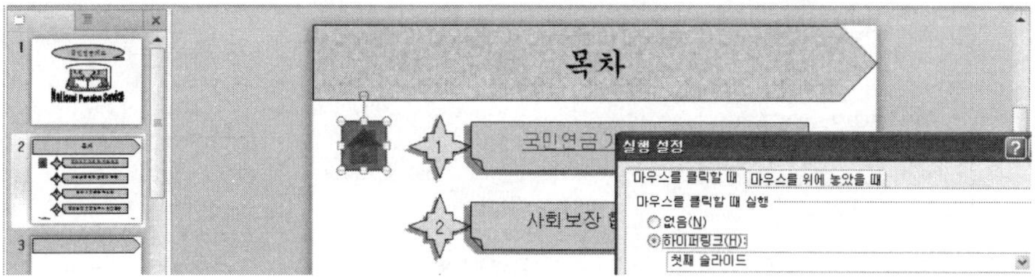

[슬라이드 3] <텍스트 슬라이드> **(60점)**

(1) 텍스트 작성 : 글머리기호 사용 (•, ✓)

•문단(굴림, 24pt, 굵게, 줄간격 : 1.5줄), ✓문단(굴림, 20pt, 줄간격 : 1.5줄)

세부조건

① 그림삽입 :
「내문서₩ITQ₩Picture₩그림3.gif」
희미하게

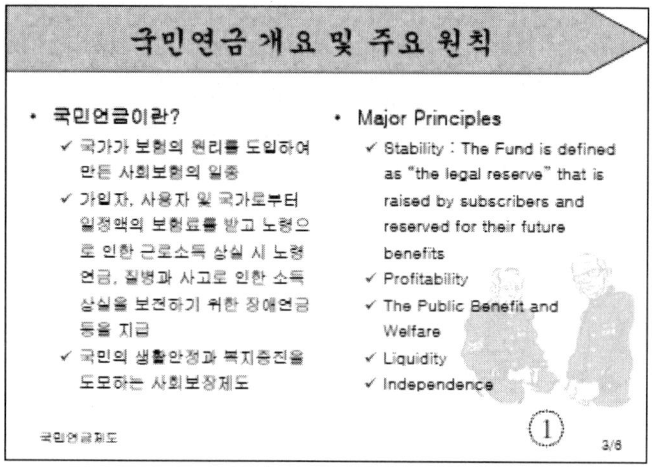

1. 텍스트 슬라이더를 작성하기 위해 제목을 입력하고 가로 텍스트 상자를 이용하여 문자열을 입력한 후 단락 그룹에서 머리글 기호를 이용하여 ●와 ✓로 설정하고 탭 키를 이용하여 ✓ 머리글의 수준을 내린다.

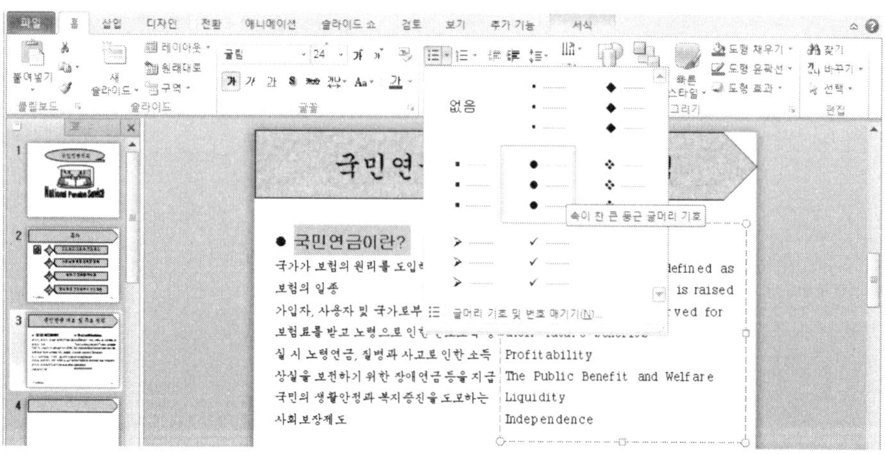

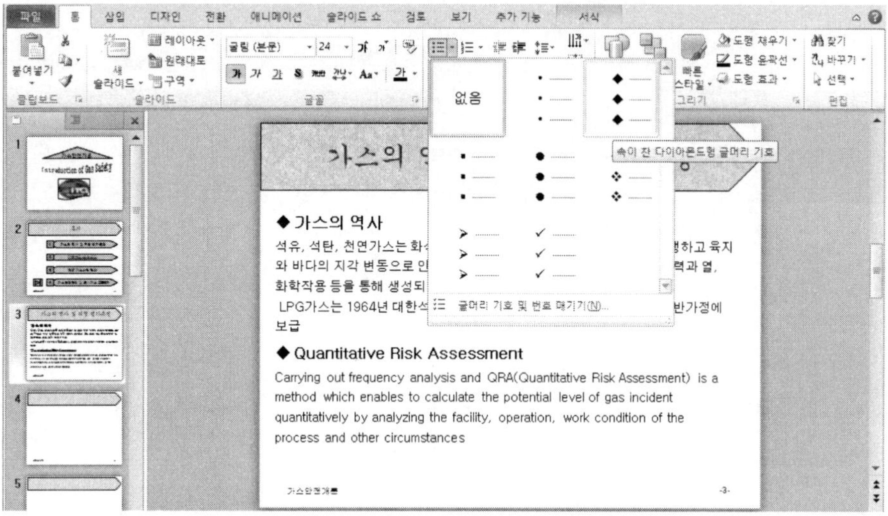

2. 글꼴을 굴림, 24pt/20pt, 굵게/보통, 줄 간격을 1.5줄/1.3줄로 각각 설정하고 지정된 경로의 그림을 삽입하여 희미하게 설정한 후 그림을 맨 뒤로 보낸다.

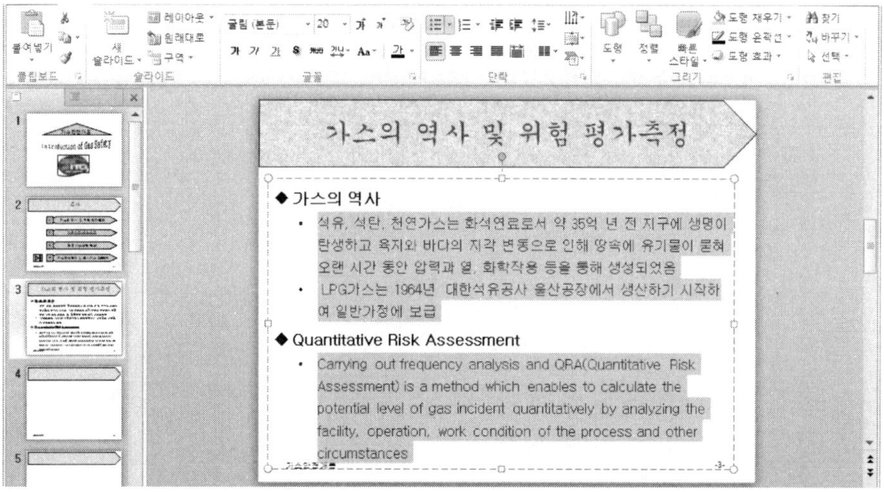

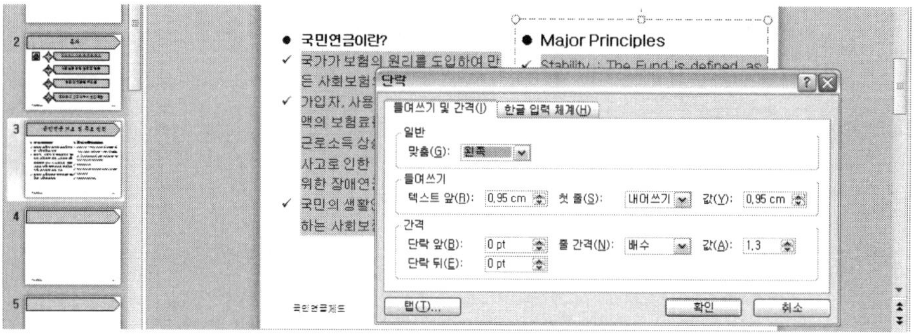

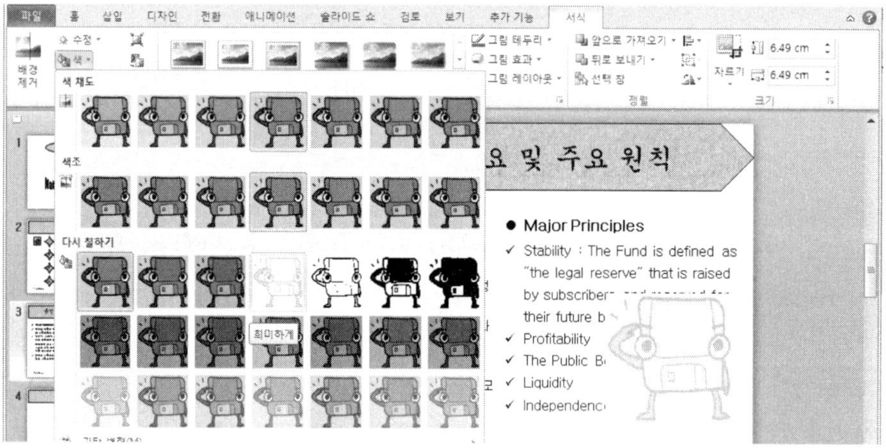

[슬라이드 4] ≪표 슬라이드≫ **(80점)**

(1) 도형과 표 작성 기능을 이용하여 슬라이드를 작성한다(글꼴 : 굴림, 20pt).

세부조건

① 상단 도형 : 2개 도형의 조합으로 작성

② 좌측 도형 : 그라데이션 효과(임의의 색 지정, 세로), 그림자 스타일 6

③ 표 색 채우기(노랑)

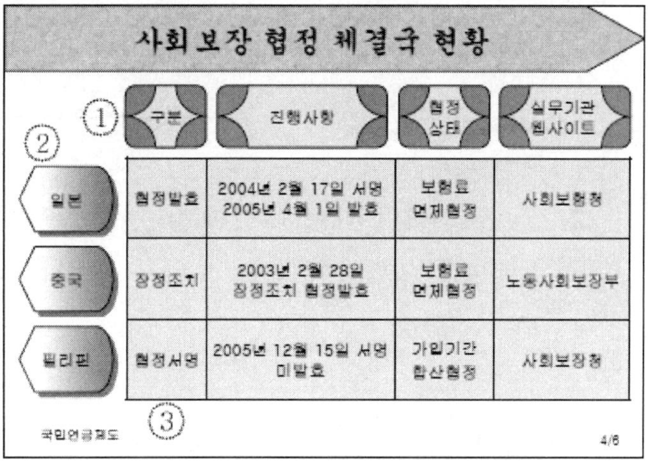

1. 3줄 4칸의 표에 문자열을 입력하고 채우기에서 임의의 색을 지정한 다음 모서리가 둥근 직사각형과 배지를 조합하여 가로 항목을 만든다.

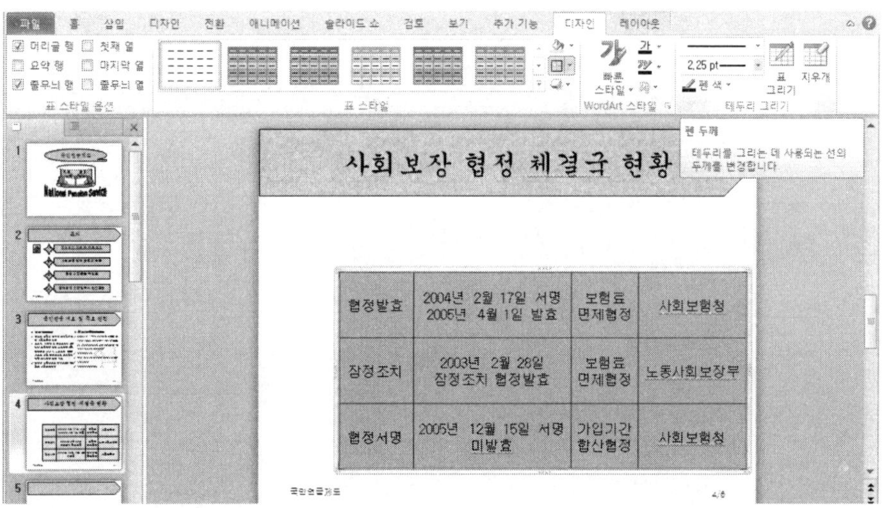

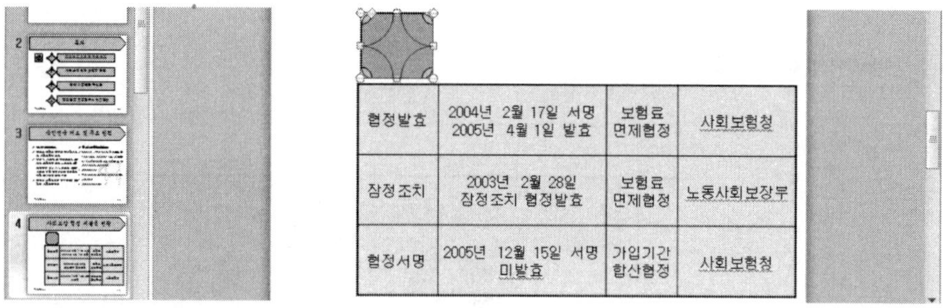

2. 순서도 : 화면 표시에 그라데이션 효과 및 그림자를 적용한 다음 문자열을 입력하여 좌측 도형을 만든다. 이때, 글꼴은 굴림, 20pt로 설정한다.

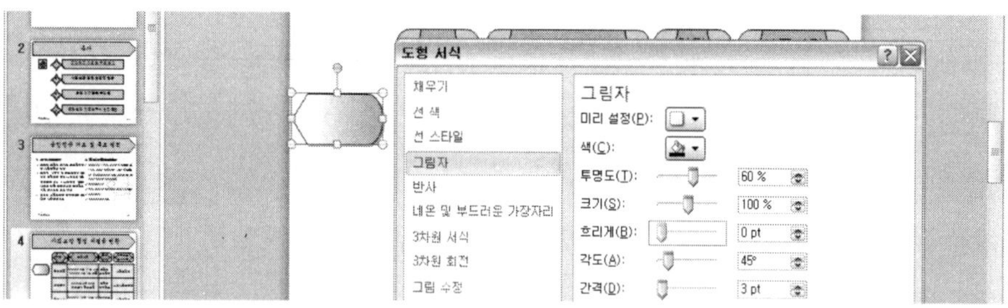

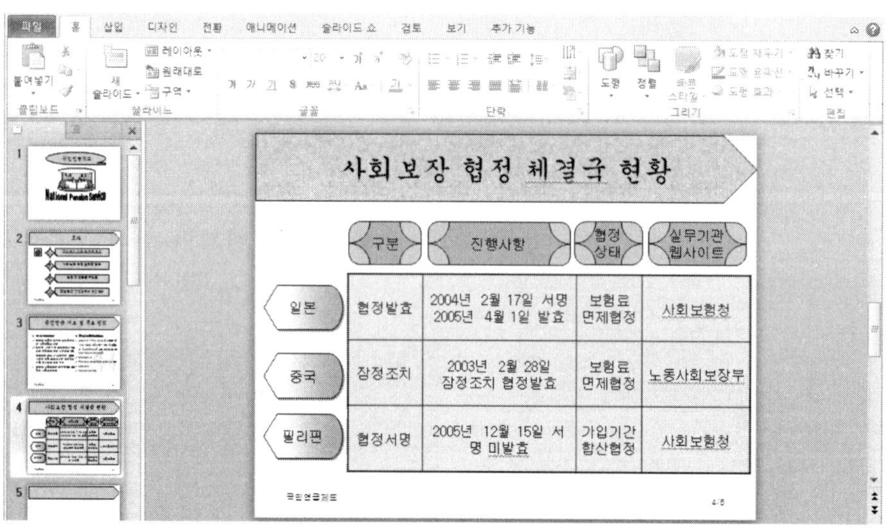

[슬라이드 5] 《차트 슬라이드》 **(100점)**

(1) 차트 작성 기능을 이용하여 슬라이드를 작성하시오.

(2) 차트 : 종류(묶은 세로 막대형), 글꼴(굴림, 18pt), 그림자

세부조건

※ 차트설명

- 차트제목 : 바탕, 20pt, 그림자
- 그림영역 : 그라데이션(흰색, 밝은 녹색, 가로)
- 데이터 계열 서식 : 넓은 상향 대각선 무늬(금융부문 계열만)
- 값 표시 : 복지부문계열의 2003년 요소만
- 데이터 테이블 표시

① 도형을 이용하여 '수익률 상승' 표시(파란색 적용, 외곽선 없음, 투명도 50%, 돋움, 18pt)

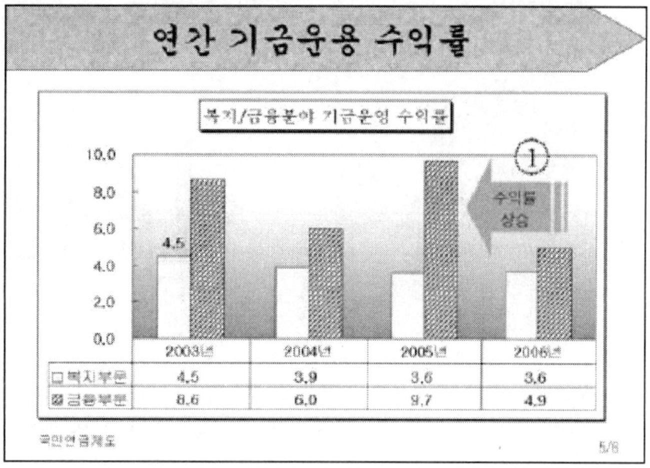

1. 일러스트레이션 그룹에서 차트를 묶은 세로 막대형으로 삽입하고 액셀시트에서 계열과 항목을 추가 또는 삭제하면서 데이터를 입력한 후 글꼴을 굴림, 18pt로 설정한다.

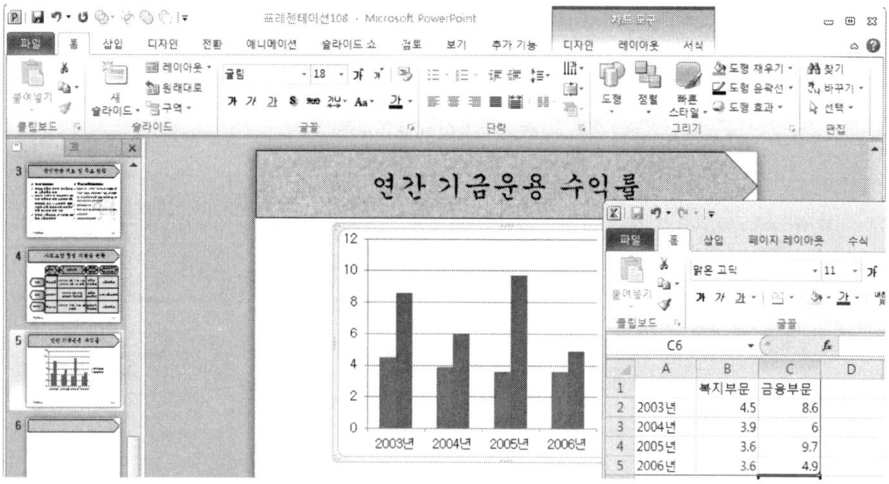

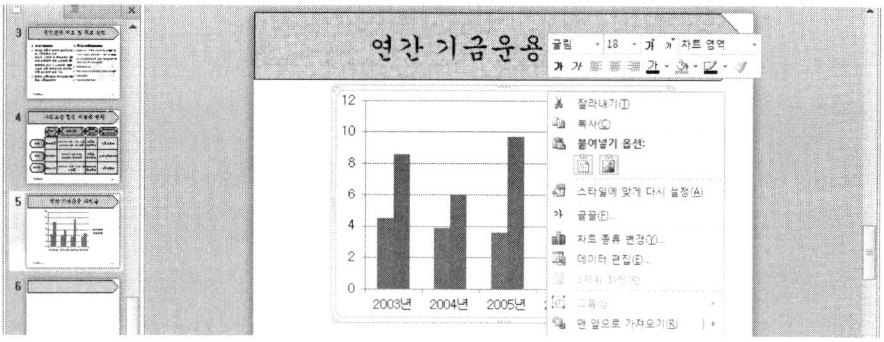

2. 디자인에서 차트 레이아웃, 차트 스타일을 지정하고 제목을 입력한 후 돋움, 20pt, 그림자를 지정한다. 이후, 그림 영역에서 그라데이션을 흰색, 밝은 녹색, 가로로 설정한다.

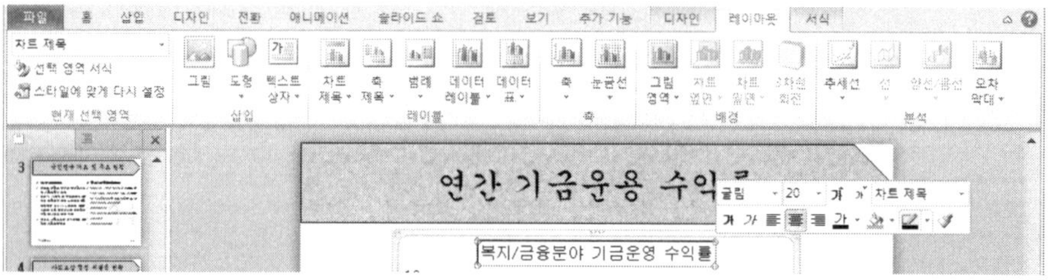

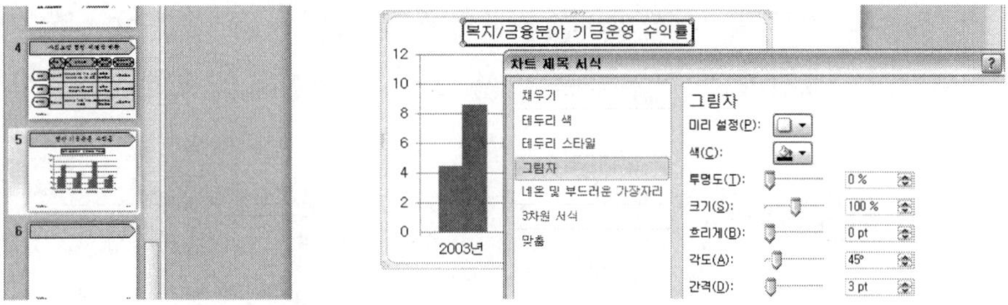

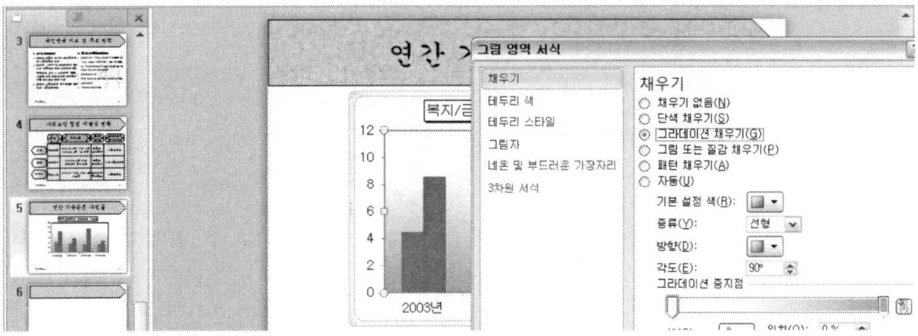

3. 데이터 계열 서식에서 금융부분 데이터 계열 서식을 상향 대각선으로 패턴을 채우고, 복지부분계열의 2003년 요소만 값을 표시하고 데이터 테이블을 표시한다.

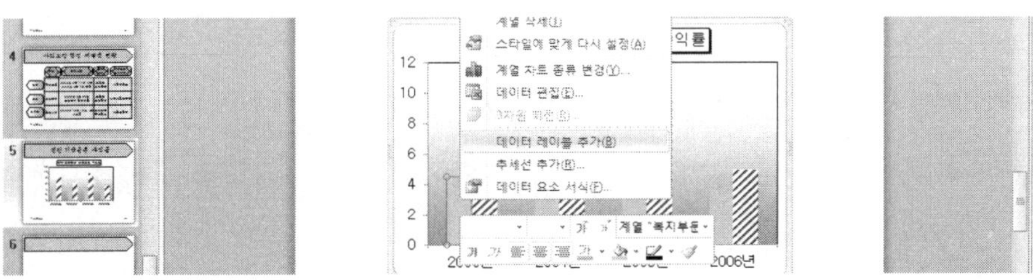

4. 기본 축 서식의 축 옵션에서 최소값 0, 최대값 10, 주 단위를 2로 고정하고 주 눈금을 안쪽, 보조 눈금을 없음으로 각각 설정한다.

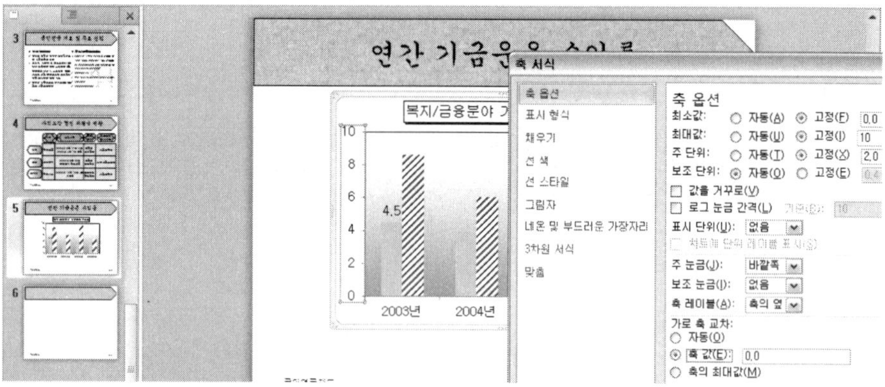

5. 데이터 표를 표시하고, 도형의 줄무늬가 있는 오른쪽 화살표를 좌우 대칭하여 수익률 상승이라는 문자열을 입력한 후 차트 영역의 테두리 색을 실선으로 한다.

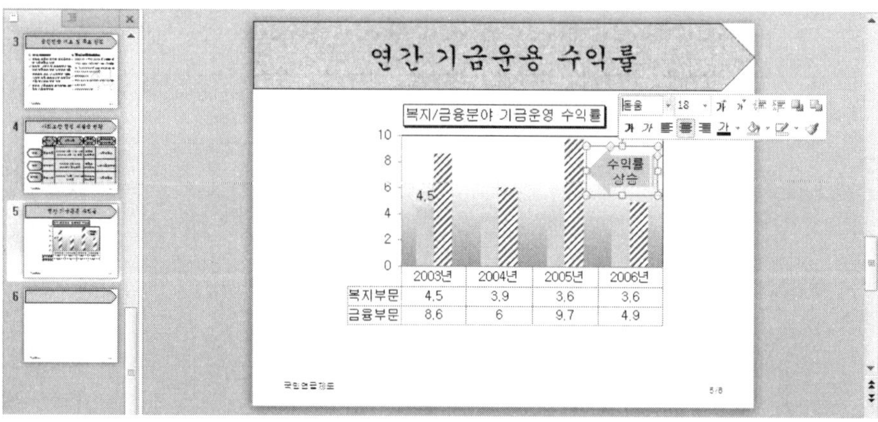

[슬라이드 6] 《도형 슬라이드》 **(100점)**

(1) 슬라이드와 같이 도형을 배치한다(글꼴 : 굴림, 18pt).
(2) 애니메이션 순서 : ① → ②

세부조건

① 그룹화 후 애니메이션 효과 : 날아오기(왼쪽에서)

② 그룹화 후 애니메이션 효과 : 블라인드(세로)

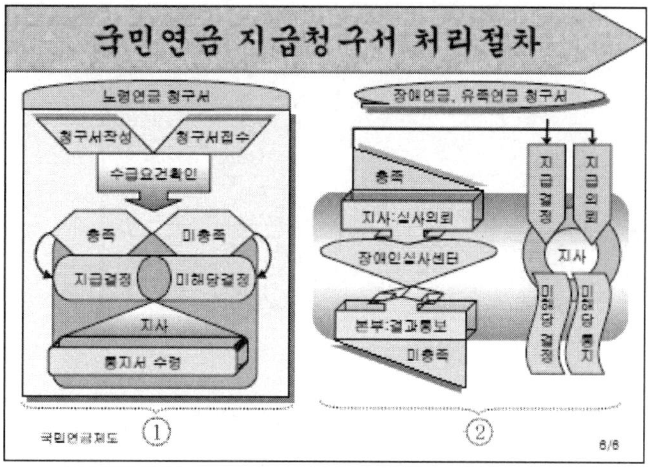

1. 순서도 : 지연을 그리고 회전 및 서식을 설정하여 좌측 상단 부분을 형성한 후 사각형을 그리고 그림자를 지정한다.

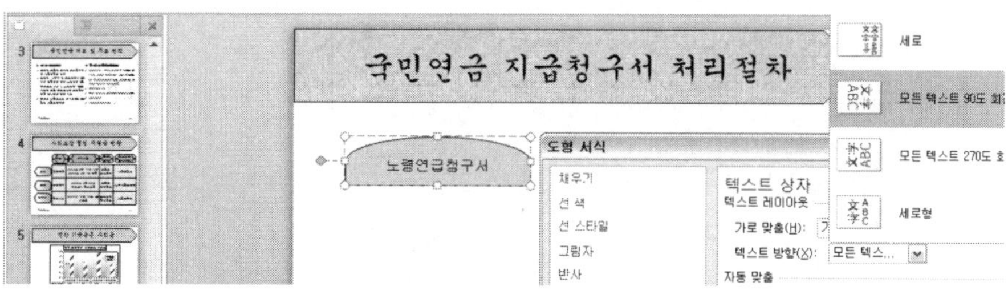

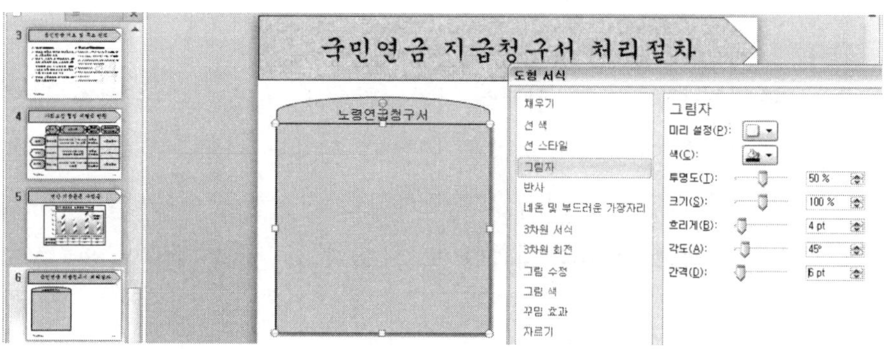

2. 평행사변형, 아래쪽 화살표 설명선, 육각형, 순서도 : 저장데이터, 삼각형 도형을 그리고 정렬의 회전의 좌우 대칭, 그라데이션 효과 적용 및 연결선을 이용하여 좌측 도형을 작성한다.

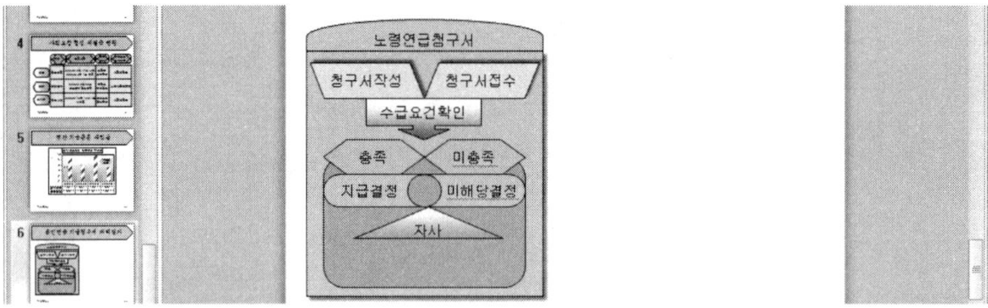

3. 모서리가 둥근 직각사각형을 그리고 3차원 회전을 오른쪽 위 오블리크로 설정하고 3차원 서식의 입체효과와 깊이를 설정한다. 이후, 동일한 크기의 모서리가 둥근 직각사각형을 그리고 문자열을 입력하고 구부러진 화살표 연결선을 그려 좌측 도형을 만든 다음 제목을 제외한 글꼴을 돋움, 18pt로 설정한다.

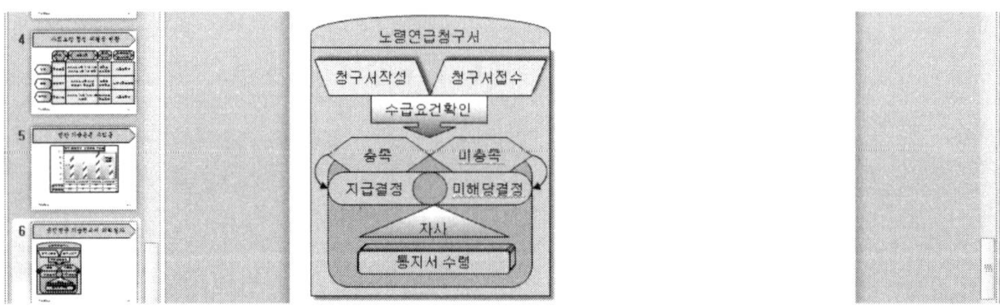

4. 순서도 : 지연, 삼각형, 블록 화살표 등의 각종 도형과 회전 및 그림자를 이용하여 도형을 만들고 문자열을 입력하여 그라데이션 효과를 지정한다. 이후, 꺾인 화살표 연결선을 이용하여 우측 도형을 완성하고 제목을 제외한 모든 도형의 글꼴을 굴림, 18pt로 설정한다.

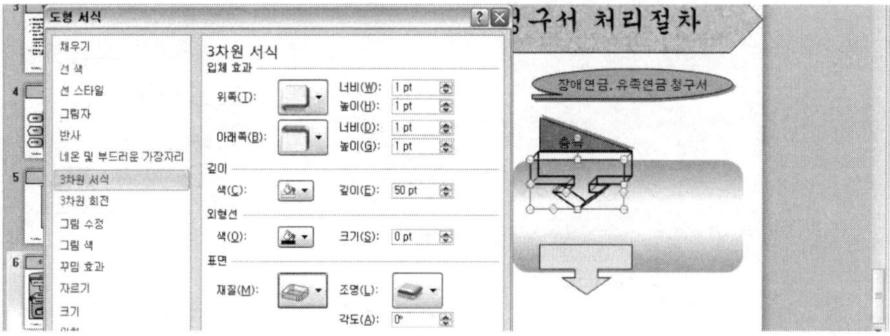

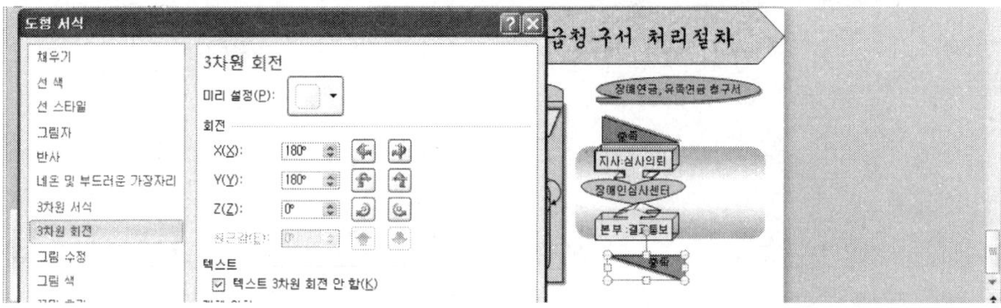

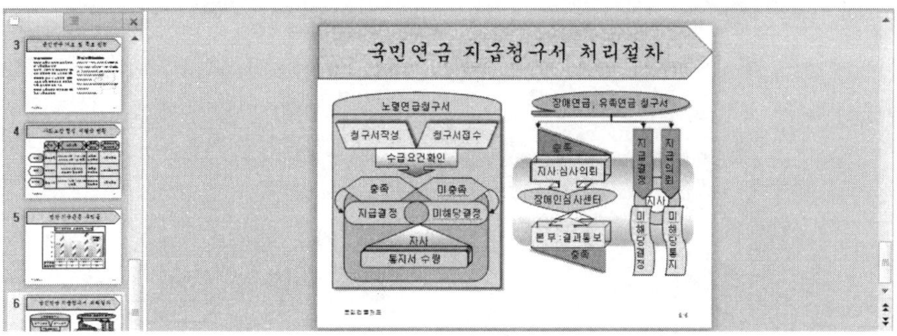

5. 마지막 과정으로 도형의 그룹을 형성하여 애니메이션 리본의 효과 옵션에서 왼쪽에서 날아오기와 애니메이션 추가의 추가 나타내기 효과에서 블라인드를 추가한 다음 세로 블라인드의 애니메이션 효과를 설정한다.

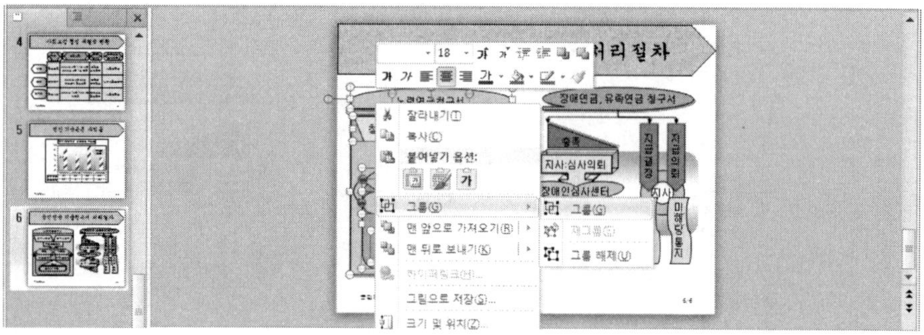
잘라내기(T)
복사(C)
붙여넣기 옵션:
그룹(G)
맨 앞으로 가져오기(R)
맨 뒤로 보내기(K)
그림으로 저장(S)...
크기 및 위치(Z)...
그룹(G)
그룹 해제(U)

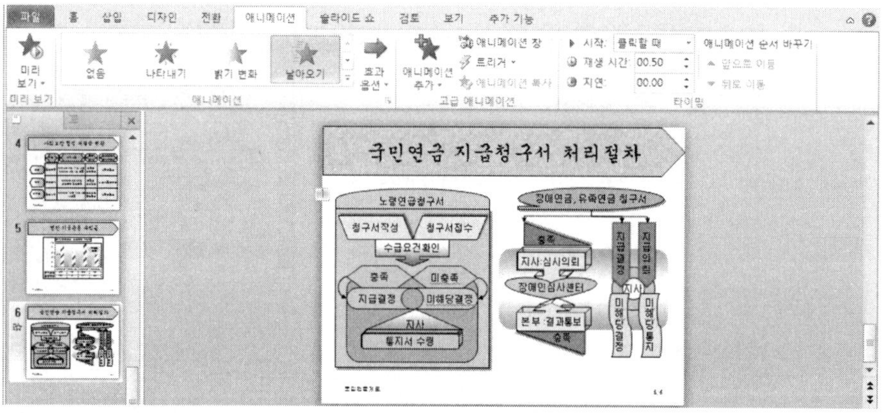
국민연금 지급청구서 처리절차

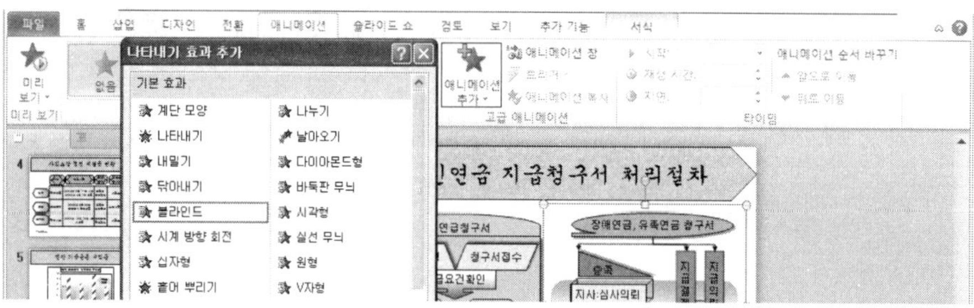
나타내기 효과 추가
기본 효과
계단 모양
나누기
나타내기
날아오기
내밀기
다이아몬드형
닦아내기
바둑판 무늬
블라인드
시각형
시계 방향 회전
실선 무늬
십자형
원형
흩어 뿌리기
V자형

방향
가로(Z)
세로(V)

MEMO

MEMO

■ 공통부분 작업(4)

1. 파일명을 내문서\ITQ 폴더에 '수험번호-성명' 형태 즉, 수험번호가 12345678이고 성명이 홍길동인 경우 '12345678-홍길동.ppt'로 저장한다.

2. 페이지 설정에서 슬라이드 크기를 A4 용지, 방향을 가로로 설정한 다음 삽입 리본의 텍스트 그룹에서 머리글/바닥글에서 슬라이드 번호, 바닥글을 표시한 후 제목 슬라이드에는 표시 안함으로 설정하고 바닥글에 입력한 다음 모두 적용 단추를 누른다.

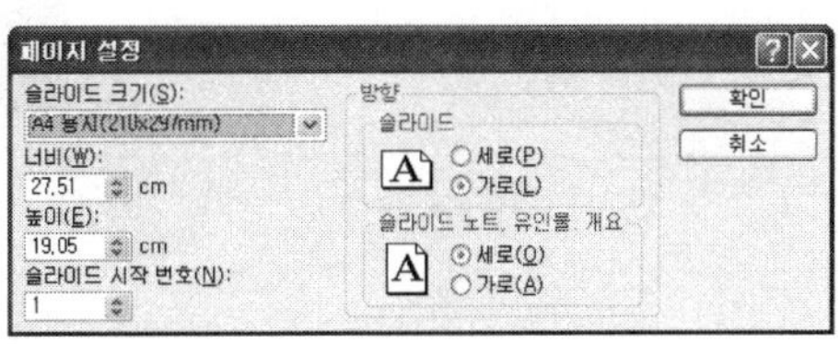

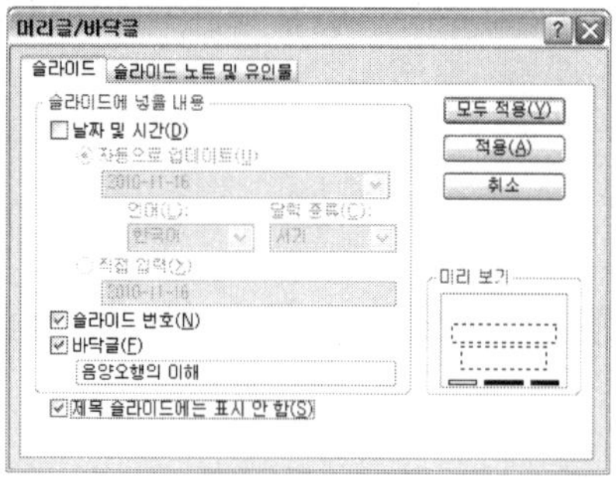

3. 보기의 슬라이드 마스터 보기를 선택하여 오각형을 삽입한 후 질감을 꽃다발로 하여 채우기를 지정한 후, 마스터의 제목 입력 부분의 글꼴을 굴림 40pt, 검정으로 설정한 다음 정렬에서 맨 뒤로 보낸다. 공통부분의 마지막 과정으로 슬라이드 마스터에서 슬라이드 번호와 바닥글의 위치를 설정하고, 홈 리본의 슬라이드에서 새 슬라이드를 6장 만든다.

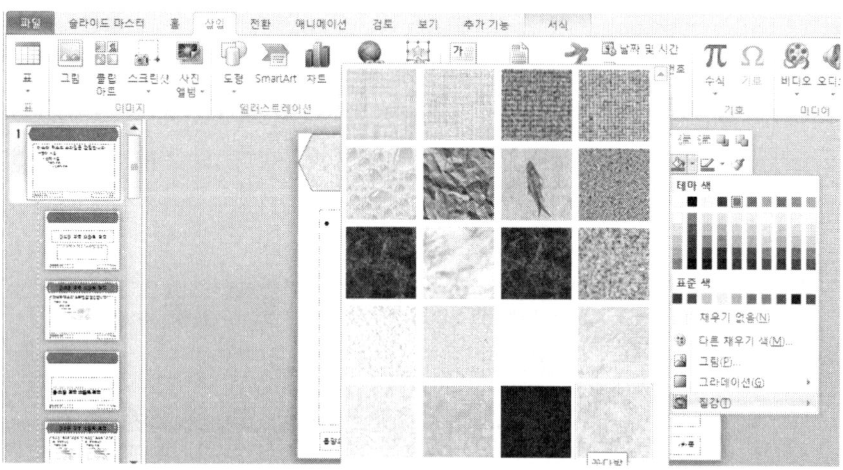

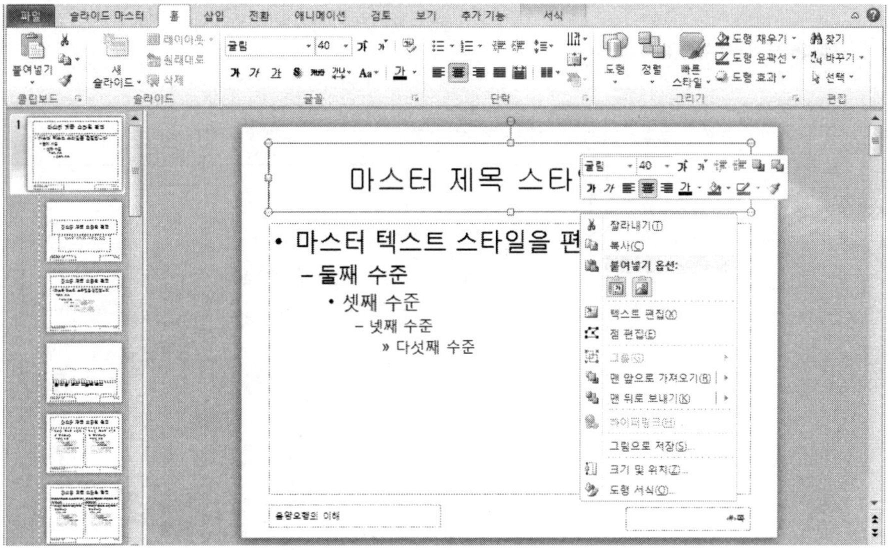

[슬라이드 1] ≪제목 슬라이드≫ **(40점)**

(1) 제목 : 도형(그림자 스타일 6) + 텍스트(글꼴-궁서, 40pt, 파랑), 채우기 효과(질감-캔버스)

(2) 부제목 : 워드아트로 작성(글꼴 : 궁서, 66pt)

(3) 도형 : 도형의 배경을 「내문서₩ITQ₩Picture₩그림2.bmp」로 채우기 하시오.

세부조건

① 도형 안에 그림 삽입
그림자 스타일 5

1. 도형에서 별 및 현수막에서 이중물결을 선택하여 도형을 삽입하고 채우기 효과 질감을 캔버스로 하여 그림자 스타일을 지정한다. 또한, "음양오행의 이해"라는 문자열을 입력하고 글꼴을 궁서, 40pt, 파랑으로 지정한다.

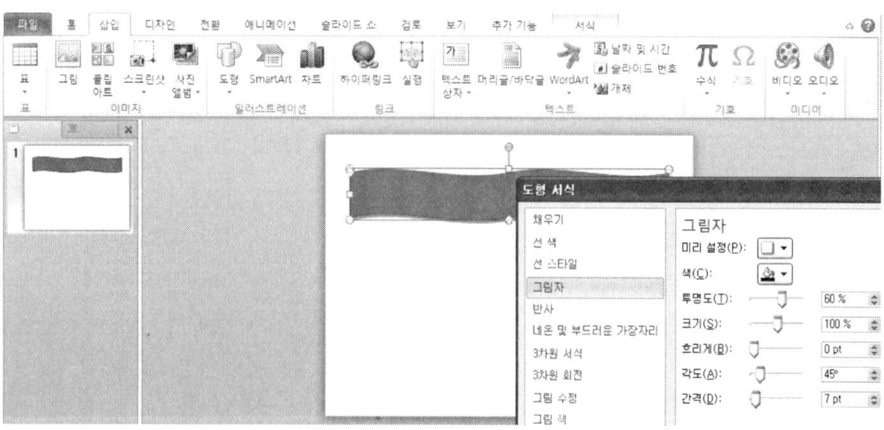

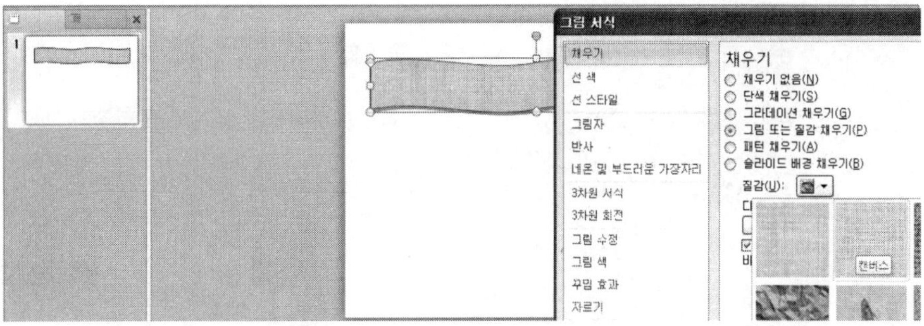

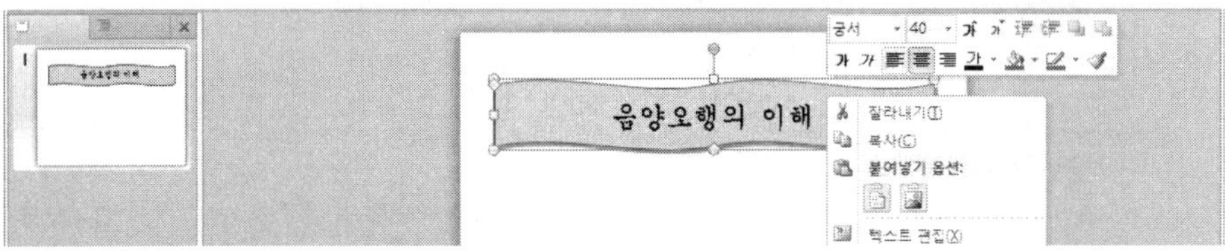

2. 워드아트에서 부제목 “Four Pillars”를 입력하고 글꼴을 궁서, 66pt로 설정한 다음 워드아트 스타일의 텍스트 입력의 변환에서 위로 기울이기를 선택한다.

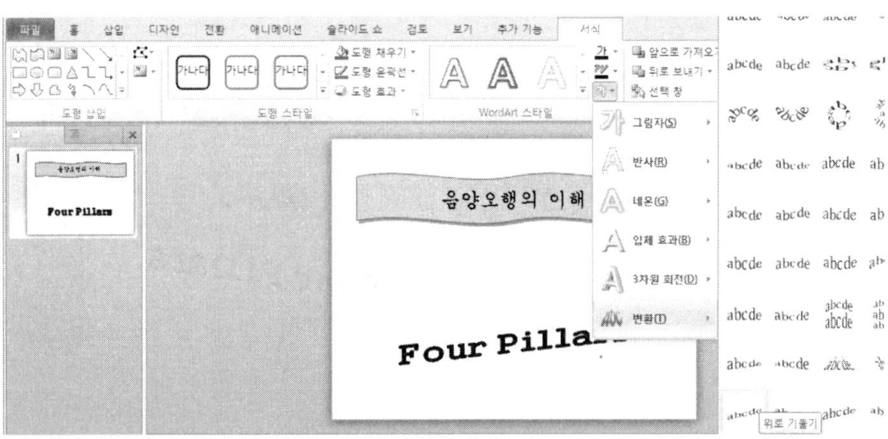

3. 왼쪽/오른쪽/위쪽/아래쪽 설명선을 그리고 지정된 그림으로 채우기를 실행한 다음 그림자를 지정한다.

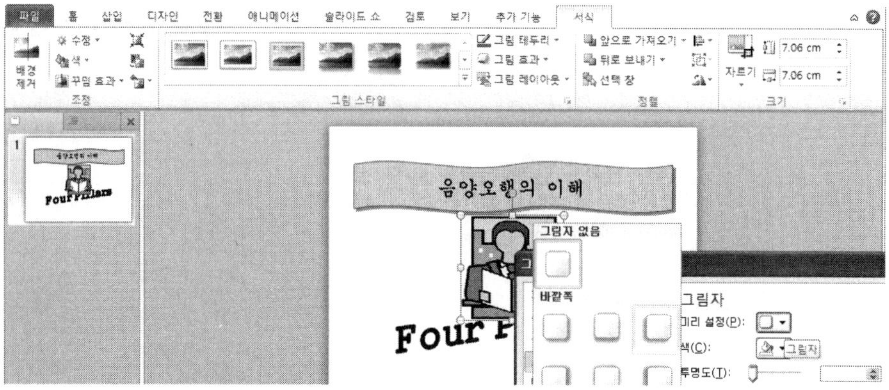
파일
홈
삽입
디자인
전환
애니메이션
슬라이드 쇼
검토
보기
추가 기능
서식
배경 제거
조정
그림 스타일
그림 테두리
그림 효과
그림 레이아웃
앞으로 가져오기
뒤로 보내기
선택 창
정렬
자르기
7.06 cm
7.06 cm
크기
음양오행의 이해
그림자 없음
바깥쪽
그림자
미리 설정(P):
색(C):
투명도(T):
Four Pillars

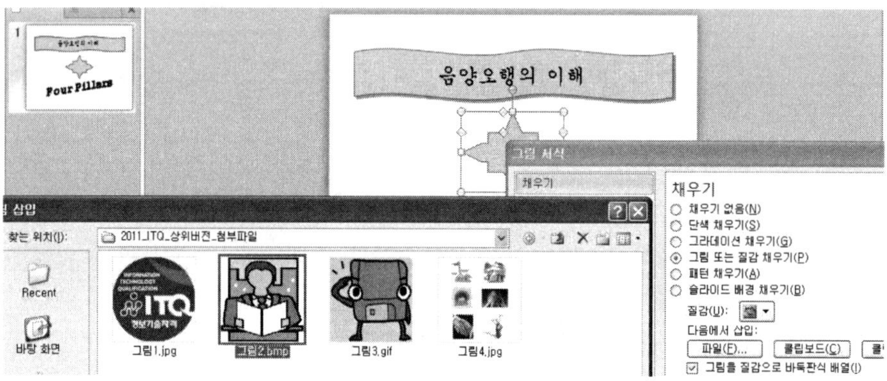
음양오행의 이해
Four Pillars
그림 서식
채우기
찾는 위치(I):
2011_ITQ_상위버전_첨부파일
Recent
바탕 화면
그림1.jpg
그림2.bmp
그림3.gif
그림4.jpg
채우기 없음(N)
단색 채우기(S)
그라데이션 채우기(G)
그림 또는 질감 채우기(P)
패턴 채우기(A)
슬라이드 배경 채우기(B)
질감(U):
다음에서 삽입:
파일(F)...
클립보드(C)
그림을 질감으로 바둑판식 배열(I)

음양오행의 이해
Four Pillars

[슬라이드 2] <<목차 슬라이드>> **(60점)**

(1) 슬라이드 2~6 제목은 슬라이드 마스터를 이용하여 작성, 글꼴(굴림, 40pt, 검정), 채우기 효과(질감-꽃다발)

(2) 슬라이드와 같이 도형(그림자 스타일 1)을 이용하여 목차를 작성한다(글꼴 : 굴림, 24pt).

세부조건

① 텍스트에 하이퍼링크 적용 -> '슬라이드 5'

② 실행단추 -> 첫째 슬라이드

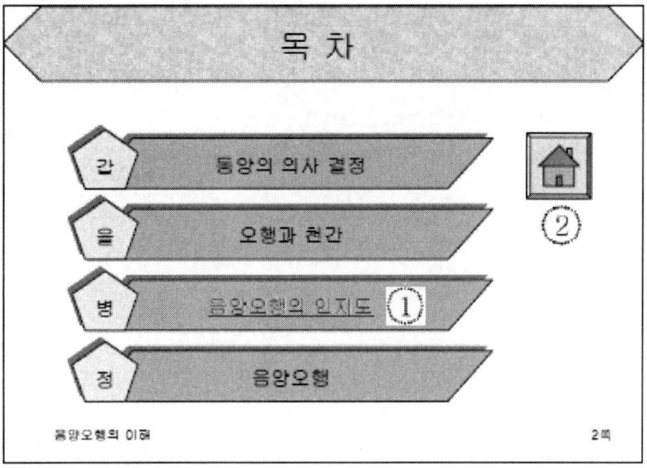

1. 도형에서 오각형과 평행사변형을 이용하여 도형을 작성하고 그림자 스타일을 좌측 상단으로 지정한 후 문자열을 입력하여 글꼴을 굴림, 24pt로 지정한다. 이어서 음양오행의 인지도를 블록 영역으로 만들고 하이퍼링크 기능을 이용하여 현재 문서의 슬라이드 5에 연결한 다음 테마 색에서 하이퍼링크 글꼴을 빨강으로 지정한다.

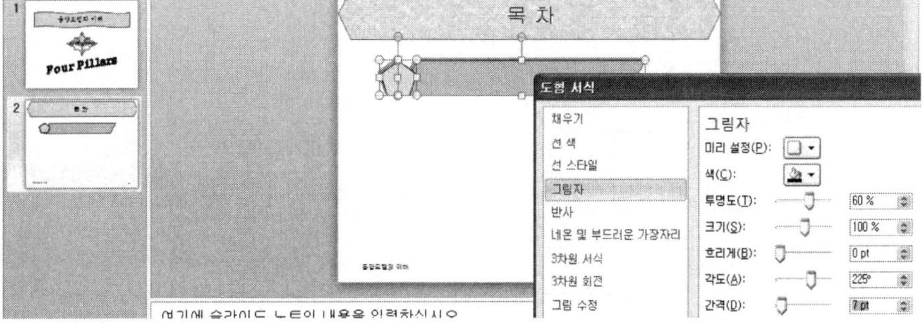

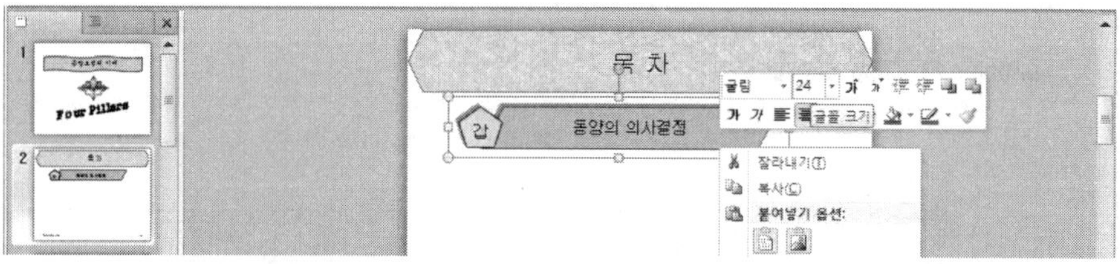

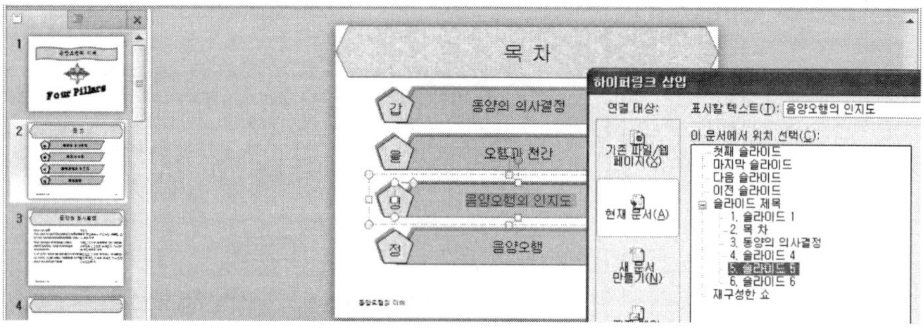

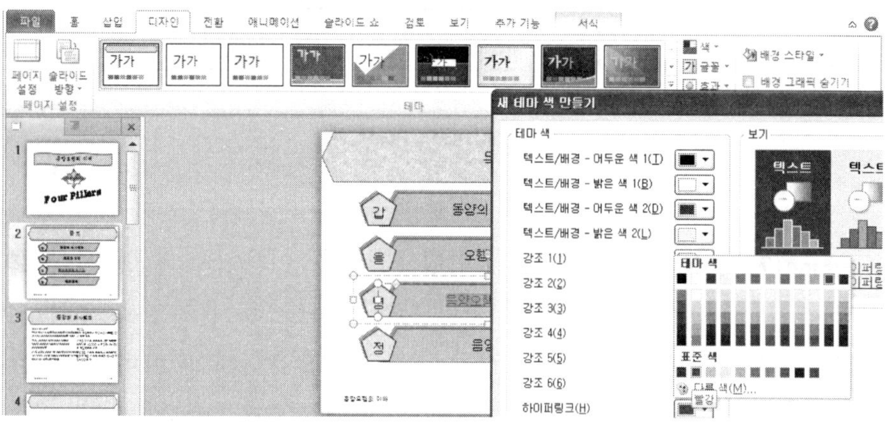

2. 도형에서 실행 단추 : 홈을 그리고 실행 설정을 마지막 슬라이드로 지정한다.

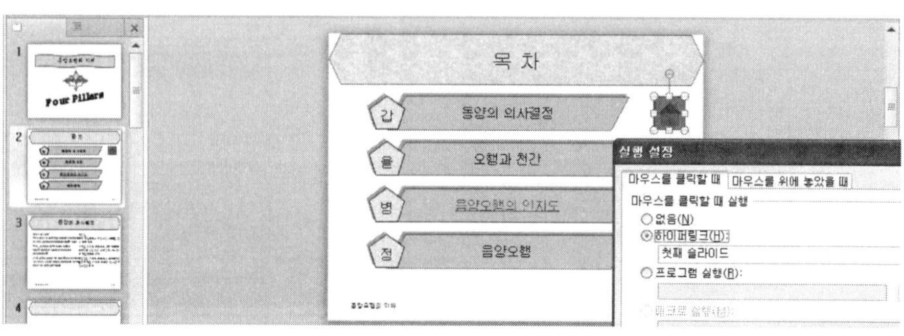

[슬라이드 3] ≪텍스트 슬라이드≫ **(60점)**

(1) 텍스트 작성 : 글머리기호 사용 (❖, ▪)

❖문단(굴림, 24pt, 굵게, 줄간격 : 1.5줄), ▪문단(굴림, 20pt, 줄간격 : 1.3줄)

세부조건

① 그림삽입 :

「내문서\ITQ\Picture\그림3.gif」

희미하게

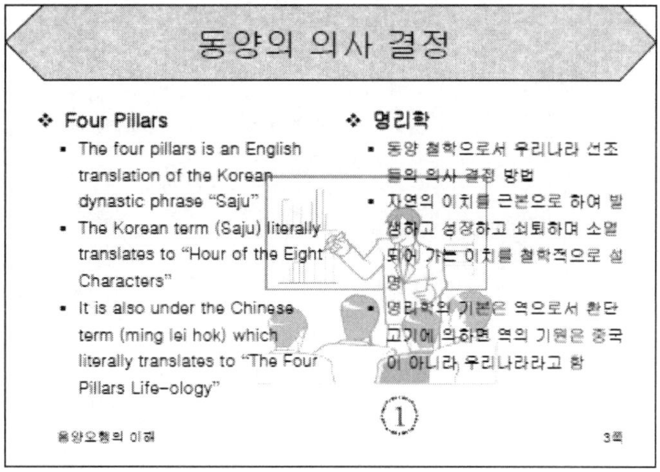

1. 텍스트 슬라이더를 작성하기 위해 제목을 입력하고 가로 텍스트 상자를 이용하여 문자열을 입력한 후 단락 그룹에서 머리글 기호를 이용하여 ❖와 ▪로 설정하고 탭 키를 이용하여 머리글의 수준을 내린다.

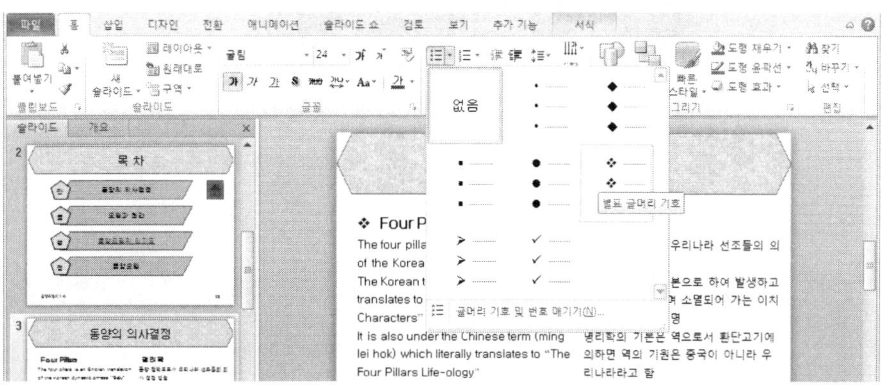

2. 글꼴을 굴림, 24pt/20pt, 굵게/보통, 줄 간격을 1.5줄/1.3줄로 각각 설정하고 지정된 경로의 그림을 삽입하여 희미하게 설정한 후 그림을 맨 뒤로 보낸다.

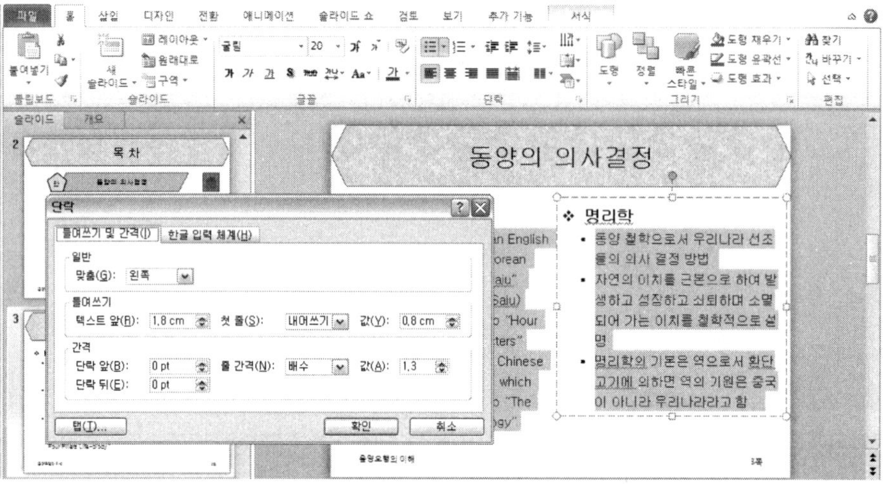

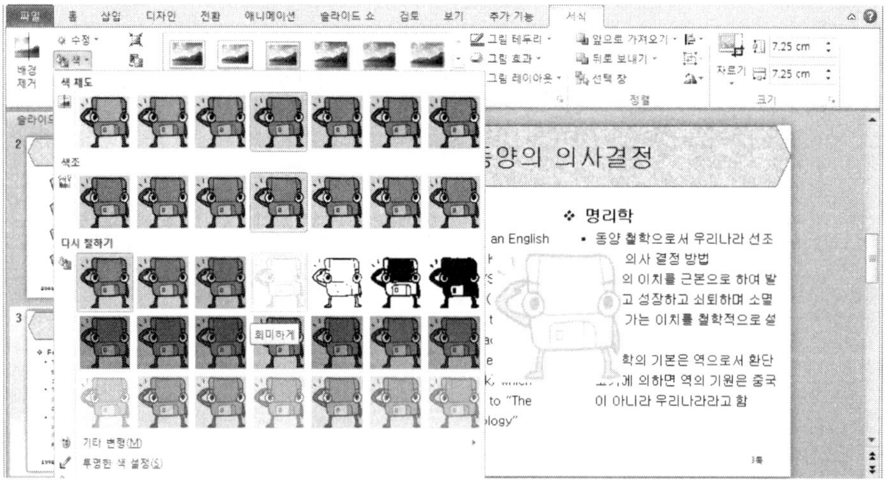

[슬라이드 4] <표 슬라이드> **(80점)**

(1) 도형과 표 작성 기능을 이용하여 슬라이드를 작성한다(글꼴 : 굴림, 18pt).

세부조건

① 상단 도형 : 2개 도형의 조합으로 작성

② 좌측 도형 : 그라데이션 효과(임의의 색 지정, 가로), 그림자 스타일 3

③ 표 색 채우기(노랑)

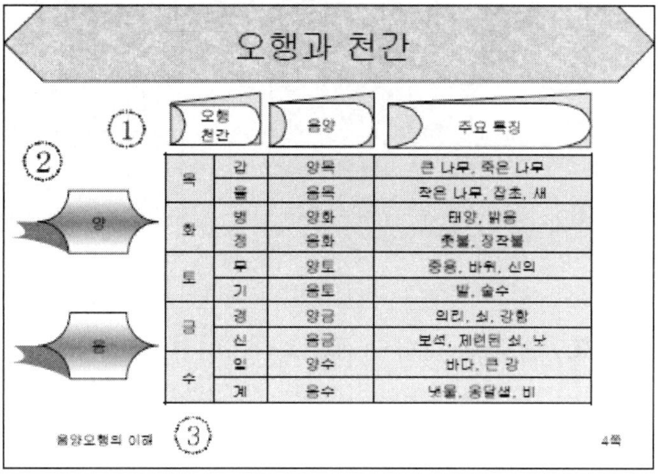

1. 10줄 4칸의 표에 문자열을 입력 및 셀 합치기를 하고 채우기에서 임의의 색을 지정한 다음 순서도 : 수동 데이터와 저장 데이터를 조합하여 가로 항목을 만든다.

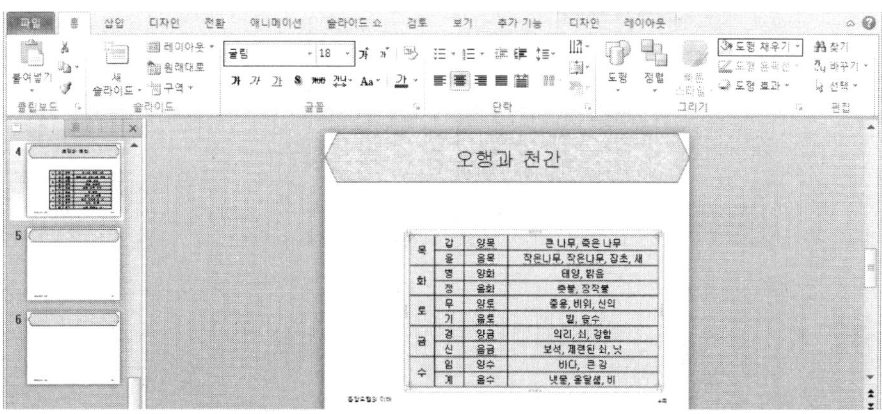

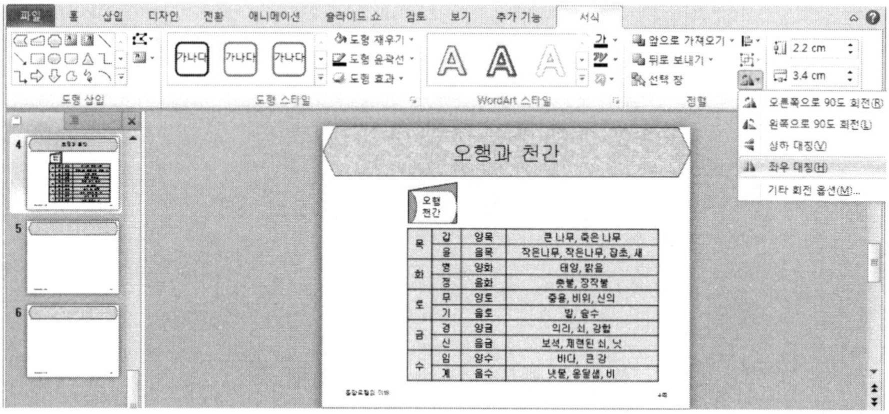

2. 배지에 그림자 및 그라데이션을 적용한 후 문자열을 입력하여 좌측 도형을 만든다. 이때, 글꼴은 굴림, 18pt로 설정한다.

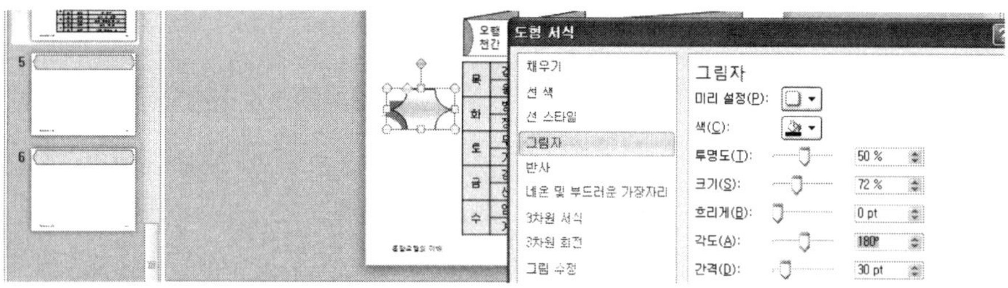

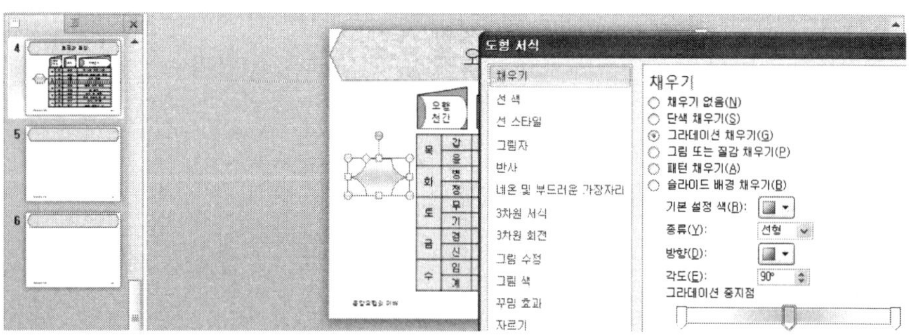

[슬라이드 5] <차트 슬라이드> **(100점)**

(1) 차트 작성 기능을 이용하여 슬라이드를 작성하시오.

(2) 차트 : 종류(이중 축 혼합형), 글꼴(돋움, 18pt), 그림자

세부조건

※ 차트설명

- 차트제목 : 궁서, 20pt, 그림자
- 그림영역 : 그라데이션(흰색, 밝은 녹색, 하향 대각선)
- 데이터 계열 서식 : 선을 완만하게(고등학생 계열)
- 값 표시 : 고등학생 계열의 '미국' 요소만
- 데이터 테이블 표시

① 도형을 이용하여 '대한민국의 수준이 높음' 표시(파란색 적용, 외곽선 없음, 투명도 50%, 굴림, 20pt)

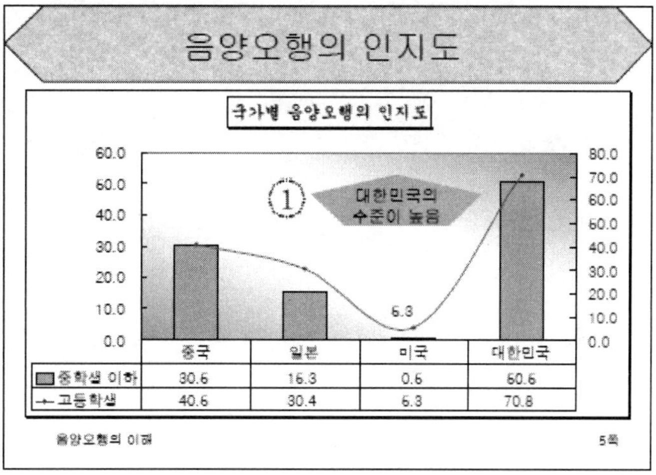

1. 일러스트레이션 그룹에서 차트를 묶은 세로 막대형으로 삽입한다.

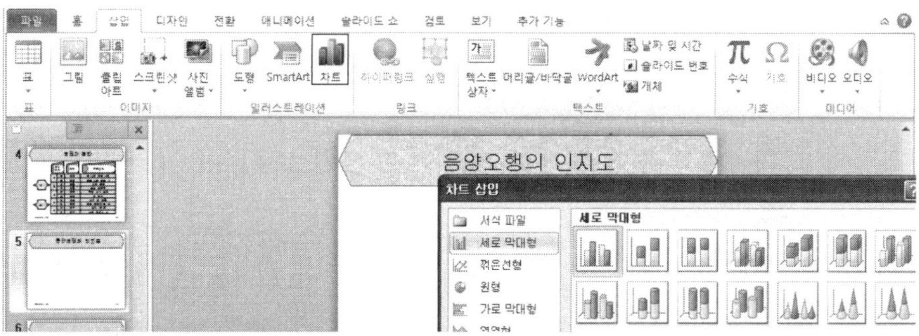

2. 액셀시트에서 계열과 항목을 추가 또는 삭제하면서 데이터를 입력한 후 글꼴을 돋움, 18pt로 설정한다.

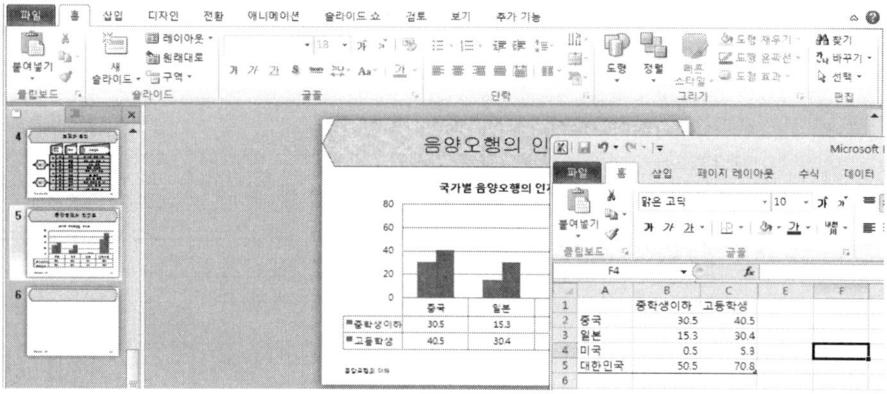

3. 디자인에서 차트 레이아웃, 차트 스타일을 지정하고 제목을 입력한 후 궁서, 20pt, 그림자를 지정한다. 이후, 그림 영역에서 그라데이션을 밝은 녹색과 흰색, 하향 대각선으로 설정한다.

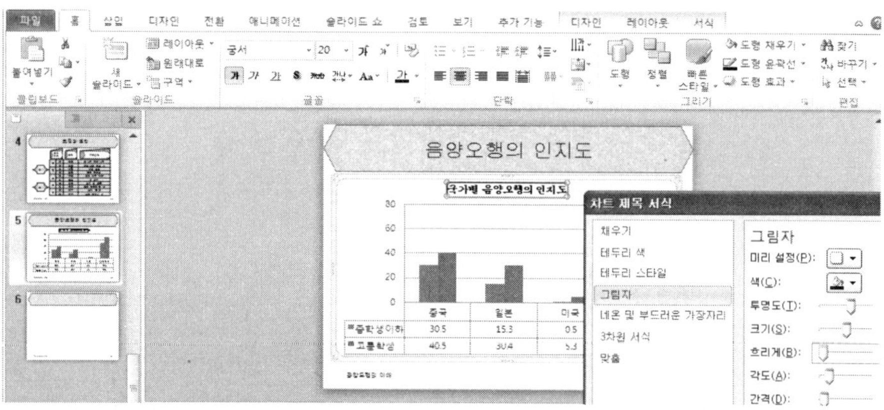

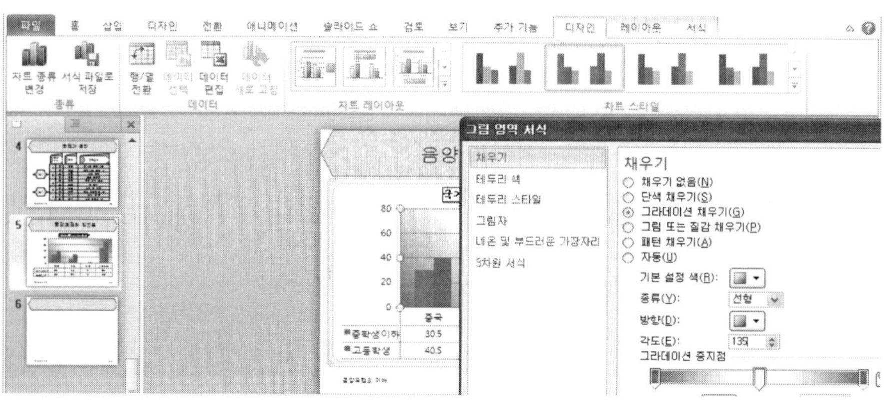

4. 고등학생 계열의 차트 종류를 표시가 있는 꺾은 선형으로 변경하고 데이터 계열 서식에서 선을 완만하게 설정하고 계열 옵션을 보조 축으로 설정한 후 미국의 데이터 레이블을 표시한다.

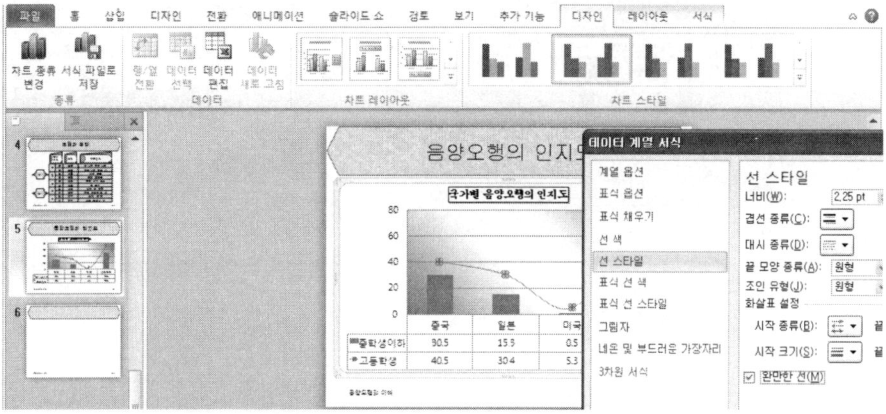

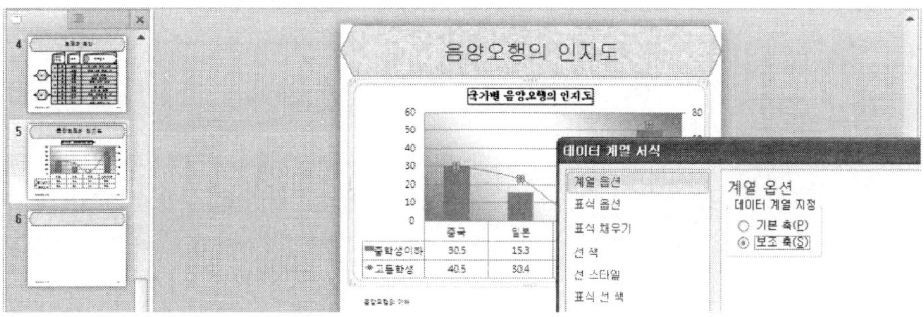

5. 기본 축과 보조 축의 축 옵션을 최소값 0, 최대값 60, 주 단위를 10과 최소값 0, 최대값 80, 주 단위를 10으로 고정하고 눈금을 안쪽으로 각각 설정한다.

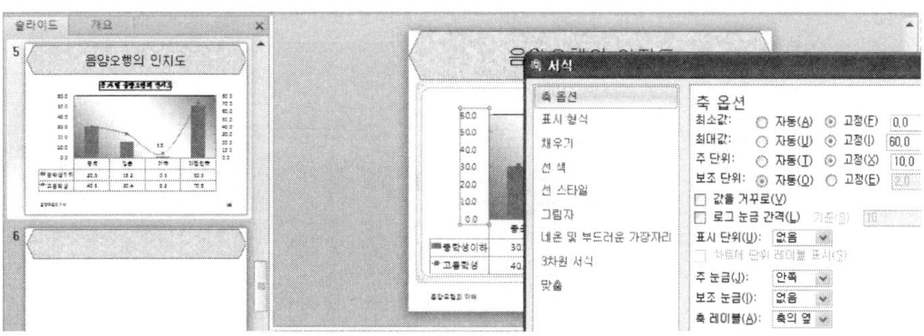

6. 오각형을 이용하여 대한민국의 수준이 높음이라는 문자열을 입력한다.

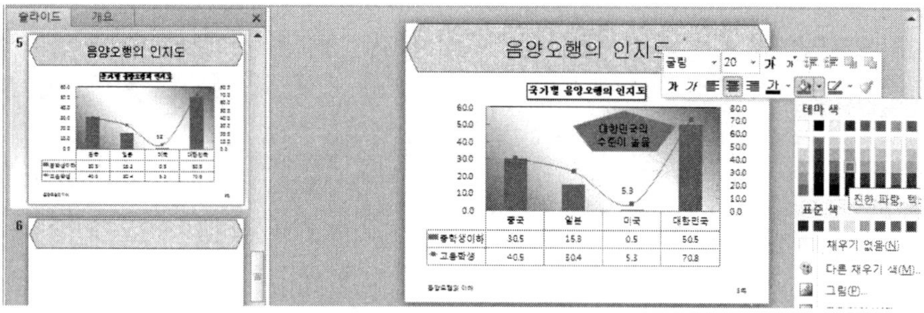

[슬라이드 6] ≪도형 슬라이드≫ **(100점)**

(1) 슬라이드와 같이 도형을 배치한다(글꼴 : 굴림, 18pt).

(2) 애니메이션 순서 : ② ➡ ①

세부조건

① 그룹화 후 애니메이션 효과 : 날아오기(왼쪽에서)

② 그룹화 후 애니메이션 효과 : 블라인드(세로)

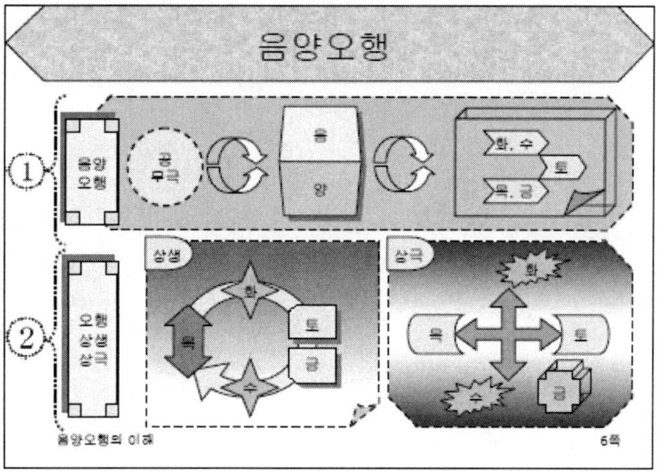

1. 8각형 도형을 그리고 선 모양을 점선을 설정하고, 그림자를 지정한 사각형과 십자형을 조합하여 도형을 완성한 다음 원과 화살표 대칭, 사다리꼴과 순서도 : 수동 연산/지연 도형과 그림자를 이용하여 도형을 만든다.

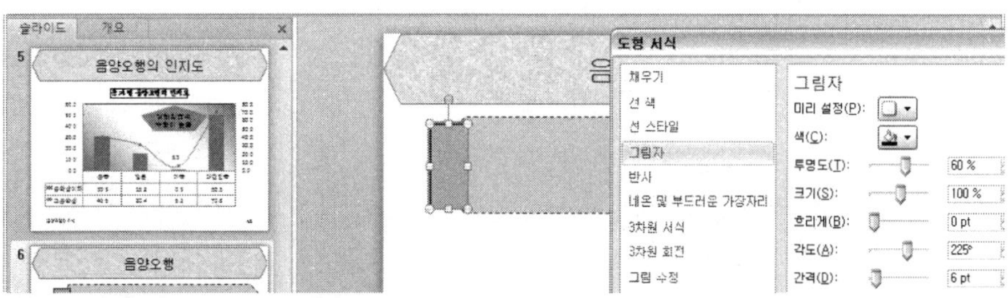

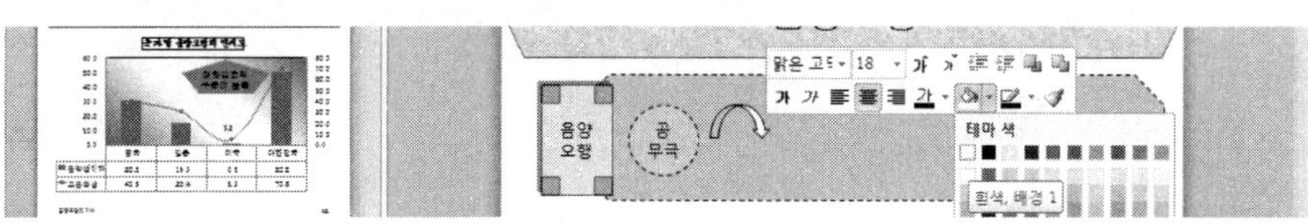

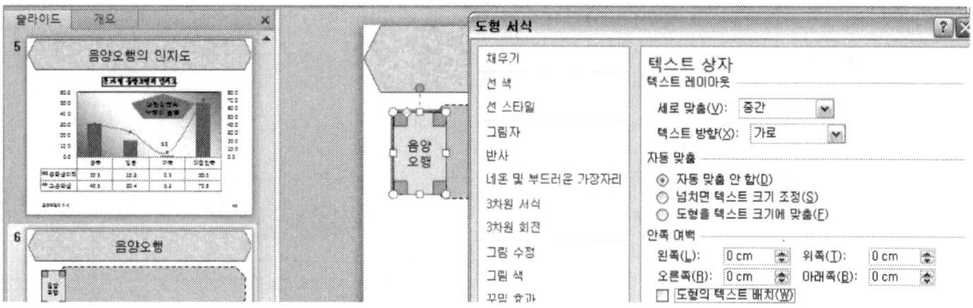

2. 정육면체와 모서리가 접힌 사각형, 갈매기형 수장, 모서리가 잘린 사각형, 십자형 도형 그리기 및 회전 서식 그리고 그림자 설정 등을 이용하여 출력 형태의 도형을 완성한다. 이후, 제목을 제외한 글꼴을 돋움, 18pt로 설정한다.

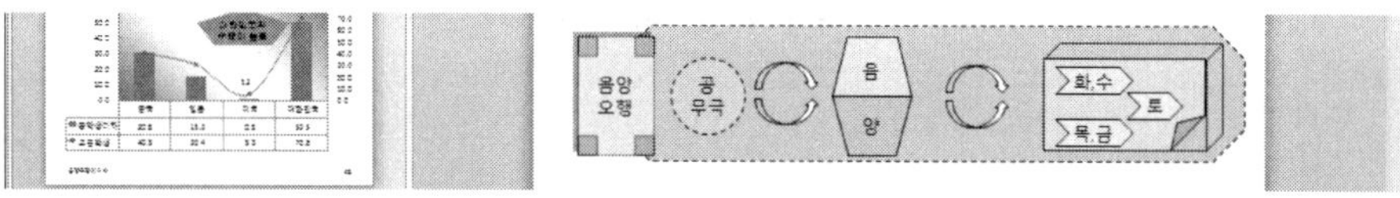

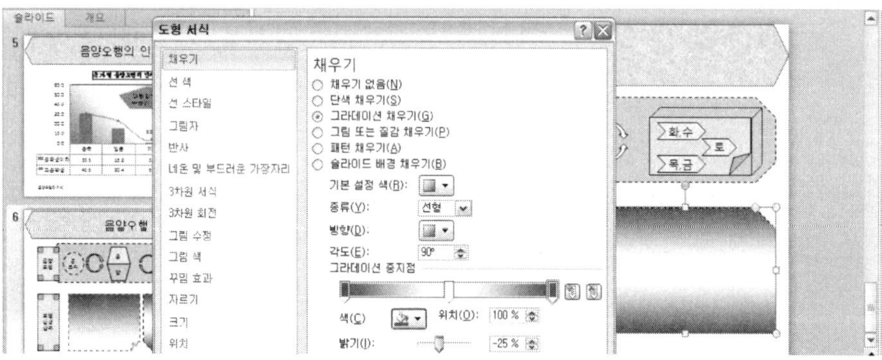

3. 마지막 과정으로 도형의 그룹을 형성하여 애니메이션 리본의 효과 옵션에서 왼쪽에서 날아오기와 애니메이션 추가의 추가 나타내기 효과에서 블라인드를 추가한 다음 세로 블라인드의 애니메이션 효과를 설정한다.

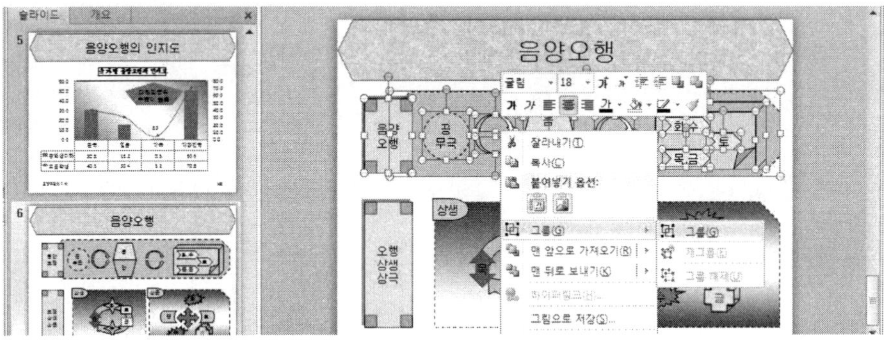

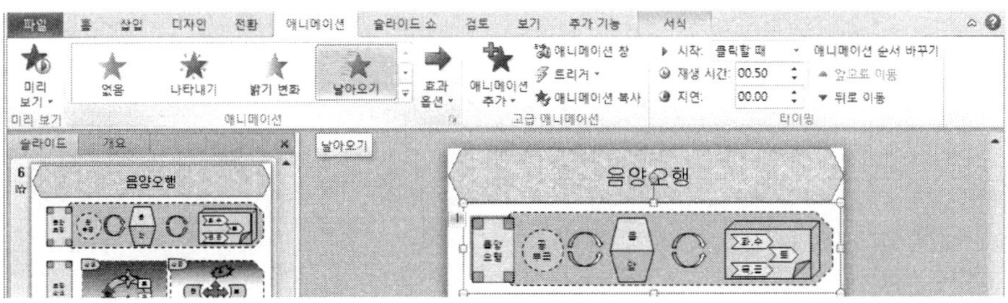

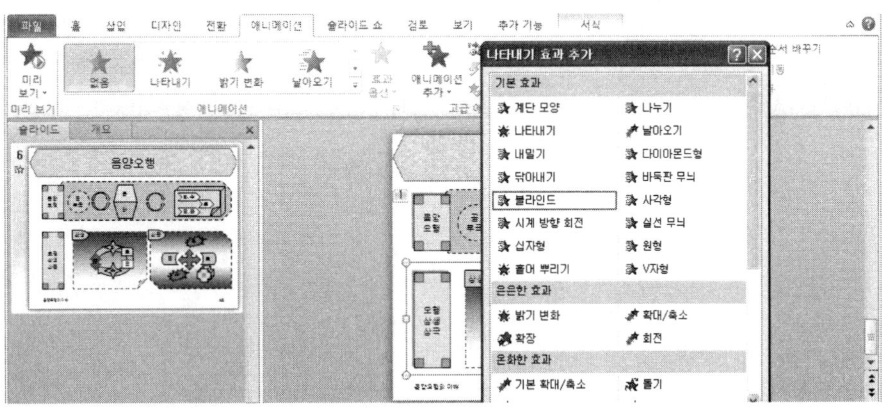

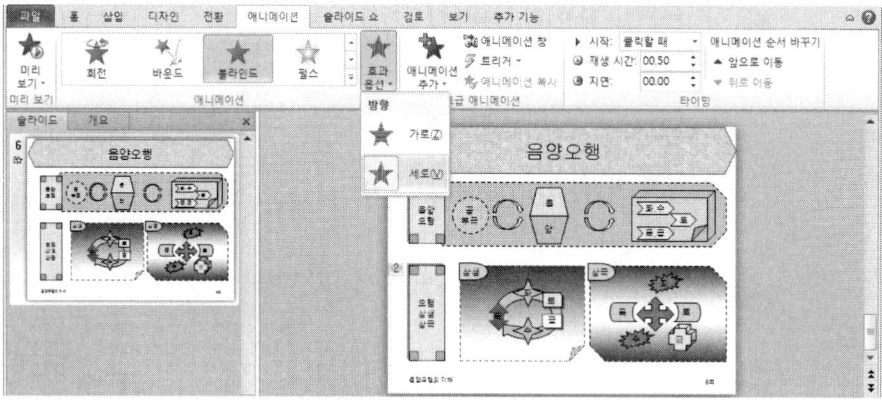
파일
홈
삽입
디자인
전환
애니메이션
슬라이드 쇼
검토
보기
추가 기능
미리 보기
회전
바운드
블라인드
펄스
효과 옵션
애니메이션 추가
애니메이션 창
트리거
애니메이션 복사
시작:
클릭할 때
재생 시간:
00.50
지연:
00.00
애니메이션 순서 바꾸기
앞으로 이동
뒤로 이동
타이밍
방향
가로(Z)
세로(V)
슬라이드
개요
음양오행

MEMO

MEMO

4.3 ITQ 파워포인트 2007/2010 버전 변경 사항

파워포인트 2003 버전에 비해 상위 버전인 2007/2010 버전에서의 전체적인 변경 사항으로는 표지 디자인, 그림 자르기, 동영상/스마트아트 삽입 기능이 있으며 내문서\ITQ\Picture 폴더 아래의 첨부 파일이 버전에 따라 변경되었다.

표지 디자인에서는 점 편집의 조정점을 이용한 도형을 작성하는 것과 로고 삽입 후 그림 도구 서식의 색에서 배경색을 투명으로 설정하는 부분이다.

마스터와 슬라이드 마스터에서는 다양한 도형을 이용한 마스터와 바닥글 대신 로고를 이용하는 것 그리고 그림 도구의 서식에서 자르기 기능을 이용한 삽입 및 배치 기능이다.

텍스트 동영상 슬라이드에서는 동영상 파일을 삽입하여 자르기 메뉴의 조절점 조절과 배치 부분이 추가 변경 되었으며, 스마트아트/도형 슬라이드에서는 스마트아트 삽입 기능과 도형의 배치/좌우/도형 변경/상자 추가/글꼴 등의 부분이다.

파워포인트 2007/2010

그림4

그림5

동영상

로고1

로고2

로고3

■ 파워포인트 2007/2010 시험 출제 기준

전 체	
문서 작업	새 문서 열고/닫기 내문서/ITQ 폴더에 정확한 파일명 저장하기 (C:\내문서/ITQ/12345678-홍길동.pptx). 답안 파일을 제외한 불필요한 파일 열고 지우기 내문서/ITQ 폴더에 다른 이름으로 저장하기
기본 기능	도움말 기능 되돌리기/다시 실행 눈금선 표시/감추기 특별한 단어나 문구 찾기/찾아 바꾸기 모든 페이지에 맞춤법 검사 다양한 슬라이드 보기 특정 슬라이드 보이기/숨기기
환경 설정	편집 용지 크기/방향 문서 여백 조정 도구 모음 표시/감추기 화면 확대/축소 화면 보기 모드 변경
슬라이드 이용	슬라이드 삽입/삭제 슬라이드 복사/이동 슬라이드 레이아웃/ 슬라이드 순서 변경 (title-contents-text-table-chart-diagram slide)
마스터	슬라이드 마스터 이해(슬라이드 마스터/제목 마스터) 마스터 적용/수정 바닥글 삽입/수정 슬라이드 번호 삽입/수정 특정 슬라이드 배경 변경
텍스트	
텍스트	텍스트 삽입/수정/복사/이동/삭제 글자, 단어, 줄, 문장, 문단, 전체 선택 텍스트의 글꼴, 크기, 글꼴 색 지정 텍스트 서식(진하게, 기울임, 밑줄, 음영, 강조점) 입력한 영문의 대소문자 변경

문단	출력 형태와 동일한 정렬 지정 그림의 왼쪽, 양쪽, 오른쪽에 글씨 배치 줄 바꾸기/이어 붙이기 문단 줄 간격 지정 출력 형태와 동일한 문단 번호 지정
표	
표	표 행/열, 생성/삭제, 크기 지정 행/열 삽입/삭제/병합 표 테두리/배경색 지정
차 트	
차트	차트 생성/삭제/크기 변경 차트에 적용된 원본 데이터 삽입/삭제/수정 차트의 종류 변경 차트 제목 생성/수정/삭제 눈금선 삽입/수정/삭제 차트 범례 삽입/수정/삭제 차트 데이터레이블/데이터테이블 차트 영역/그림 영역 배경 변경 데이터 계열/축 서식
개 체	
도형	도형 삽입/삭제/선택 도형 크기 변경 도형 안에 텍스트 입력 도형 복사/이동/회전/대칭 도형 선 스타일, 채우기 효과 도형 간 배치 수정(front, back 등). 도형 간 맞춤(간격, 왼쪽 맞춤, 오른쪽 맞춤 등)
워드아트	워드아트 삽입/삭제/선택 워드아트 크기 변경 워드아트 복사/이동
그림	그림 삽입/삭제/선택 그림의 크기 변경 그림을 복사 그림을 이동 그림 효과(watermark/grey scale/ black/white) 지정 그림 자르기 투명색 설정 기능을 이용한 그림 배경색 투명 처리

동영상	동영상을 삽입/삭제/선택 동영상 크기 변경 동영상 복사/이동 동영상 재생/멈춤/뒤로/앞으로 조정 동영상 자동/반복 재생
하이퍼링크	텍스트에 하이퍼링크 설정
스마트아트	스마트아트 삽입/삭제/선택 스마트아트에 텍스트 입력/삭제 스마트아트 유형 변경
그룹화 및 애니메이션	여러 개체들 선택 그룹 설정 주어진 순서대로 애니메이션 기능 적용

4.4 ITQ 파워포인트 2007/2010 버전용 sample 문제 풀이

오피스
2007/2010버전용

정보기술자격(ITQ) 시험

과 목	코드	문제유형	시험시간	수험번호	성 명
한글파워포인트	1142	Sample	60분		

수험자 유의사항

- 수험자는 문제지를 받는 즉시 응시하고자 하는 과목의 문제지가 맞는지 확인하여야 합니다.
- 파일명은 본인의 "수험번호-성명"으로 입력하여 답안폴더(내문서WITQW)에 하나의 파일로 저장해야 하며, 답안문서 파일명이 "수험번호-성명"과 일치하지 않거나, 답안파일을 전송하지 않아 미제출로 처리될 경우 실격입니다(예 : 내문서WITQW12345678-홍길동.pptx).
- 답안 작성을 마치면 파일을 저장하고, '답안 전송' 버튼을 선택하여 감독위원 PC로 답안을 전송하십시오(단, 지정된 용량 초과 시 실격 처리됨). 수험생 정보와 저장한 파일명이 다를 경우 전송되지 않으므로 주의하시기 바랍니다.
- 답안 작성 중에도 주기적으로 저장하고 답안을 전송하여야 문제 발생을 줄일 수 있습니다. 작업한 내용을 저장하지 않고 전송할 경우 이전에 저장된 내용이 전송되오니 이점 유의하시기 바랍니다.
- 답안문서는 지정된 경로 외의 다른 보조기억장치에 저장하는 경우, 지정된 시험 시간 외에 작성된 파일을 활용할 경우, 기타 통신수단(이메일, 메신저, 네트워크 등)을 이용하여 타인에게 전달 또는 외부 반출하는 경우는 부정 처리합니다.
- 시험 중 부주의 또는 고의로 시스템을 파손한 경우는 수험자가 변상해야 하며, <수험자 유의사항>에 기재된 방법대로 이행하지 않아 생기는 불이익은 수험생 당사자의 책임임을 알려 드립니다.
- 문제의 조건은 MS-Office 2007/2010버전으로 설정되어 있으니 유의하시기 바랍니다.
- 시험을 완료한 수험자는 답안파일이 전송되었는지 확인한 후 감독위원의 지시에 따라 문제지를 제출하고 퇴실합니다.

답안 작성요령

- 온라인 답안 작성 절차
  수험자 등록 → 시험 시작 → 답안파일 저장 → 답안 전송 → 시험 종료
- 슬라이드의 크기는 A4 Paper로 설정하여 작성합니다.
- 슬라이드의 총 개수는 6개로 구성되어 있으며 슬라이드 1부터 순서대로 작업하고 반드시 문제와 세부조건대로 합니다.
- 글꼴, 색깔 및 기타 사항에 대해 별도의 지시사항이 없는 경우에는 슬라이드 크기와 전체적인 균형을 고려하여 출력형태와 같이 작성합니다.
- 슬라이드 번호를 작성합니다(슬라이드 1에는 생략).
- 2~6번 슬라이드 제목 도형과 하단 로고는 슬라이드 마스터를 이용하여 출력형태와 동일하게 작성합니다(슬라이드 1에는 생략).
- 문제와 세부조건, 세부조건 번호 ◯ (점선원)는 입력하지 않습니다.
- 각 개체의 위치는 오른쪽의 슬라이드와 동일하게 구성합니다.
- 그림 삽입 문제의 경우 반드시 「내문서WITQWPicture」 폴더에서 정확한 파일을 선택하여 삽입하십시오.
- 각 슬라이드를 각각의 파일로 작업해서 저장할 경우 실격 처리됩니다.

한국생산성본부
KOREA PRODUCTIVITY CENTER

[전체구성] **(60점)**

(1) 슬라이드 크기 및 순서 : 크기를 A4 Paper로 설정하고 슬라이드 순서에 맞게 작성한다.

(2) 슬라이드 마스터 : 2~6슬라이드의 제목, 하단 로고, 슬라이드 번호는 슬라이드 마스터를 이용하여 작성한다.
제목 글꼴(맑은고딕, 40pt, 검정), 하단 로고(「내문서WITQWPictureW로고1.jpg」, 배경(회색) 투명색으로 설정)

1. 파일명을 내문서\ITQ 폴더에 '수험번호-성명' 형태 즉, 수험번호가 12345678이고 성명이 홍길동인 경우 '12345678-홍길동.pptx'로 저장한다.

2. 디자인의 페이지 설정에서 슬라이드 크기를 A4 용지, 방향을 가로로 설정하고, 삽입 리본의 텍스트 그룹에서 머리글/바닥글에서 슬라이드 번호를 표시한 후 바닥글 그리고 제목 슬라이드에는 표시 안함으로 설정한 다음 하단 로고를 삽입하고 모두 적용 단추를 누른다.

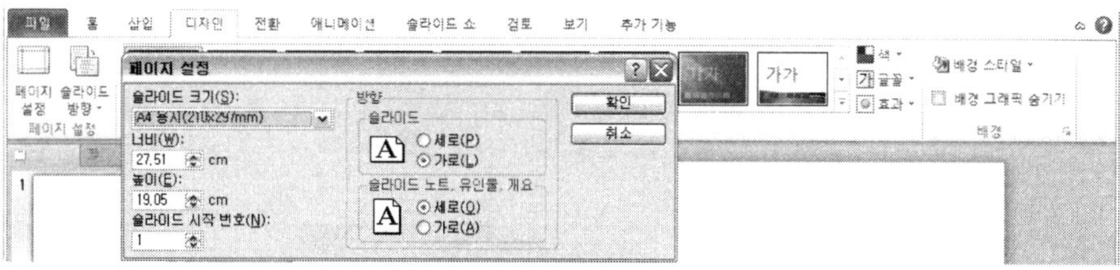

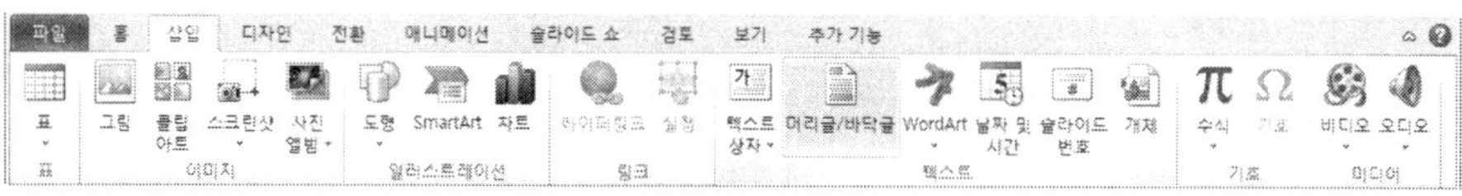

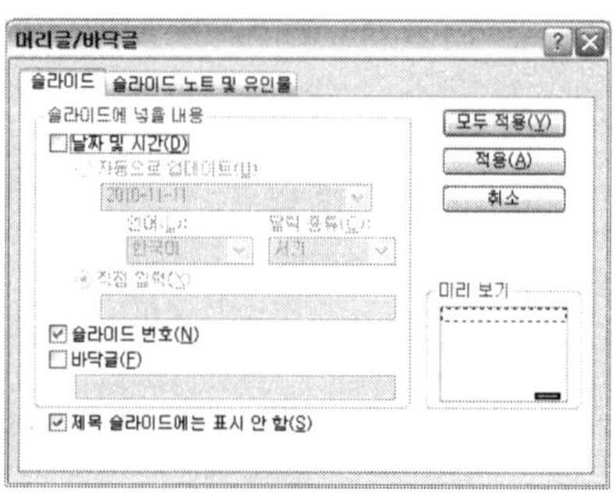

3. 슬라이드 마스터에 사각형 2개를 이용하여 출력과 동일한 형태의 도형을 작성한다. 이후, 정렬에서 제목 뒤로 보낸 다음 제목 글꼴을 맑은 고딕, 40pt, 검정으로 설정하고 슬라이드 번호와 로고의 위치를 설정하고 로고의 배경을 투명하게 설정한 후, 홈 리본의 슬라이드에서 새 슬라이드를 6장 만든다.

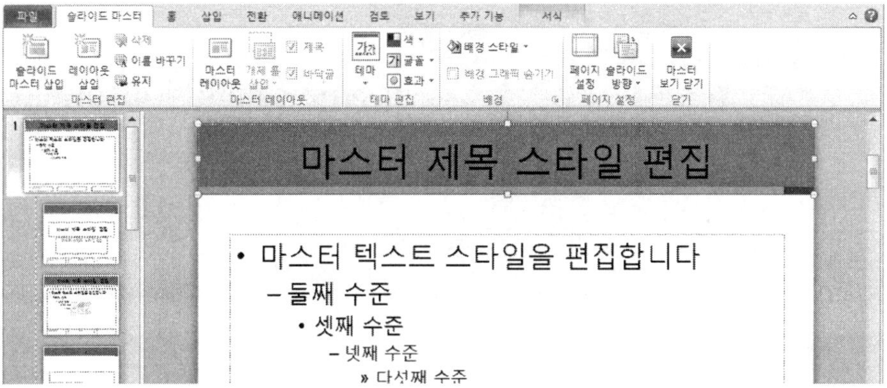

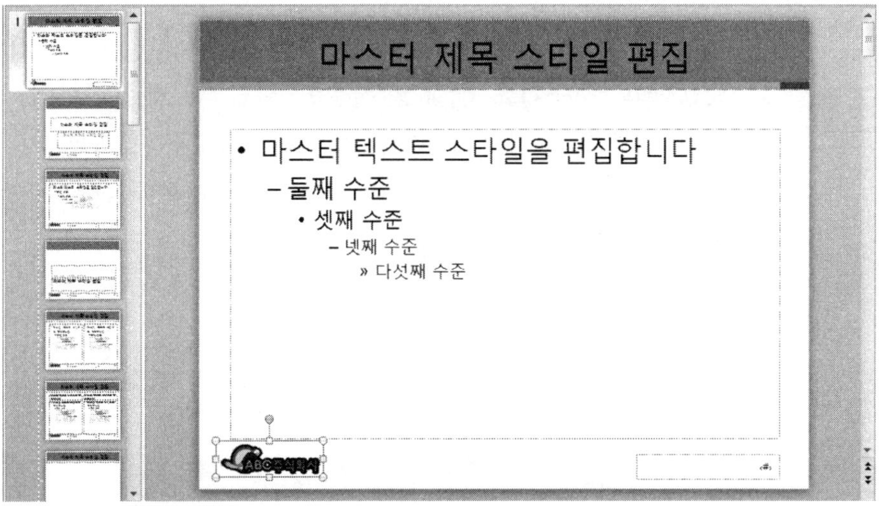

[슬라이드 1] ≪표지 디자인≫ **(40점)**

(1) 표지 디자인 : 도형(직각 삼각형)을 삽입하고, 점편집 기능을 이용하여 작성한다.
(2) 도형 효과 : 상단도형(그림자[오프셋 대각선 오른쪽 아래]), 하단도형(그림자[오프셋 대각선 오른쪽 위])

세부조건

① 워드아트 삽입
- 글꼴 : 맑은고딕, 굵게
- 반사 : 근접반사, 터치

② 그림 삽입
- 「내문서₩ITQ₩Picture₩로고1.jpg」
- 배경(회색) 투명색으로 설정

1. 도형에서 직각 삼각형을 삽입하고 정렬 그룹의 회전 상하 대칭을 실행하고, 채우기의 색상을 지정한 다음 점 편집 기능을 이용하여 출력 형태와 동일하게 조정한다. 이후, 도형 효과를 상단 도형과 하단 도형의 그림자를 오프셋 대각선 오른쪽 아래와 오프셋 대각선 오른쪽 위로 설정한다.

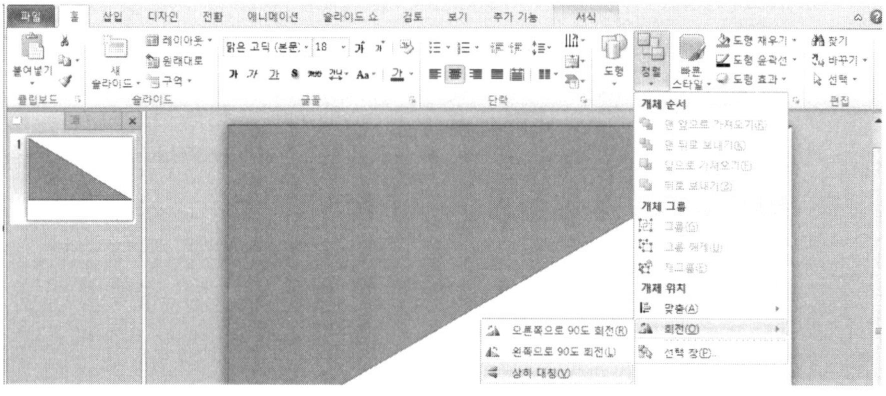

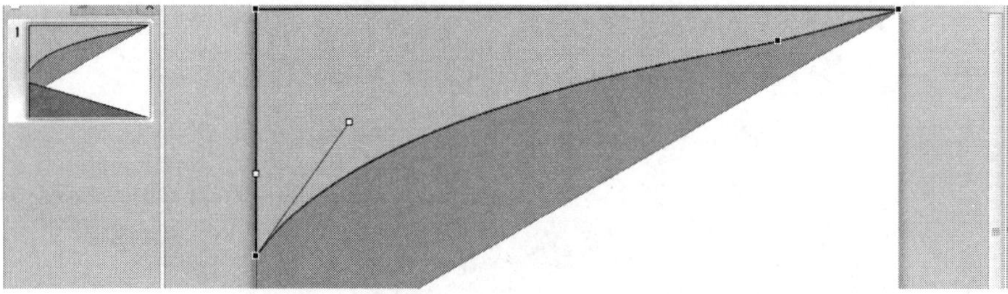

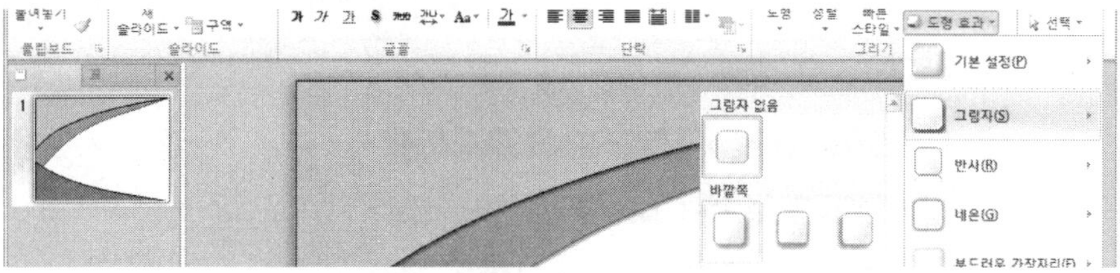

2. 워드아트에서 문자열 Climatic Change Information을 입력하고 글자 모양을 맑은 고딕으로 하고 워드아트 스타일의 변환에서 갈매기형 수장을 선택한 다음 반사를 근접 반사 터치로 설정한다.

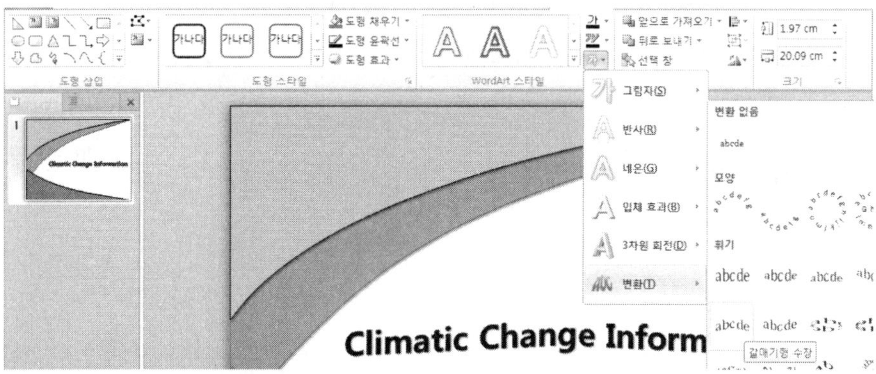

3. 내문서\ITQ\Picture\로고1.jpg에 있는 그림을 삽입하고 색에서 배경을 투명색 설정으로 한다.

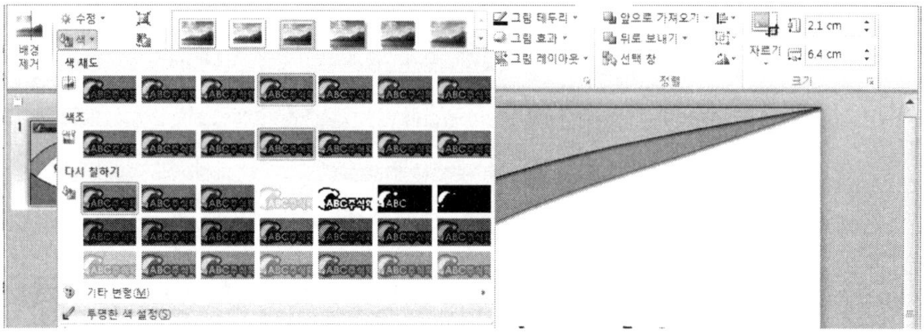

[슬라이드 2] 《목차 슬라이드》 **(60점)**

(1) 출력형태와 같이 도형(그림자 : 오프셋 아래쪽)을 이용하여 목차를 작성한다(글꼴 : 굴림, 24pt, 검정).

세부조건

① 텍스트에 하이퍼링크 적용
-> '슬라이드 4'

② 그림 삽입
- 「내문서₩ITQ₩Picture₩그림4.jpg」
- 자르기 기능 이용

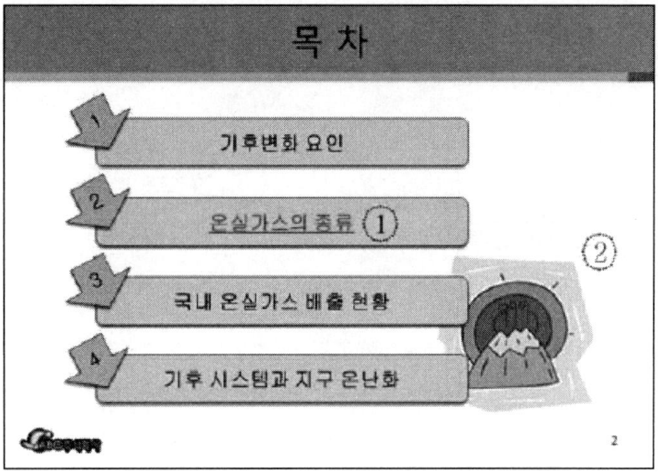

1. 보기의 슬라이드 마스터 보기를 선택한 다음 도형의 블록 화살표 중 아래쪽 화살표를 삽입하고 도형 서식에서 회전 각도를 지정한다. 이후, 모서리가 둥근 직사각형에 문자열을 입력하고 글꼴을 굴림 24pt, 검정으로 설정한 다음 화살표가 앞으로 나오도록 정렬하고 도형의 색을 지정한 후 도형의 그림자를 오프셋 아래쪽으로 지정한다.

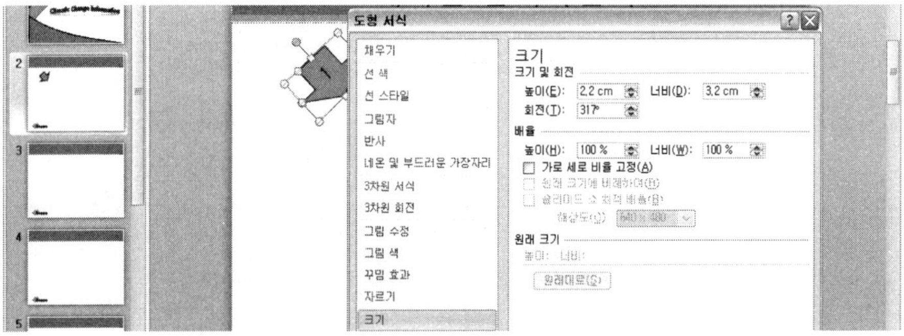

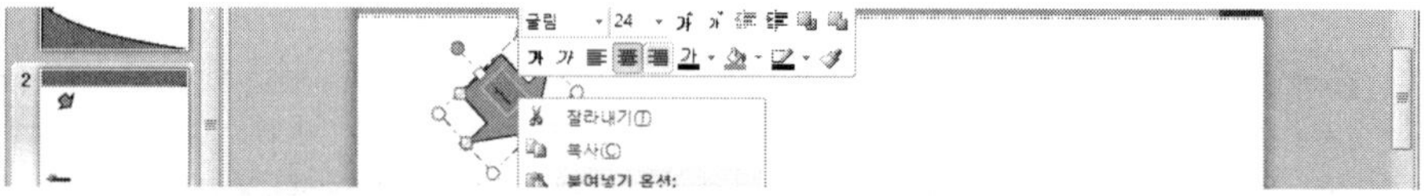

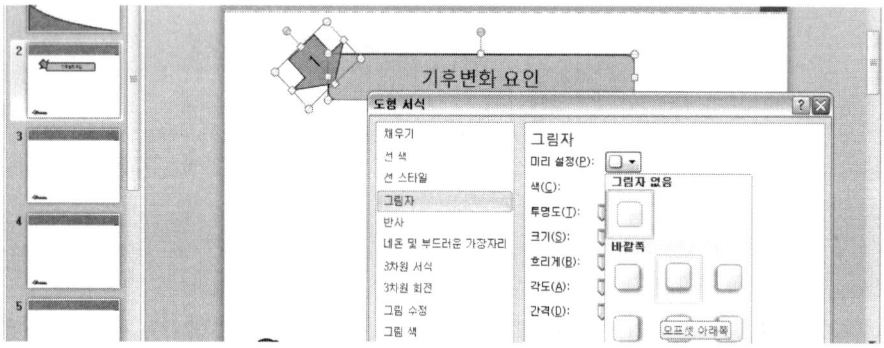

2. 목차의 1번을 그룹을 형성하여 복사한 후 문자열을 수정하고 정렬에서 왼쪽을 기준으로 정렬한 다음 각 항목 간의 간격을 동일하게 맞춘다.

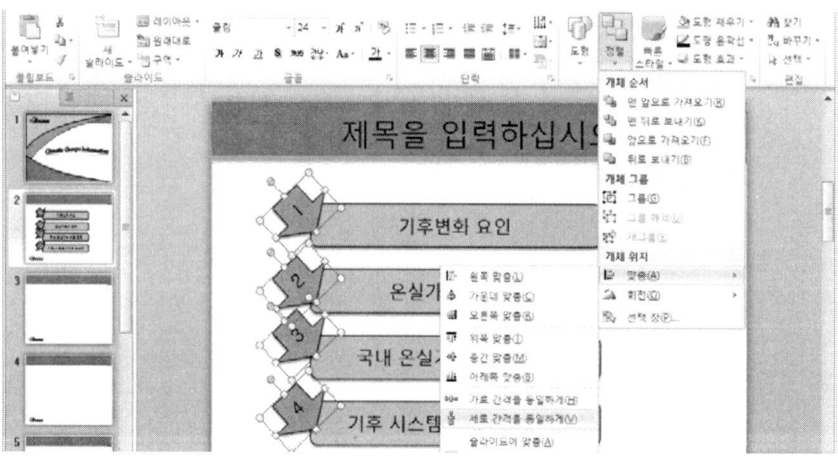

3. 2번 항목에서 온실 가스의 종류를 블록으로 형성한 후 텍스트에 하이퍼링크를 적용하여 슬라이드 4에 연결하고 새 테마 색 만들기에서 빨강으로 지정한다.

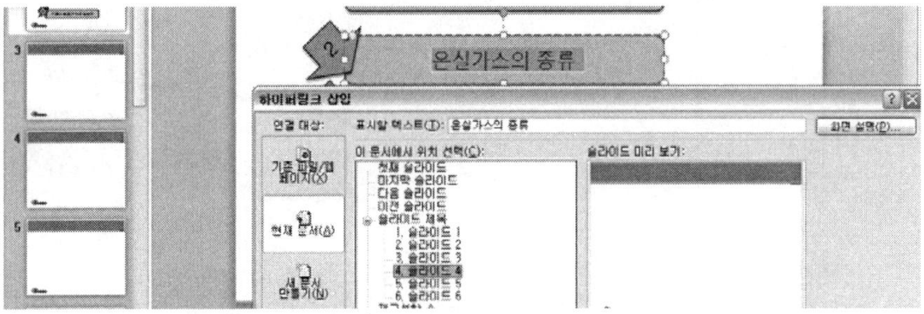

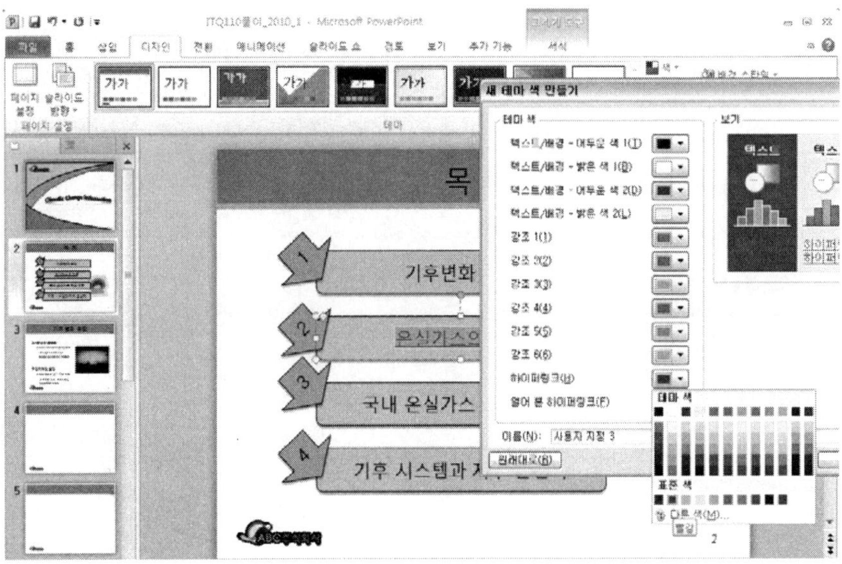

4. 그림 5를 삽입하고 자르기 기능을 이용하여 원하는 영역만을 삽입한 다음 정렬에서 그림을 맨 뒤로 보내기를 선택한다.

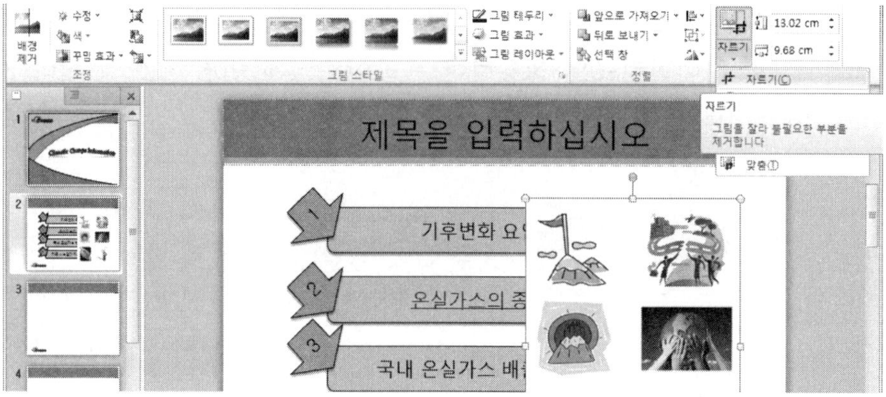
배경 제거
수정
색
꾸밈 효과
조정
그림 테두리
그림 효과
그림 레이아웃
그림 스타일
앞으로 가져오기
뒤로 보내기
선택 창
정렬
자르기
13.02 cm
9.68 cm
자르기(C)
자르기
그림을 잘라 불필요한 부분을 제거합니다
맞춤(I)
제목을 입력하십시오
기후변화 요인
온실가스의 종
국내 온실가스 배출

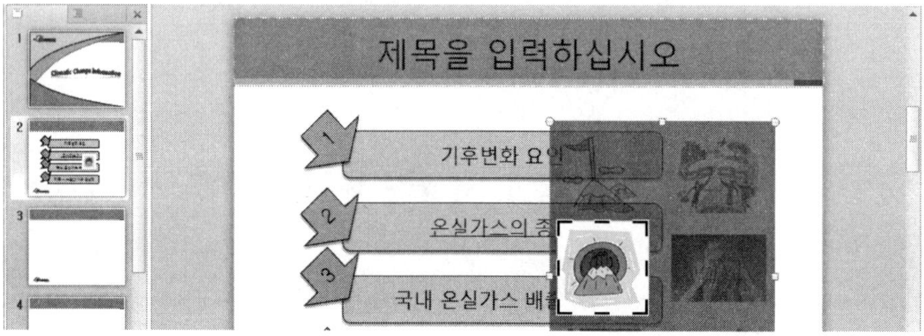
제목을 입력하십시오
기후변화 요인
온실가스의 종
국내 온실가스 배출

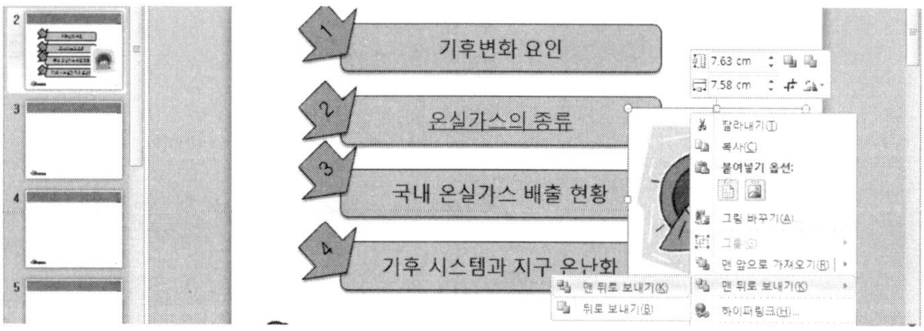
기후변화 요인
온실가스의 종류
국내 온실가스 배출 현황
기후 시스템과 지구 온난화
7.63 cm
7.58 cm
잘라내기(T)
복사(C)
붙여넣기 옵션:
그림 바꾸기(A)...
그룹(G)
맨 앞으로 가져오기(R)
맨 뒤로 보내기(K)
하이퍼링크(H)...
맨 뒤로 보내기(K)
뒤로 보내기(B)

[슬라이드 3] ≪텍스트/동영상 슬라이드≫ **(60점)**

(1) 텍스트 작성 : 글머리 기호 사용 (□, ➢)

□문단(맑은고딕, 24pt, 굵게, 줄간격 : 1.5줄), ➢문단(맑은고딕, 20pt, 줄간격 : 1.5줄)

세부조건

① 동영상 삽입 :
- 「내문서₩ITQ₩Picture₩동영상.wmv」
- 자동실행, 반복재생 설정

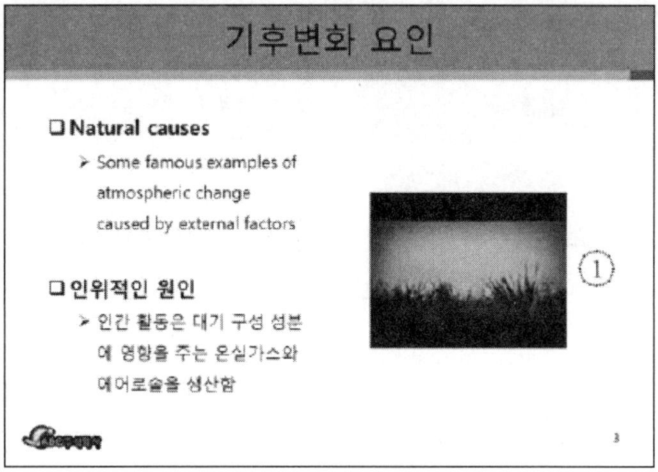

1. 텍스트 슬라이더를 작성하기 위해 제목을 입력하고 가로 텍스트 상자를 이용하여 문자열을 입력한 후 글꼴을 맑은 고딕, 24pt/20pt, 굵게/보통, 줄 간격을 1.5줄로 각각 설정하고 단락 그룹에서 머리글 기호를 이용하여 ❑와 ➢로 설정하고 탭 키를 이용하여 ➢ 머리글의 수준을 내린다.

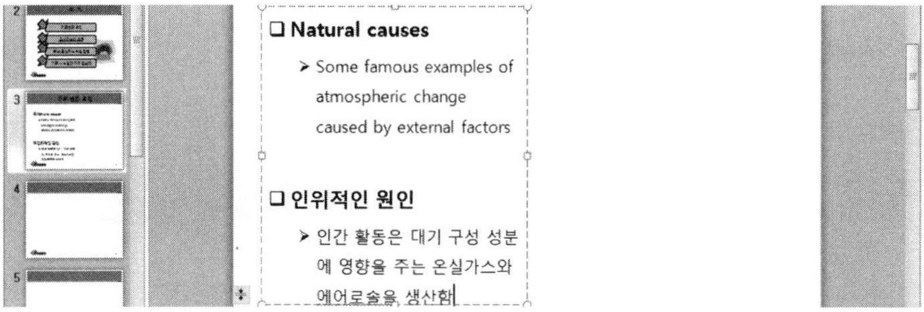

2. 지정된 경로의 동영상을 삽입하고 비디오 도구 재생에서 자동 실행과 반복 실행을 선택한다.

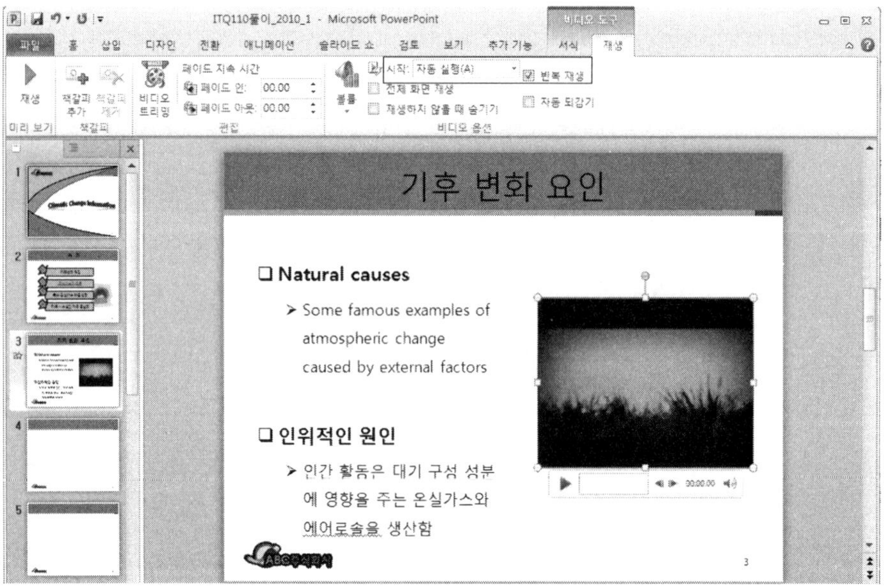

[슬라이드 4] 《표 슬라이드》 **(80점)**

(1) 도형과 표 작성 기능을 이용하여 슬라이드를 작성한다(글꼴 : 굴림, 18pt).

세부조건

① 상단 도형 : 2개 도형의 조합으로 작성

② 좌측 도형 : 그라데이션 효과(선형 아래쪽), 그림자(오프셋 오른쪽)

③ 표 색 채우기(노랑)

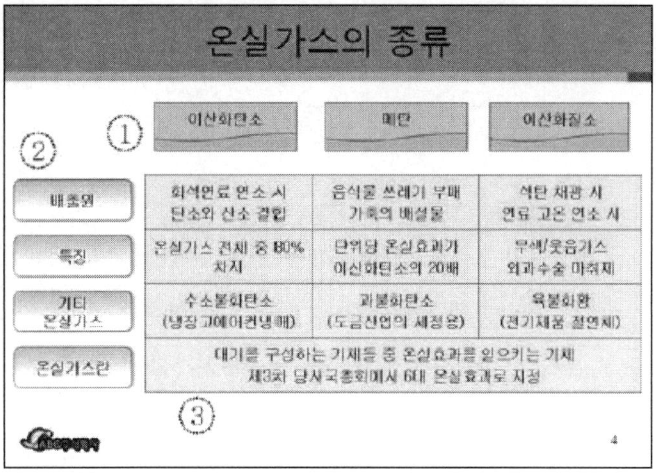

1. 도형에서 직사각형과 순서도 : 문서 2개의 도형을 조합하여 상단 도형을 만들고 모서리가 둥근 직사각형에 선형 아래쪽, 오프셋 오른쪽 그림자를 지정하여 좌측 도형을 만든다.

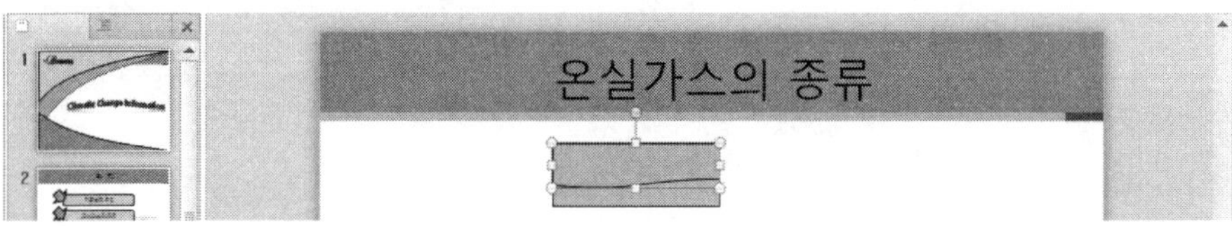

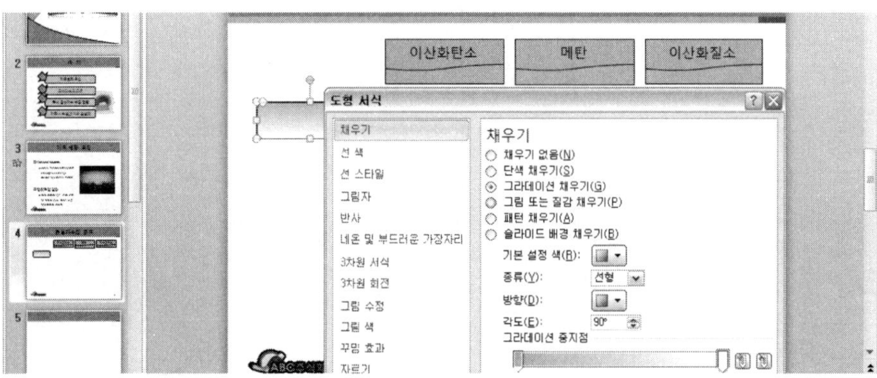

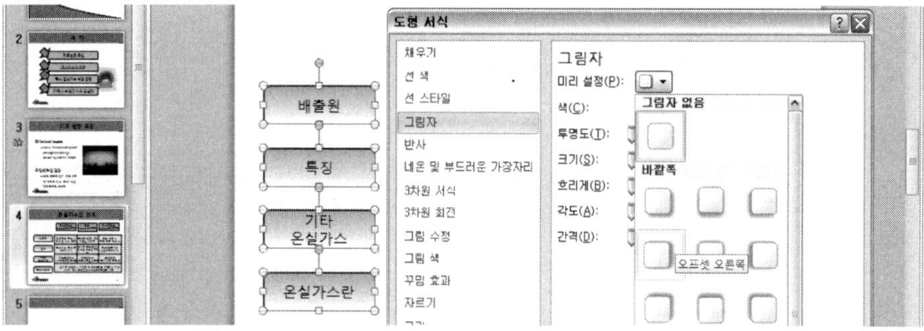

2. 3칸 4줄의 표를 작성하고 단락을 가운데 맞춤으로 정렬하고 맨 아래 줄의 블록을 형성한 후 오른쪽 마우스 단추를 눌러 셀을 병합한 다음 전체 표의 색 채우기를 노랑으로 설정한다.

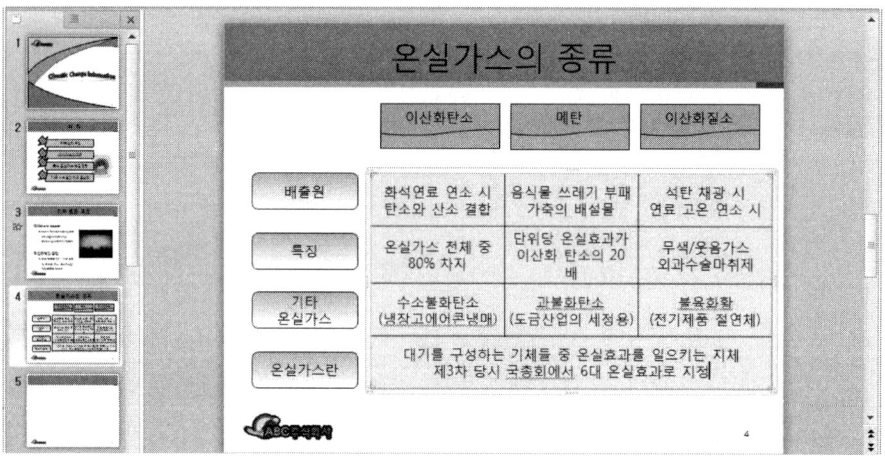

[슬라이드 5] ≪차트 슬라이드≫ **(100점)**

(1) 차트 작성 기능을 이용하여 슬라이드를 작성한다.

(2) 차트 : 유형(묶은 세로 막대형), 글꼴(굴림, 18pt), 외곽선, 그림자(오프셋 대각선 오른쪽 아래)

세부조건

※ 차트설명
- 차트제목 : 굴림, 18pt, 굵게, 그림자(오프셋 아래쪽), 테두리
- 그림영역 : 그라데이션 (선형 위쪽)
- 데이터 계열 서식 : 질감(꽃다발), 총배출량 계열만
- 값 표시 : 순배출량 계열만
- 데이터 테이블 표시

① 도형을 이용하여 '배출량 증가 추세' 표시(채우기 파랑 적용, 외곽선 없음, 투명도(50%), 굴림, 18pt)

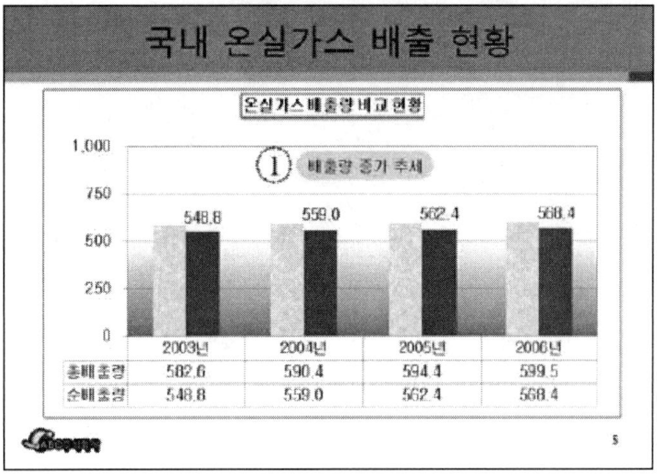

1. 일러스트레이션 그룹에서 차트를 묶은 세로 막대형으로 삽입하고 액셀시트에서 계열과 항목을 추가 또는 삭제하면서 데이터를 입력한다.

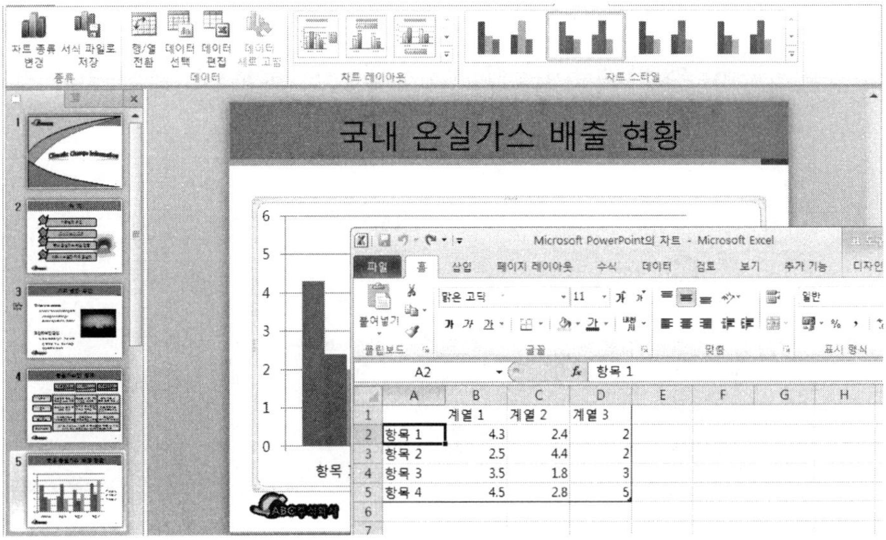

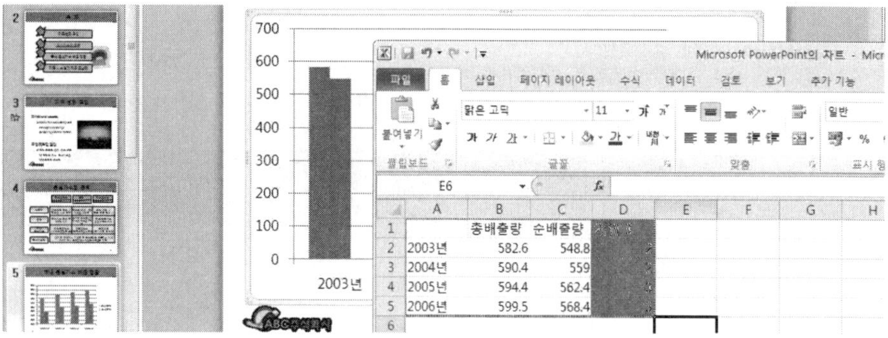

2. 디자인에서 차트 레이아웃, 차트 스타일을 지정하고 제목 온실가스배출량비교를 입력한 후 굴림, 18pt, 굵게, 그림자를 오프셋 대각선 오른쪽 아래로 지정한다.

3. 그림 영역 서식에서 선형 위쪽 그라데이션 채우기를 적용하고 데이터 계열 서식에서 총 배출량의 질감을 꽃다발로 지정한다. 이후, 순 배출량만 데이터 레이블을 추가하여 표시하고 데이터 표 표시를 선택하여 테이블을 표시한다.

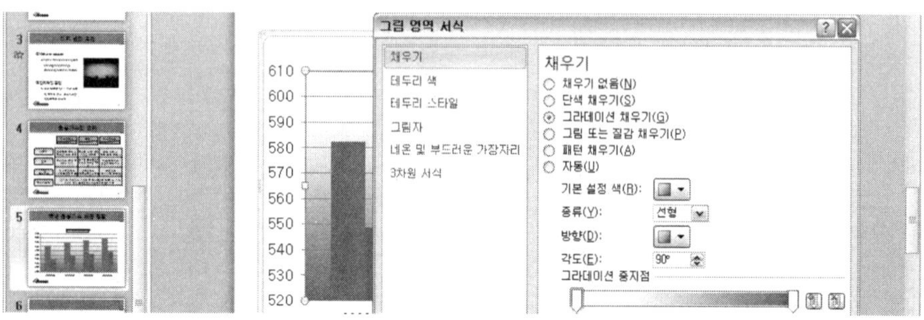

4. 도형을 이용하여 배출량 증가 추세를 표시하고 채우기를 파랑, 외곽선 없음, 투명도 50%, 굴림 18pt로 각각 설정한다.

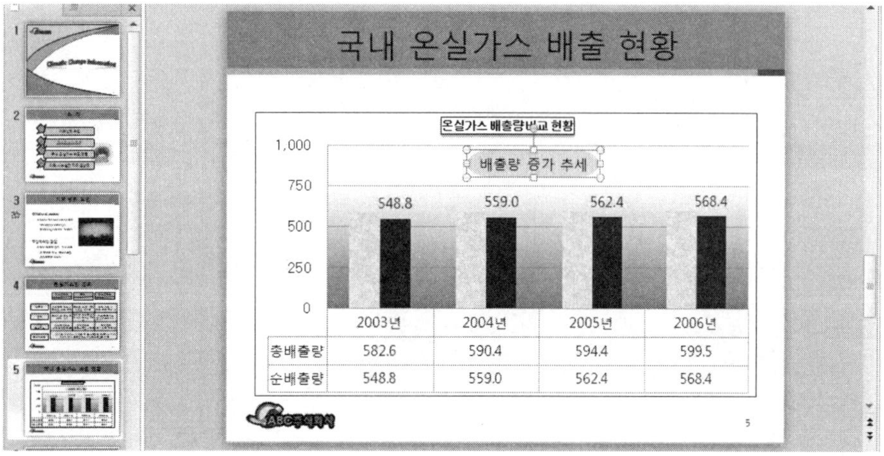

5. 기본 축 서식의 축 옵션에서 최소값 0, 최대값 1000, 주 단위를 250으로 고정하고 주 눈금을 바깥쪽, 보조 눈금을 없음으로 각각 설정한다.

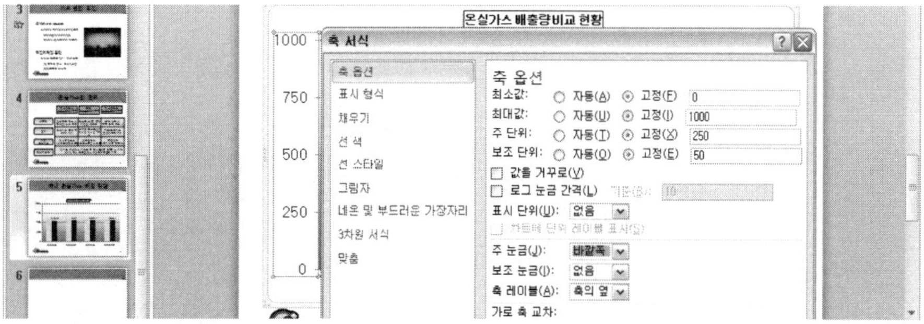

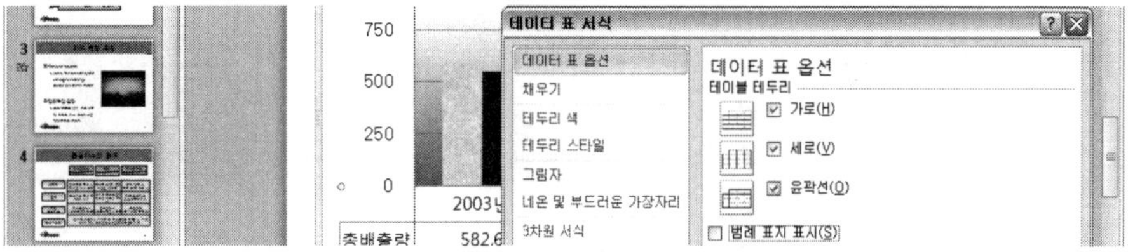
750
500
250
0
2003년
축배출량
582.6
데이터 표 서식
데이터 표 옵션
채우기
테두리 색
테두리 스타일
그림자
네온 및 부드러운 가장자리
3차원 서식
데이터 표 옵션
테이블 테두리
가로(H)
세로(V)
윤곽선(O)
범례 표지 표시(S)

[슬라이드 6] <도형 슬라이드> **(100점)**

(1) 슬라이드와 같이 도형 및 스마트아트를 배치한다(글꼴 : 돋움, 18pt).

(2) 애니메이션 순서 : ① → ②

세부조건

① 그룹화 후 애니메이션 효과 : 날아오기(왼쪽에서)

② 그룹화 후 애니메이션 효과 : 블라인드(세로)

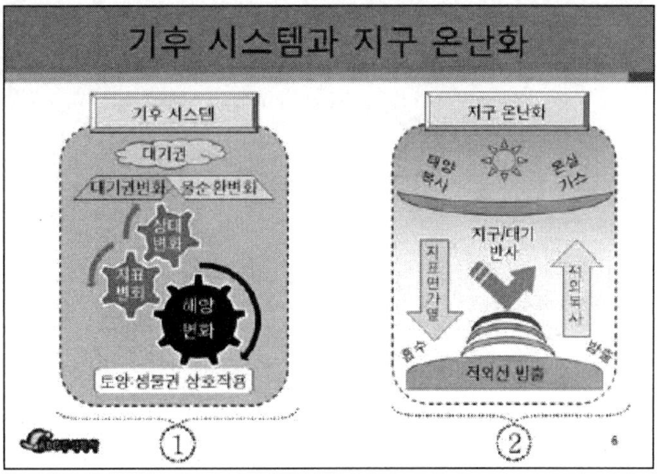

1. 각종 도형과 정렬에서 도형의 회전 기능 등을 이용하여 그리고 문자열을 입력한 후 색상을 설정한다.

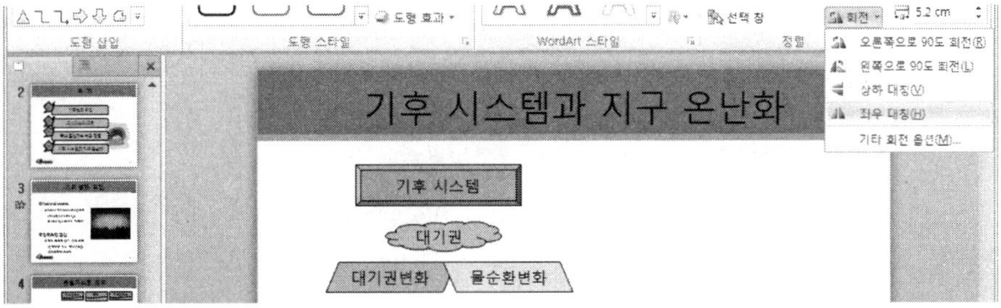

2. Smart 그래픽의 톱니바퀴형의 도형을 그리고 문자열을 입력하여 좌측 도형과 우측 도형을 그린 후 돋움, 18pt로 설정한다.

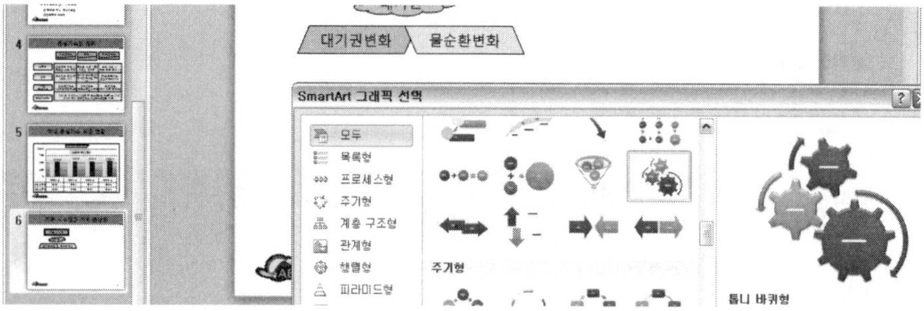

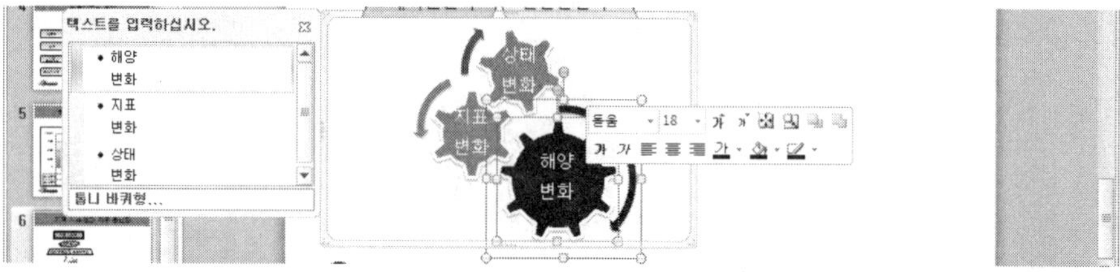

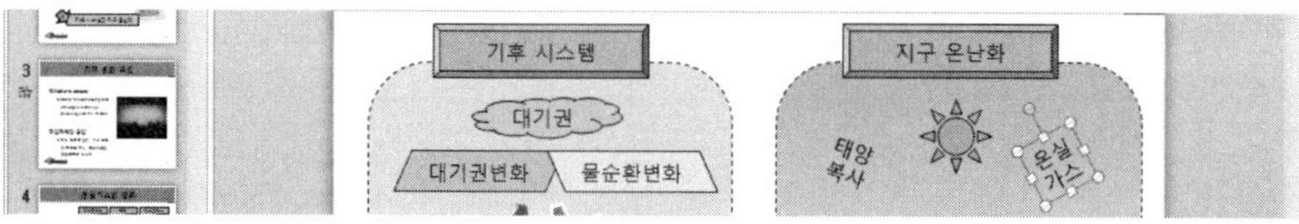

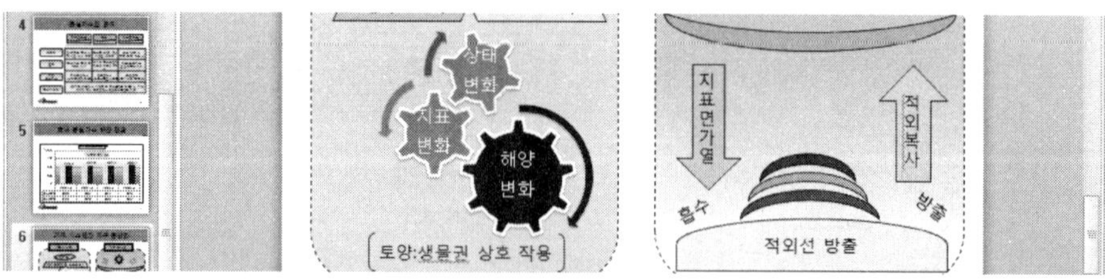

3. 도형의 그룹을 형성하여 애니메이션 리본의 효과옵션에서 좌측 도형 그룹에 왼쪽에서 날아오기와 우측 도형 그룹에 세로 블라인드의 애니메이션 효과를 차례로 설정한다.

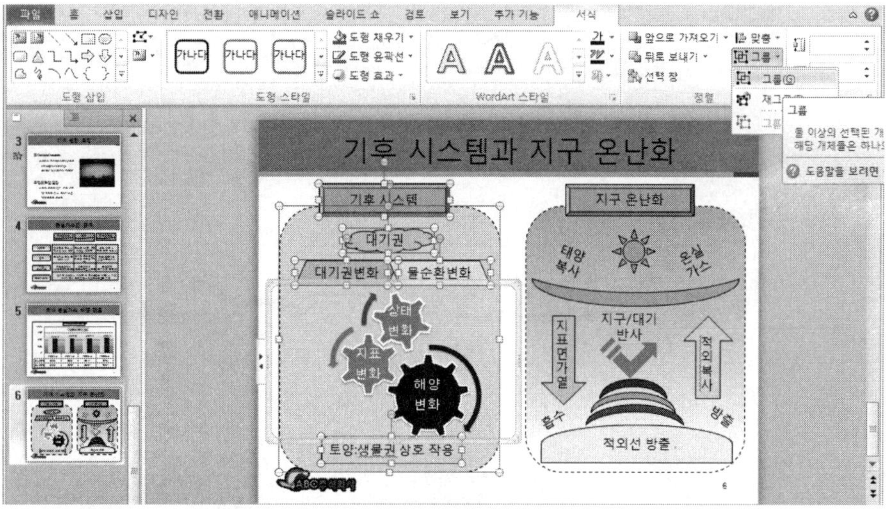
기후 시스템과 지구 온난화
기후 시스템
지구 온난화
대기권
대기권변화
물순환변화
상태 변화
지표 변화
해양 변화
토양·생물권 상호 작용
태양 복사
온실 가스
지구/대기 반사
지표면가열
적외복사
흡수
방출
적외선 방출

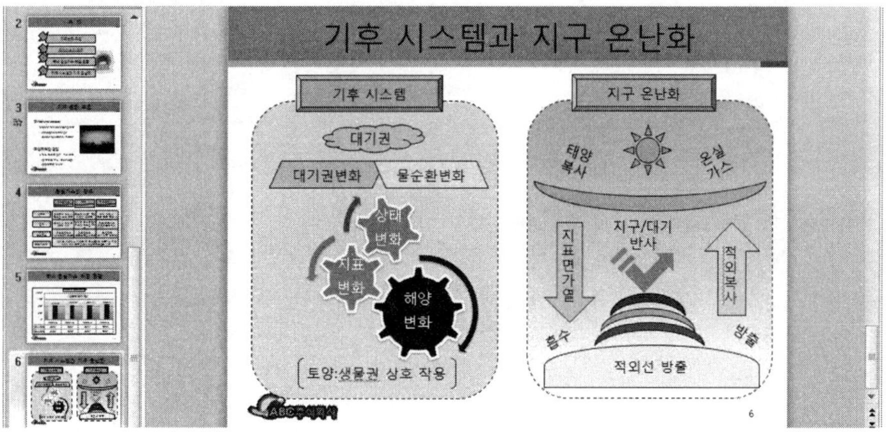
기후 시스템과 지구 온난화
기후 시스템
지구 온난화
대기권
대기권변화
물순환변화
상태 변화
지표 변화
해양 변화
토양·생물권 상호 작용
태양 복사
온실 가스
지구/대기 반사
지표면가열
적외복사
흡수
방출
적외선 방출

미리 보기
없음
나타내기
밝기 변화
날아오기
효과 옵션
애니메이션 추가
방향
아래에서(B)
왼쪽 아래에서(E)
왼쪽에서(L)
왼쪽 위에서(F)
지구 온난화

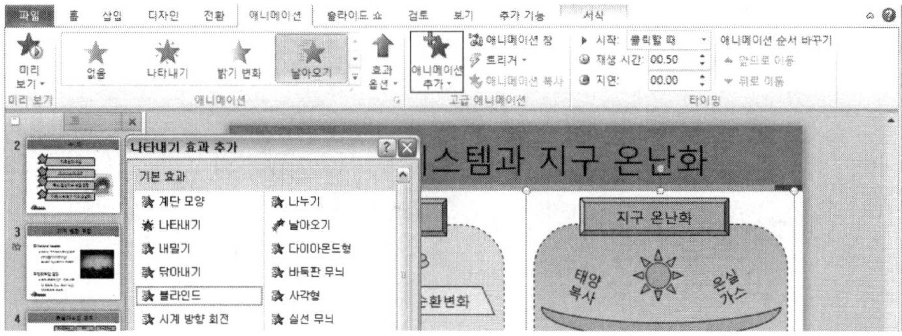
파일
홈
삽입
디자인
전환
애니메이션
슬라이드 쇼
검토
보기
추가 기능
서식
미리 보기
없음
나타내기
밝기 변화
날아오기
효과 옵션
애니메이션 추가
애니메이션 창
트리거
애니메이션 복사
고급 애니메이션
시작: 클릭할 때
재생 시간: 00.50
지연: 00.00
애니메이션 순서 바꾸기
앞으로 이동
뒤로 이동
타이밍
나타내기 효과 추가
기본 효과
계단 모양
나누기
나타내기
날아오기
내밀기
다이아몬드형
닦아내기
바둑판 무늬
블라인드
사각형
시계 방향 회전
실선 무늬
시스템과 지구 온난화
지구 온난화
태양 복사
온실 가스
순환변화

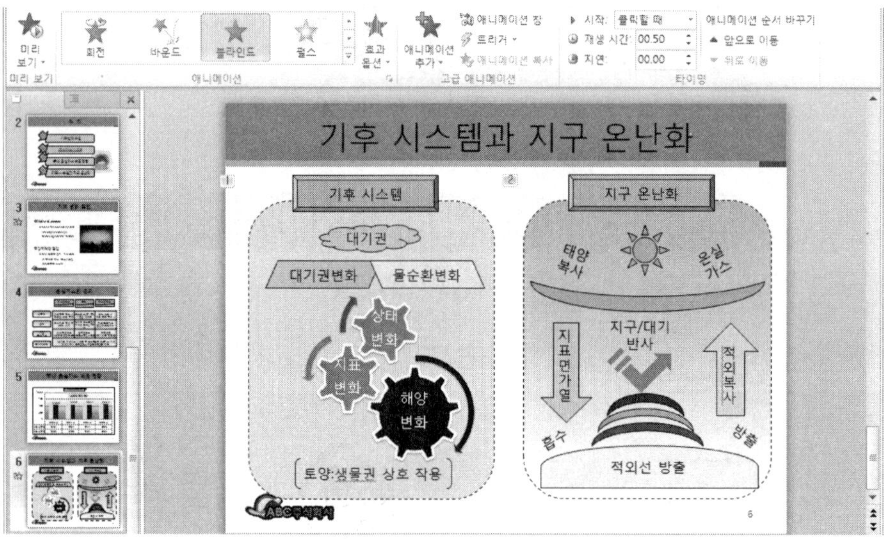
미리 보기
회전
바운드
블라인드
펄스
효과 옵션
애니메이션 추가
애니메이션 창
트리거
애니메이션 복사
고급 애니메이션
시작: 클릭할 때
재생 시간: 00.50
지연: 00.00
애니메이션 순서 바꾸기
앞으로 이동
뒤로 이동
타이밍
기후 시스템과 지구 온난화
기후 시스템
지구 온난화
대기권
대기권변화
물순환변화
상태 변화
지표 변화
해양 변화
토양·생물권 상호 작용
태양 복사
온실 가스
지표면가열
지구/대기 반사
적외복사
흡수
방출
적외선 방출
ABC주식회사
6

MEMO

MEMO

[전체구성] **(60점)**

(1) 슬라이드 크기 및 순서 : 크기를 A4 Paper로 설정하고 슬라이드 순서에 맞게 작성한다.

(2) 슬라이드 마스터 : 2~6슬라이드의 제목도형, 하단 로고, 슬라이드 번호는 슬라이드 마스터를 이용하여 작성한다. 제목 글꼴(맑은고딕, 40pt, 검정), 하단 로고(「내문서WITQWPictureW로고2.jpg」, 배경(회색) 투명색으로 설정)

1. 파일명을 내문서\ITQ 폴더에 '수험번호-성명' 형태 즉, 수험번호가 12345678이고 성명이 홍길동인 경우 '12345678-홍길동.pptx'로 저장한다.

2. 디자인의 페이지 설정에서 슬라이드 크기를 A4 용지, 방향을 가로로 설정하고, 삽입 리본의 텍스트 그룹에서 머리글/바닥글에서 슬라이드 번호를 표시한 후 바닥글 그리고 제목 슬라이드에는 표시 안함으로 설정한 다음 하단 로고를 삽입하고 모두 적용 단추를 누른다.

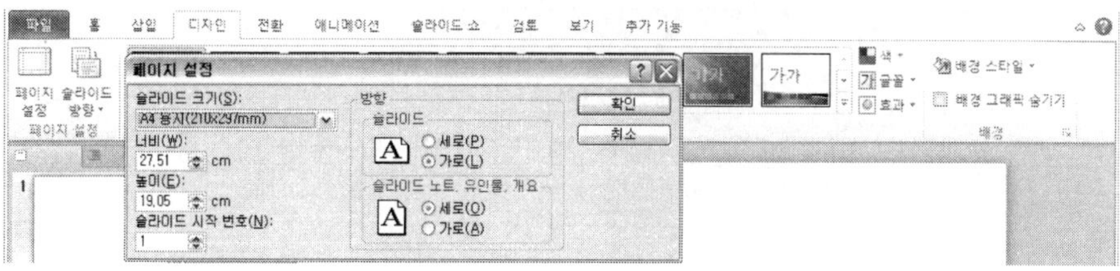

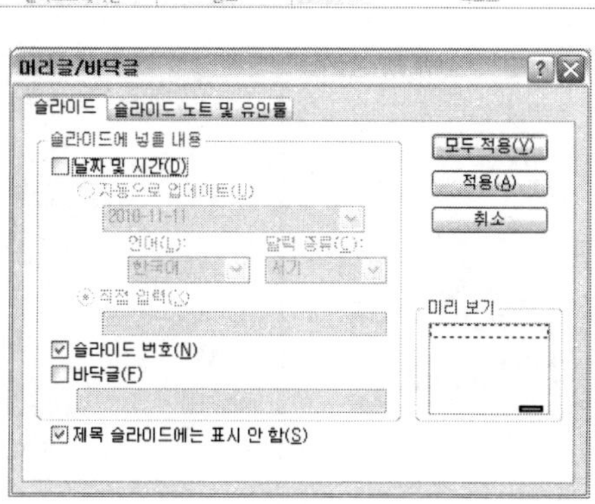

3. 슬라이드 마스터에 모서리가 둥근 직사각형 3개를 이용하여 출력과 동일한 형태의 도형을 작성한다. 이후, 정렬에서 제목 뒤로 보낸 다음 제목 글꼴을 맑은 고딕, 40pt, 검정으로 설정하고 슬라이드 번호와 로고의 위치를 설정한 후 로고의 배경을 투명하게 한 다음 홈 리본의 슬라이드에서 새 슬라이드를 6장 만든다.

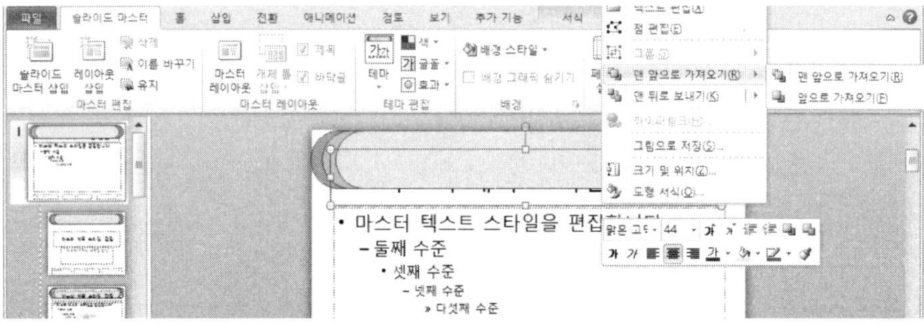

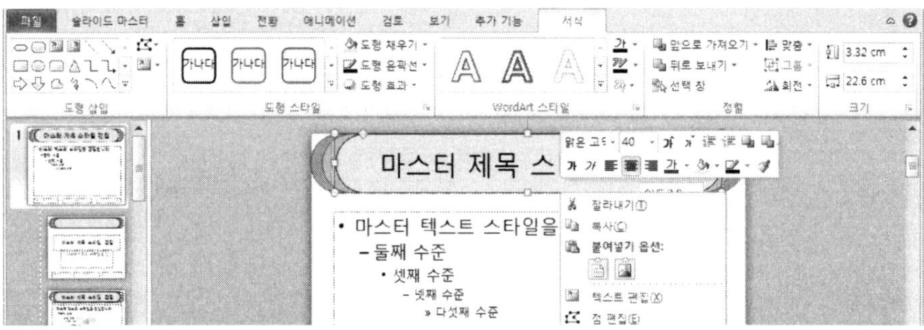

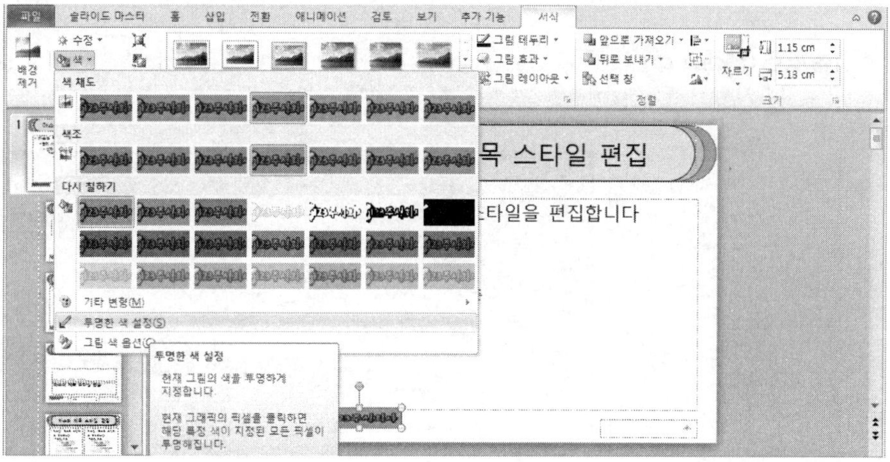
파일
슬라이드 마스터
홈
삽입
전환
애니메이션
검토
보기
추가 기능
서식
색 채도
색조
다시 칠하기
기타 변형(M)
투명한 색 설정(S)
그림 색 옵션(C)
투명한 색 설정
현재 그림의 색을 투명하게 지정합니다.
현재 그래픽의 픽셀을 클릭하면 해당 특정 색이 지정된 모든 픽셀이 투명해집니다.
목 스타일 편집
스타일을 편집합니다

[슬라이드 1] ≪표지 디자인≫ **(40점)**

(1) 표지 디자인 : 도형(직사각형)을 삽입하고, 점편집 기능을 이용하여 작성한다.
(2) 도형 효과 : 상단도형(그림자[오프셋 대각선 오른쪽 아래]), 하단도형(그림자[오프셋 대각선 오른쪽 위])

세부조건

① 워드아트 삽입
- 글꼴 : 궁서, 굵게
- 반사 : 전체반사, 터치

② 그림 삽입
- 「내문서₩ITQ₩Picture₩로고2.jpg」
- 배경(회색) 투명색으로 설정

1. 도형에서 직각 사각형을 삽입하고 채우기의 색상을 지정한 다음 점 편집 기능을 이용하여 출력 형태와 동일하게 조정한다. 이후, 도형 효과를 상단 도형과 하단 도형의 그림자를 오프셋 대각선 오른쪽 아래와 오프셋 대각선 오른쪽 위로 설정한다.

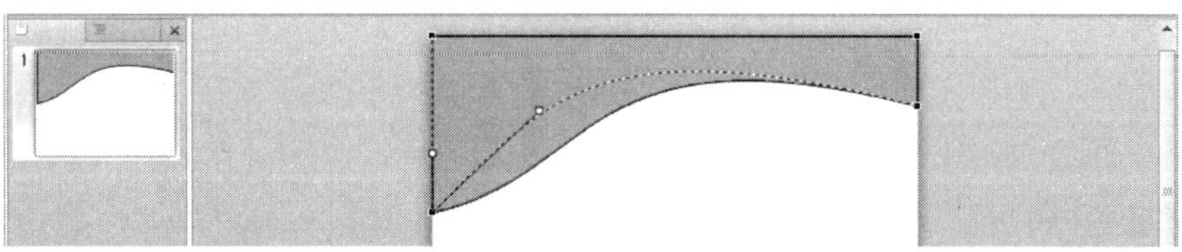

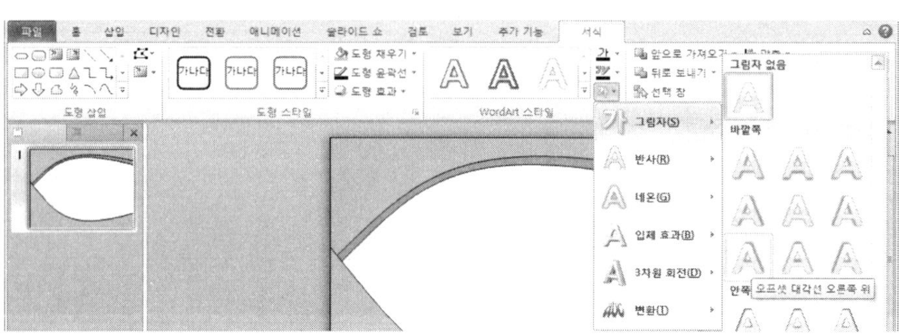

2. 워드아트에서 문자열 Cloisonne Artwork를 입력하고 글자 모양을 궁서, 굵게 하고 워드아트 스타일의 변환에서 위로 기울기를 선택한 다음 반사를 전체 반사 터치로 설정한다.

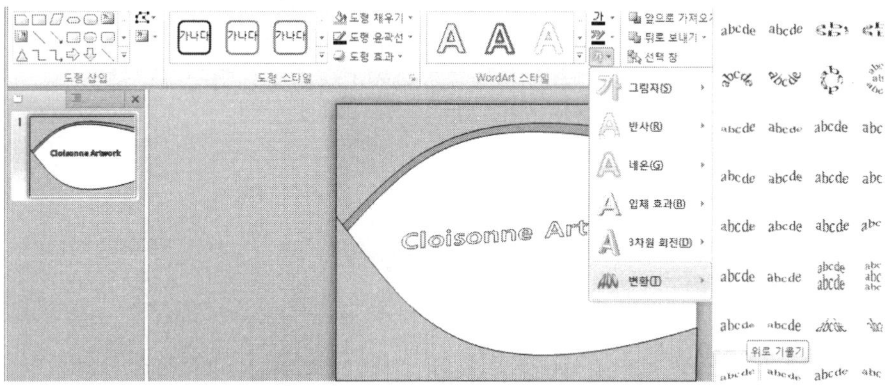

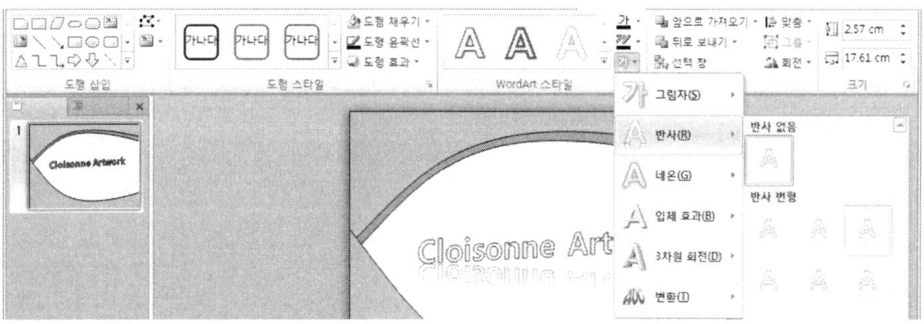

3. 내문서\ITQ\Picture\로고2.jpg에 있는 그림을 삽입하고 색에서 배경을 투명색 설정으로 한다.

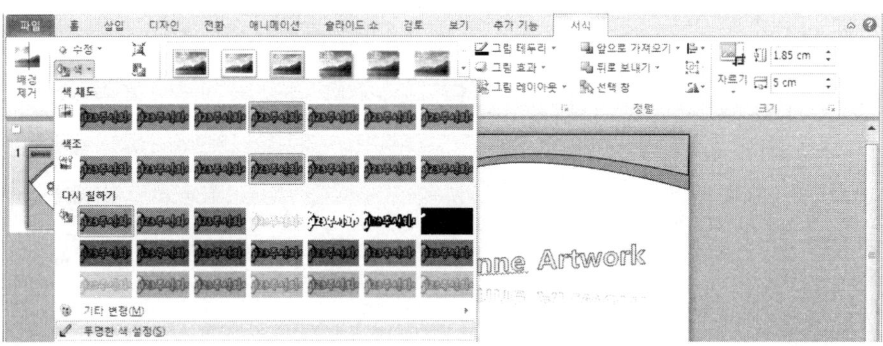

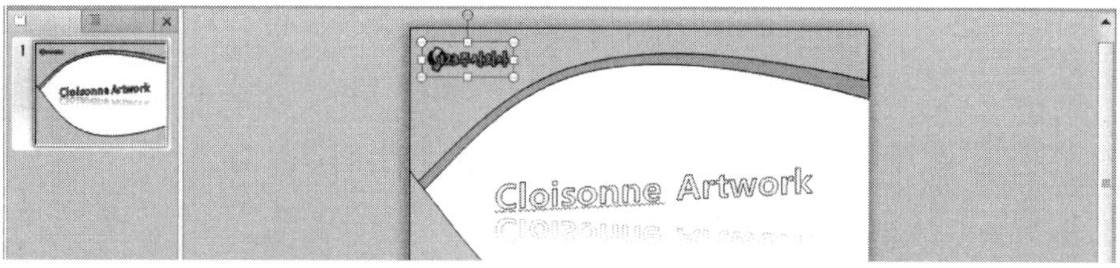
Cloisonne Artwork

[슬라이드 2] ≪목차 슬라이드≫ **(60점)**

(1) 출력형태와 같이 도형(그림자 : 오프셋 아래쪽)을 이용하여 목차를 작성한다(글꼴 : 굴림, 24pt, 검정).

세부조건

① 텍스트에 하이퍼링크 적용
-> '슬라이드 6'

② 그림 삽입
- 「내문서₩ITQ₩Picture₩그림4.jpg」
- 자르기 기능 이용

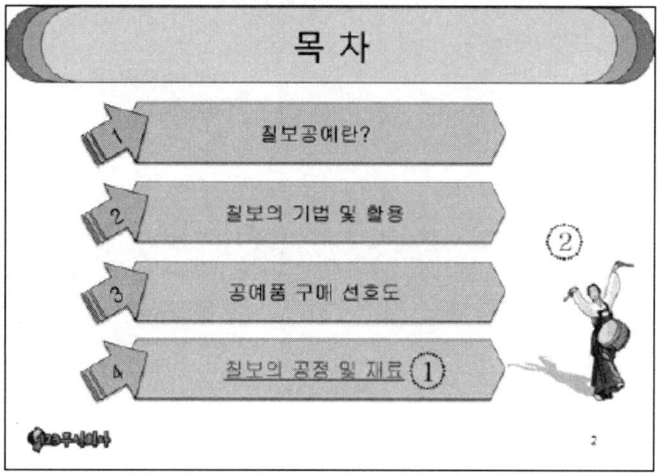

1. 보기의 슬라이드 마스터 보기를 선택한 다음 기본 도형에서 육각형과 도형의 블록 화살표 중 줄무늬가 있는 오른쪽 화살표를 삽입하고 도형 서식에서 회전 각도를 지정한다.

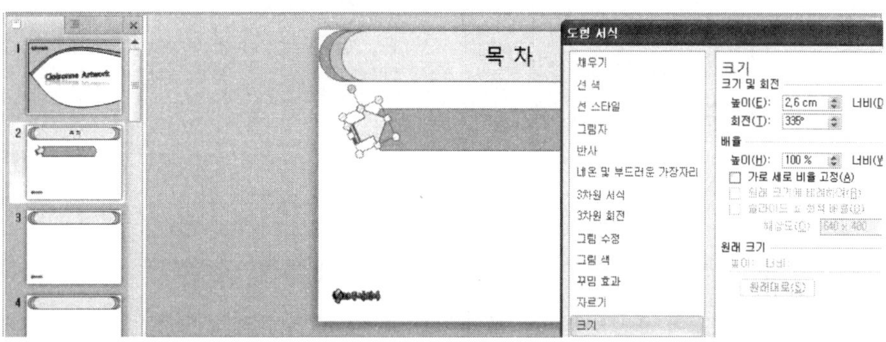

2. 그림자를 오프셋 아래로 지정하고 문자열을 입력한 후 글꼴을 굴림, 24pt, 검정으로 설정한다.

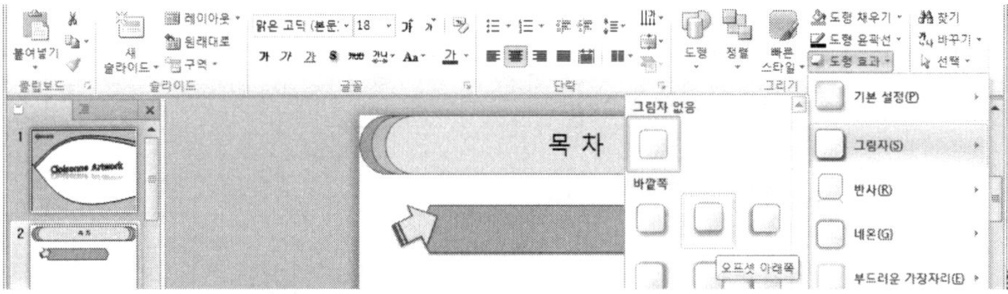

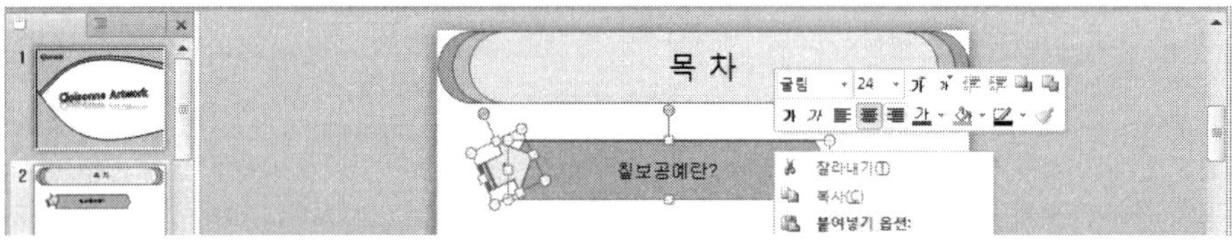

3. 목차의 1번을 그룹을 형성하여 복사한 후 문자열을 수정하고 정렬에서 왼쪽을 기준으로 정렬한 다음 각 항목 간의 간격을 동일하게 맞춘다.

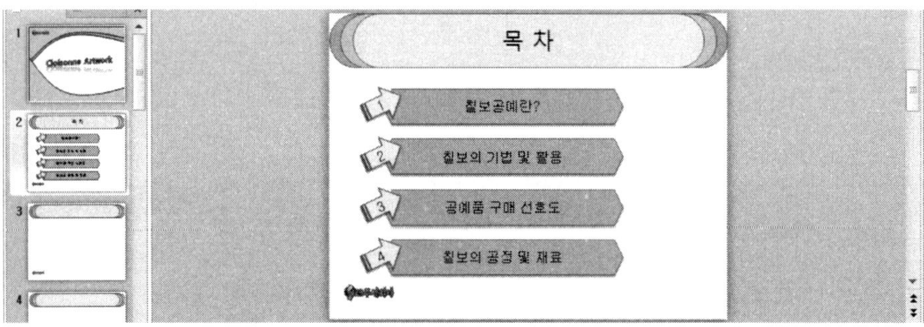

3. 4번 항목에서 칠보의 공정 및 재료를 블록으로 형성한 후 텍스트에 하이퍼링크를 적용하여 슬라이드 6에 연결한 다음 자르기 기능을 이용하여 원하는 부분인 그림4.jpg만을 삽입한다.

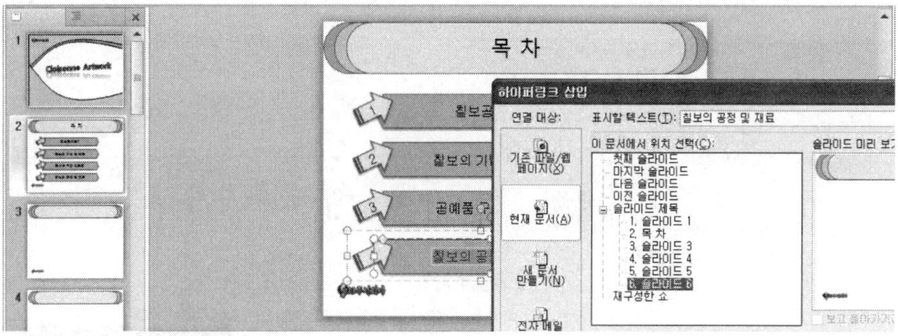
목 차
하이퍼링크 삽입
연결 대상:
표시할 텍스트(T): 칠보의 공정 및 재료
이 문서에서 위치 선택(C):
슬라이드 미리 보기
기존 파일/웹 페이지(X)
현재 문서(A)
새 문서 만들기(N)
첫째 슬라이드
마지막 슬라이드
다음 슬라이드
이전 슬라이드
슬라이드 제목
1. 슬라이드 1
2. 목 차
3. 슬라이드 3
4. 슬라이드 4
5. 슬라이드 5
6. 슬라이드 6
재구성한 쇼

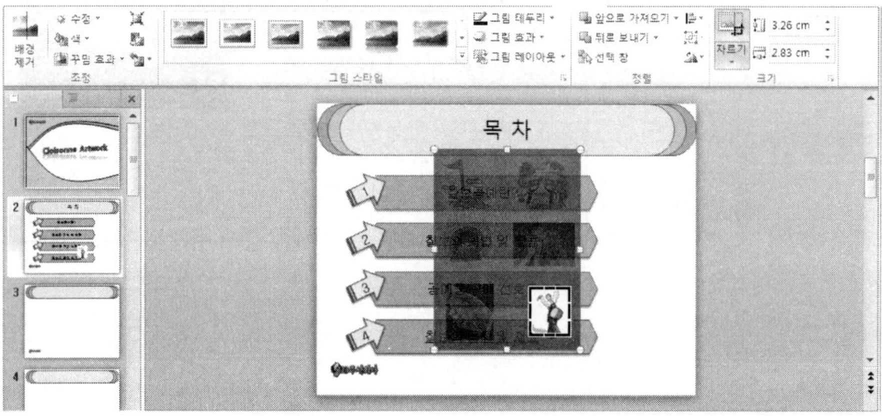
배경 제거
수정
색
꾸밈 효과
조정
그림 스타일
그림 테두리
그림 효과
그림 레이아웃
앞으로 가져오기
뒤로 보내기
선택 창
정렬
자르기
3.26 cm
2.83 cm
크기
목 차

[슬라이드 3] ≪텍스트/동영상 슬라이드≫

(1) 텍스트 작성 : 글머리기호 사용 (❖, ▪)

❖문단(궁서, 24pt, 굵게, 줄간격 : 1.5줄), ▪문단(궁서, 20pt, 줄간격 : 1.5줄)

세부조건

① 동영상 삽입 :
- 「내문서₩ITQ₩Picture₩동영상.wmv」
- 자동실행, 반복재생 설정

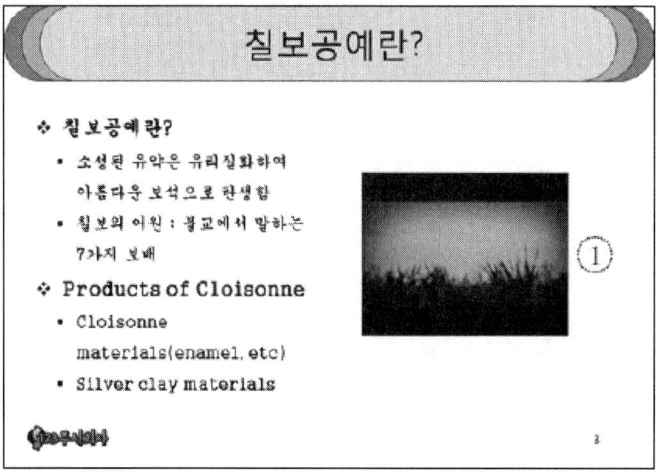

1. 텍스트 슬라이더를 작성하기 위해 제목을 입력하고 가로 텍스트 상자를 이용하여 문자열을 입력한 후 글꼴을 궁서, 24pt/20pt, 굵게/보통, 줄 간격을 1.5줄로 각각 설정한다.

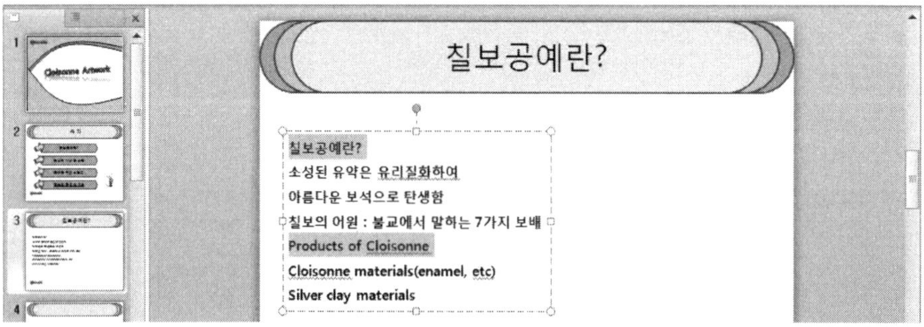

2. 단락 그룹에서 머리글 기호를 이용하여 ❖와 ▪로 설정하고 탭 키를 이용하여 머리글의 수준을 내린다.

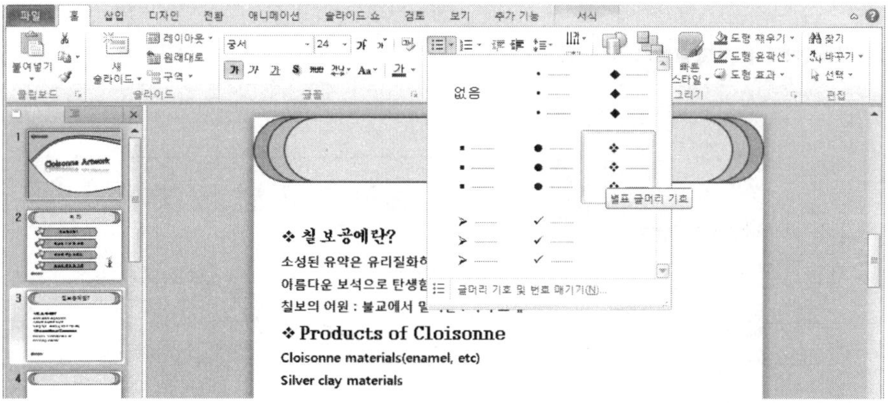

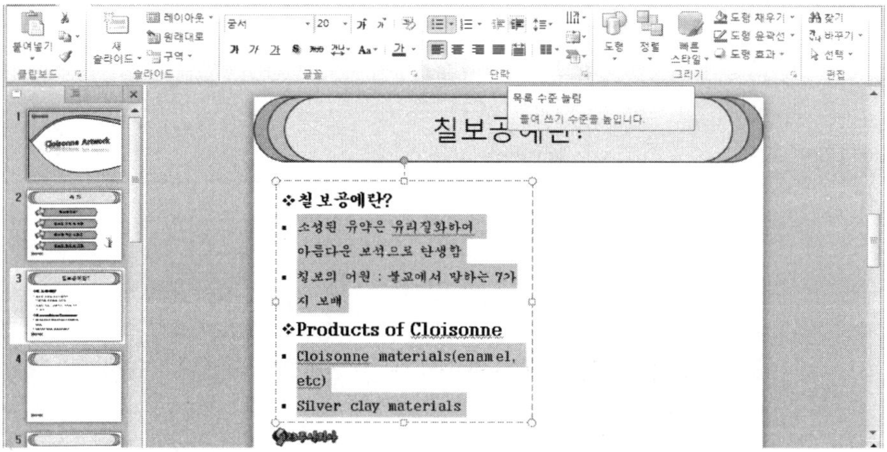

3. 지정된 경로의 동영상을 삽입하고 비디오 도구의 재생에서 자동 실행과 반복 실행을 선택한다.

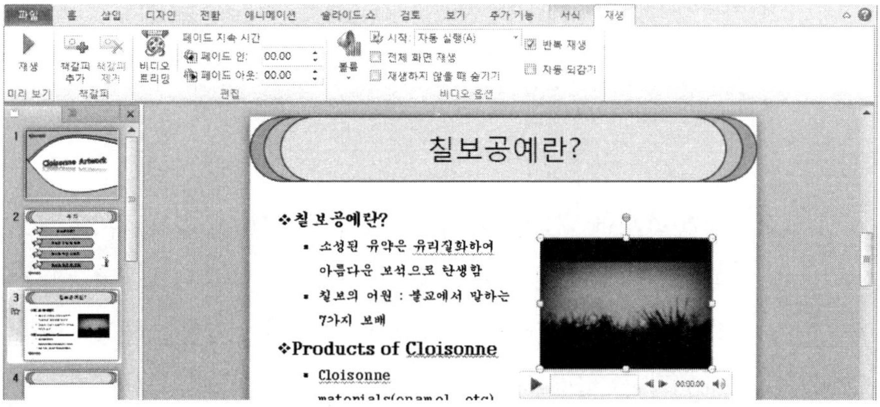

[슬라이드 4] ≪표 슬라이드≫ **(80점)**

(1) 도형과 표 작성 기능을 이용하여 슬라이드를 작성한다(글꼴 : 굴림, 18pt).

세부조건

① 상단 도형 : 2개 도형의 조합으로 작성

② 좌측 도형 : 그라데이션 효과(선형 아래쪽), 그림자(오프셋 오른쪽)

③ 표 색 채우기(노랑)

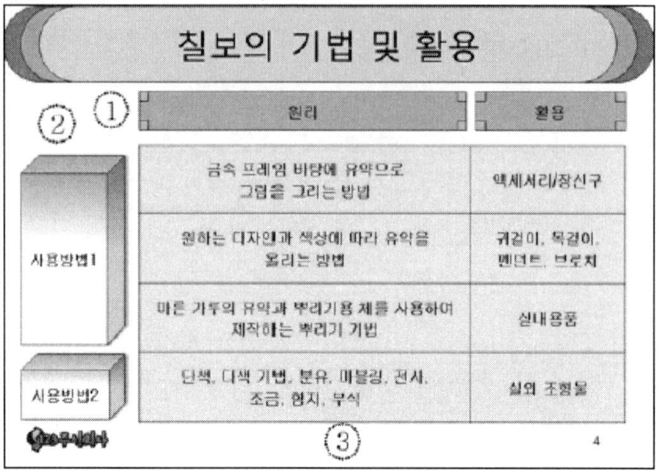

1. 도형에서 직사각형과 십자형 2개의 도형을 조합하여 상단 도형을 만든다.

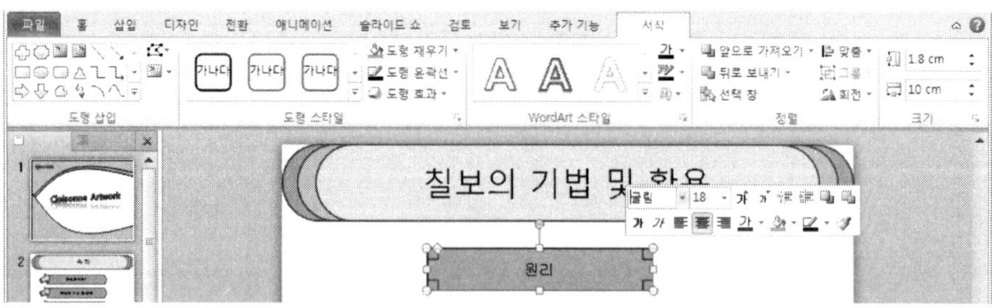

2. 정육면체에 선형 아래쪽 그라데이션 효과를 주고 오프셋 오른쪽 그림자를 지정하여 좌측 도형을 만든다. 이후, 2칸 4줄의 표를 작성하고 단락을 가운데 맞춤으로 정렬하고 전체 표의 색 채우기를 노랑으로 설정한다.

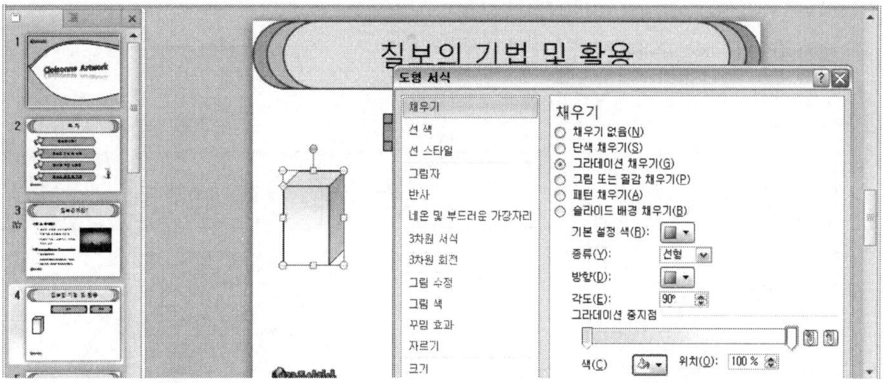
칠보의 기법 및 활용
도형 서식
채우기
선 색
선 스타일
그림자
반사
네온 및 부드러운 가장자리
3차원 서식
3차원 회전
그림 수정
그림 색
꾸밈 효과
자르기
크기
채우기 없음(N)
단색 채우기(S)
그라데이션 채우기(G)
그림 또는 질감 채우기(P)
패턴 채우기(A)
슬라이드 배경 채우기(B)
기본 설정 색(R):
종류(Y):
선형
방향(D):
각도(E):
90°
그라데이션 중지점
색(C)
위치(O):
100 %

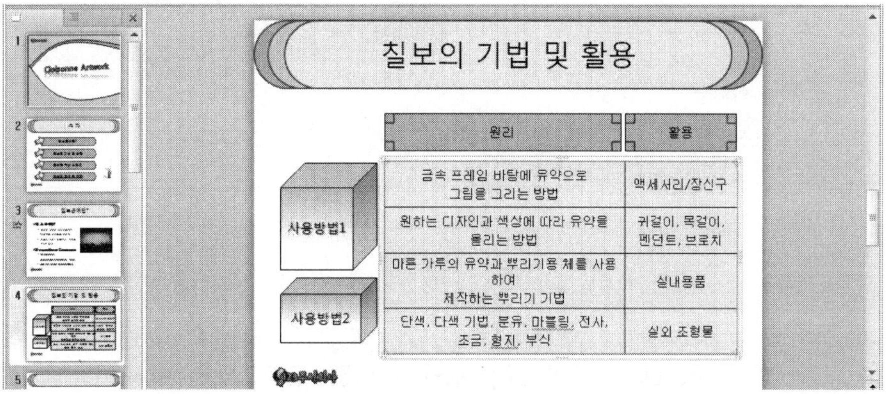
칠보의 기법 및 활용
원리
활용
금속 프레임 바탕에 유약으로 그림을 그리는 방법
액세서리/장신구
사용방법1
원하는 디자인과 색상에 따라 유약을 올리는 방법
귀걸이, 목걸이, 펜던트, 브로치
마른 가루의 유약과 뿌리기용 체를 사용하여 제작하는 뿌리기 기법
실내용품
사용방법2
단색, 다색 기법, 분유, 마블링, 전사, 조금, 형지, 부식
실외 조형물

[슬라이드 5] ≪차트 슬라이드≫ **(100점)**

(1) 차트 작성 기능을 이용하여 슬라이드를 작성하시오.
(2) 차트 : 유형(묶은 세로 막대형), 글꼴(굴림, 16pt), 외곽선, 그림자(오프셋 대각선 오른쪽 아래)

세부조건

♣ 차트설명
- 차트제목 : 궁서, 18pt, 굵게, 그림자(오프셋 아래쪽), 테두리
- 그림영역 : 그라데이션 (선형 위쪽)
- 데이터 계열 서식 : 질감(데님), 판매수량 계열만
- 값 표시 : 남성용품 요소만
- 데이터 테이블 표시

① 도형을 이용하여 '한국전통 공예품' 표시(채우기 파랑 적용, 외곽선 없음, 투명도 (50%), 굴림, 20pt)

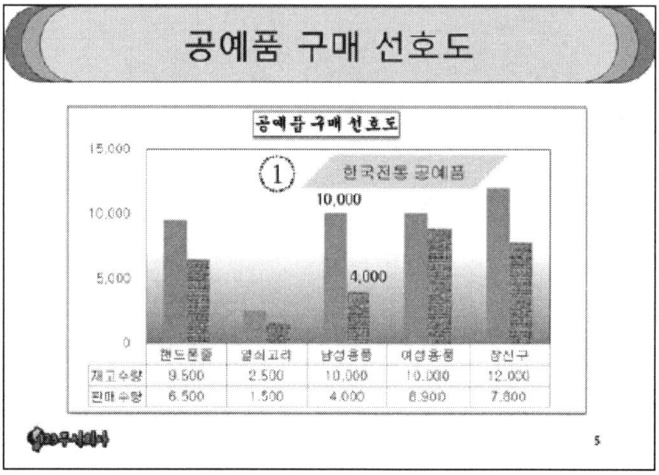

1. 일러스트레이션 그룹에서 차트를 묶은 세로 막대형으로 삽입한다.

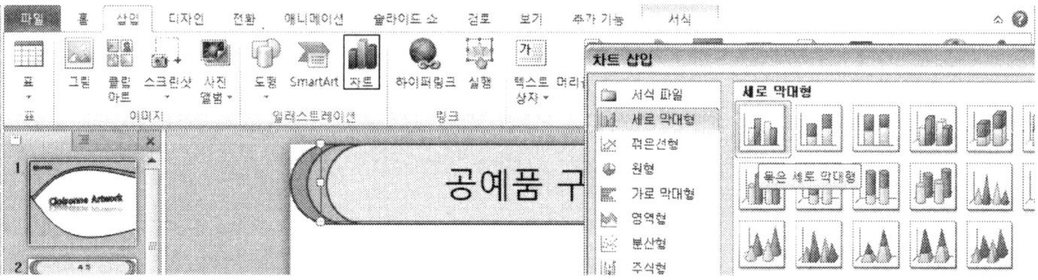

2. 액셀시트에서 계열과 항목을 추가 또는 삭제하면서 데이터를 입력한 다음, 차트 글꼴을 맑은 고딕 11pt, 외곽선, 그림자 오프셋 대각선 오른쪽 아래로 설정한다.

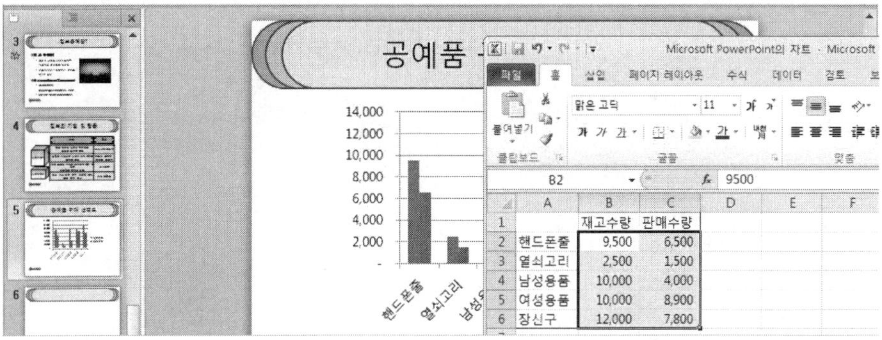

3. 디자인에서 차트 레이아웃, 차트 스타일을 지정하고 제목 공예품 구매 선호도를 입력한 후 궁서, 18pt, 굵게 그리고 그림자를 오프셋 아래쪽으로 지정한다.

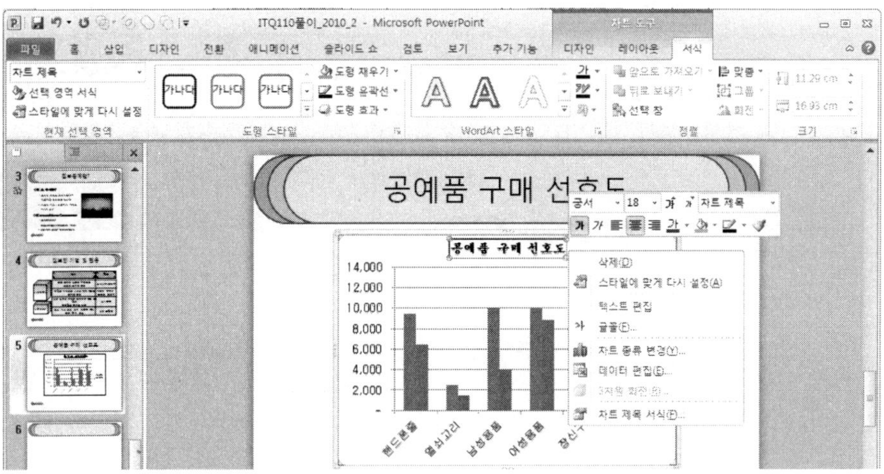

3. 그림 영역의 그라데이션을 선형 위쪽으로 지정하고 판매수량 계열만 데이터 계열 서식의 질감을 데님으로 지정한다. 이후, 남성용품 요소만 값을 표시하고 데이터 표 표시를 선택하여 테이블을 표시한다.

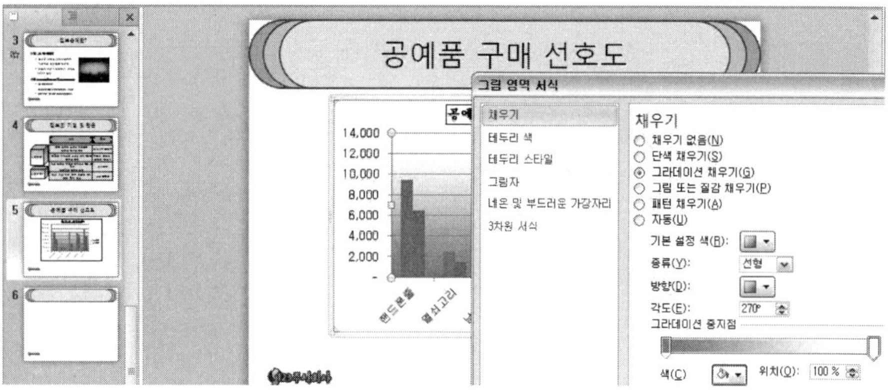
공예품 구매 선호도
그림 영역 서식
채우기
테두리 색
테두리 스타일
그림자
네온 및 부드러운 가장자리
3차원 서식
채우기
채우기 없음(N)
단색 채우기(S)
그라데이션 채우기(G)
그림 또는 질감 채우기(P)
패턴 채우기(A)
자동(U)
기본 설정 색(R):
종류(Y): 선형
방향(D):
각도(E): 270°
그라데이션 중지점
색(C)
위치(O): 100 %
14,000
12,000
10,000
8,000
6,000
4,000
2,000
핸드폰줄
열쇠고리

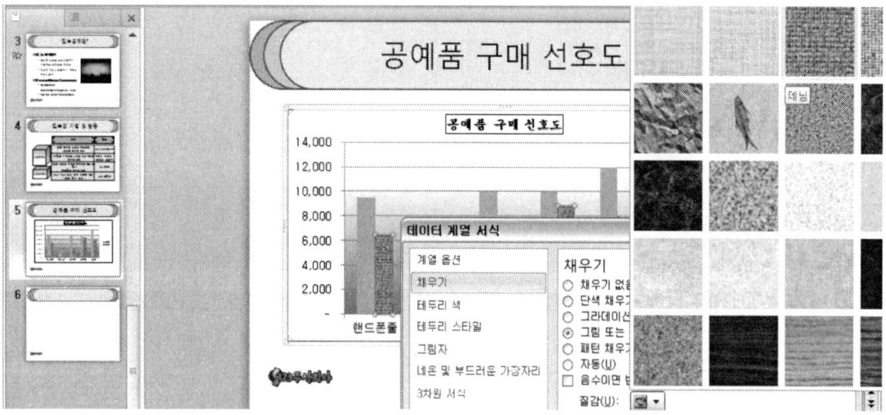
공예품 구매 선호도
14,000
12,000
10,000
8,000
6,000
4,000
2,000
핸드폰줄
데이터 계열 서식
계열 옵션
채우기
테두리 색
테두리 스타일
그림자
네온 및 부드러운 가장자리
3차원 서식
채우기
자동(U)
질감(U):
데님

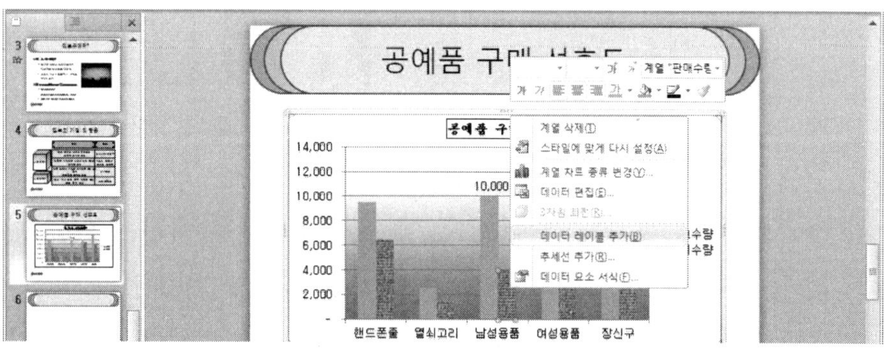
공예품 구매 선호도
계열 "판매수량"
계열 삭제(D)
스타일에 맞게 다시 설정(A)
계열 차트 종류 변경(Y)...
데이터 편집(E)...
3차원 회전(R)...
데이터 레이블 추가(B)
추세선 추가(R)...
데이터 요소 서식(F)...
14,000
12,000
10,000
8,000
6,000
4,000
2,000
10,000
핸드폰줄
열쇠고리
남성용품
여성용품
장신구

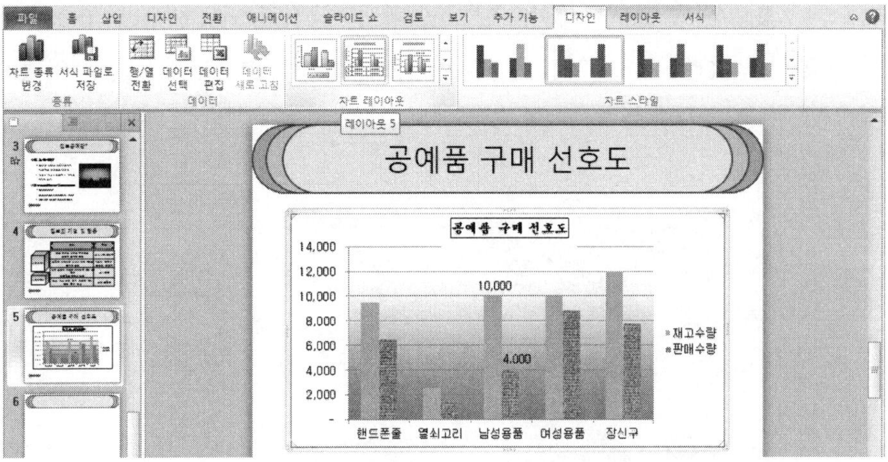

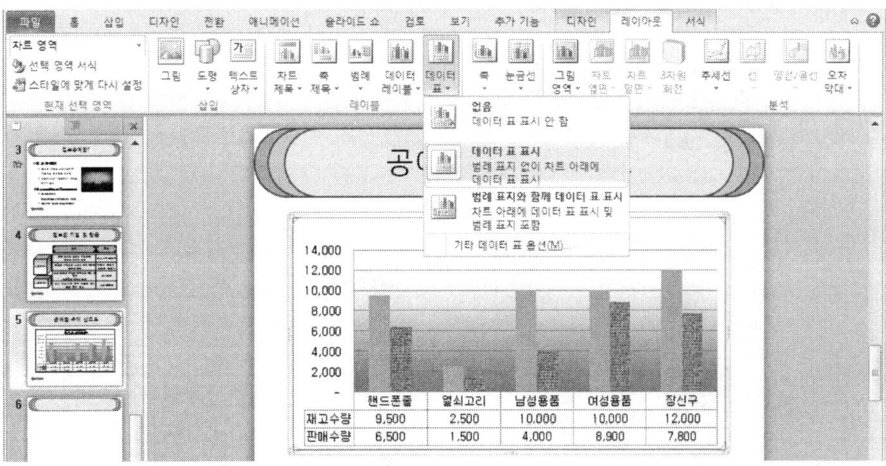

4. 도형을 이용하여 '한국전통공예품'을 표시한 후 외곽선 없이 파랑으로 채우고 투명도 50%, 굴림 20pt로 각각 설정한다.

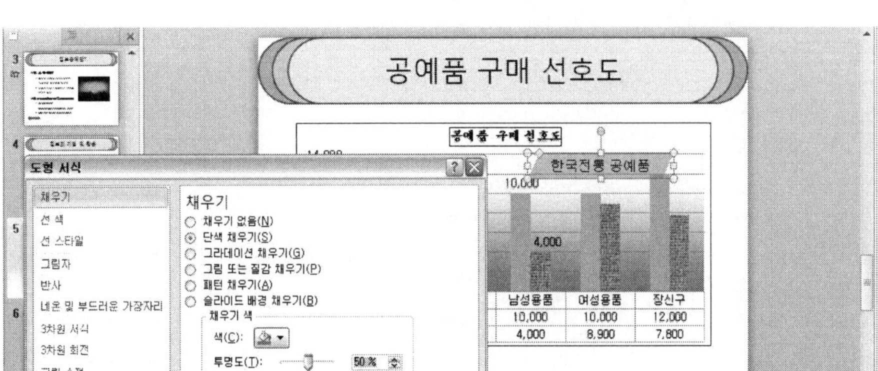

5. 기본 축 서식의 축 옵션에서 최소값 0, 최대값 1500, 주 단위를 500으로 고정하고 주 눈금을 바깥쪽, 보조 눈금을 없음으로 각각 설정한다.

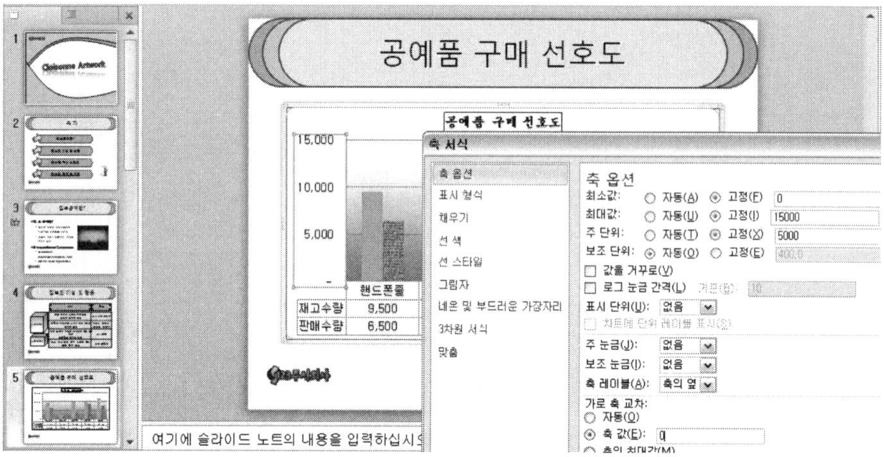

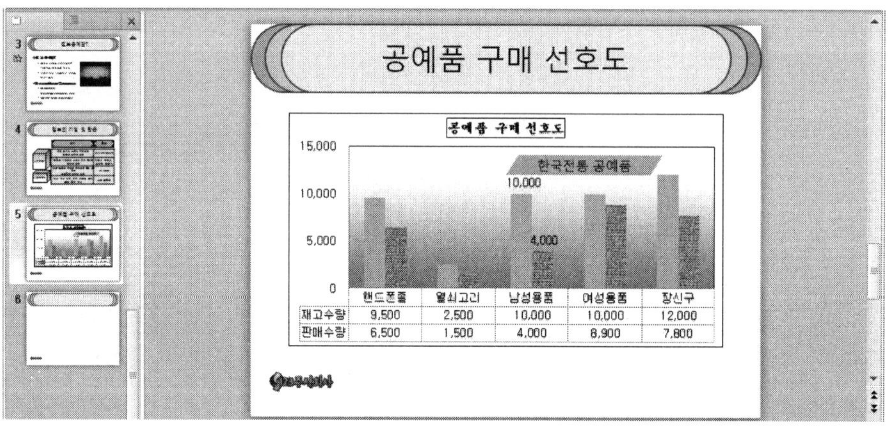

[슬라이드 6] ≪도형 슬라이드≫ **(100점)**

(1) 슬라이드와 같이 도형 및 스마트아트를 배치한다(글꼴 : 돋움, 18pt).

(2) 애니메이션 순서 : ① → ②

세부조건

① 그룹화 후 애니메이션 효과 : 날아오기(왼쪽에서)

② 그룹화 후 애니메이션 효과 : 블라인드(세로)

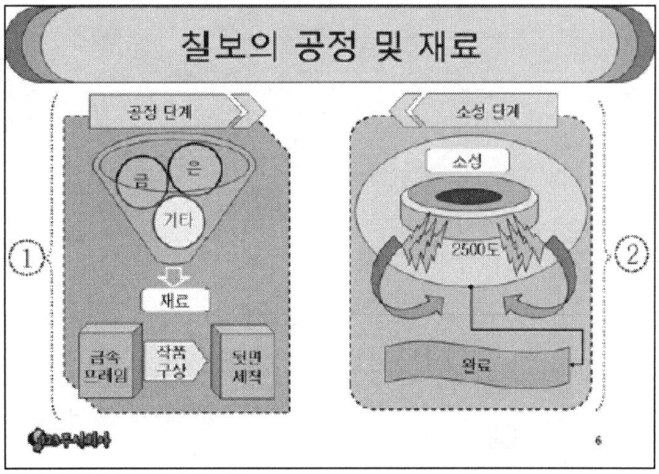

1. 각종 도형과 SmartArt 그래픽 그리고 정렬에서 도형의 회전 기능 등을 이용하여 그리고 문자열을 입력한 후 색상을 설정한다. 다음 과정으로 문자열을 입력하여 좌측 도형과 우측 도형을 그리고 제목을 제외한 글꼴을 돋움, 18pt로 설정한다.

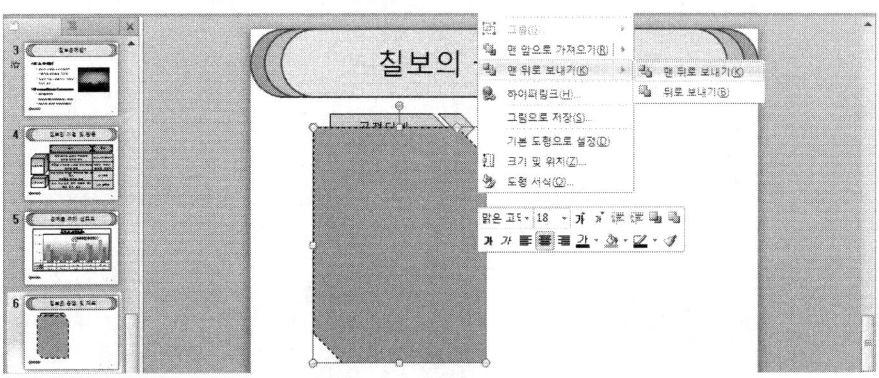

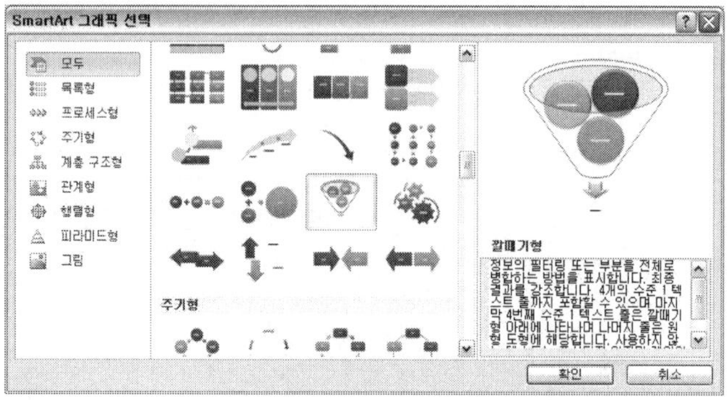
SmartArt 그래픽 선택
모두
목록형
프로세스형
주기형
계층 구조형
관계형
행렬형
피라미드형
그림
주기형
깔때기형
확인
취소

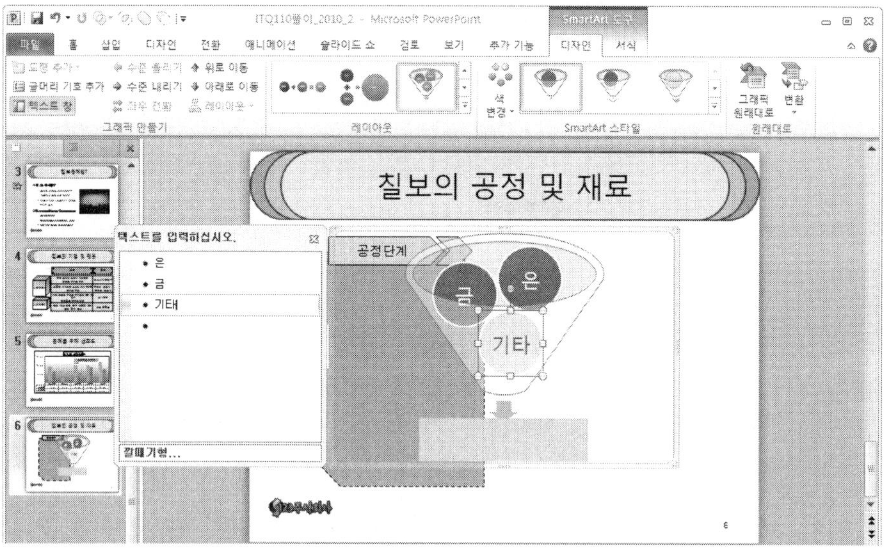
칠보의 공정 및 재료
텍스트를 입력하십시오.
은
금
기타
깔때기형...
공정단계
금
은
기타

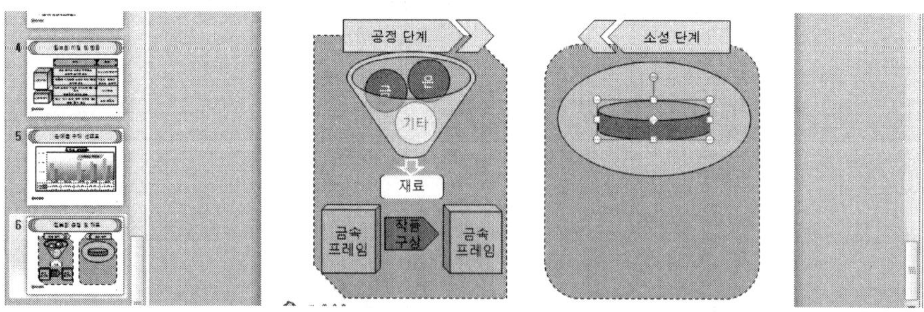
공정 단계
소성 단계
금
은
기타
재료
금속 프레임
작품 구상
금속 프레임

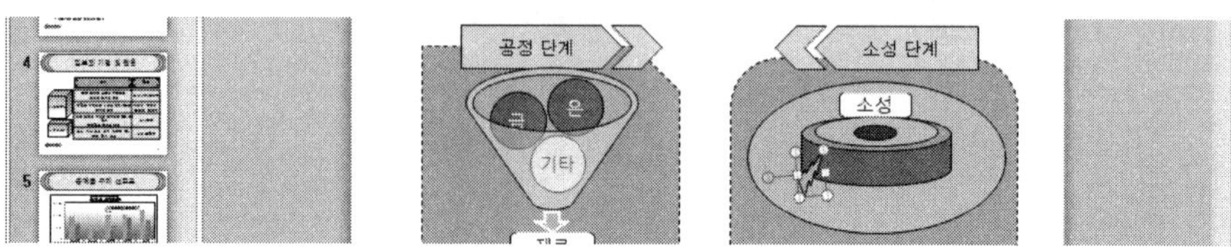
공정 단계
소성 단계
금
은
기타
소성

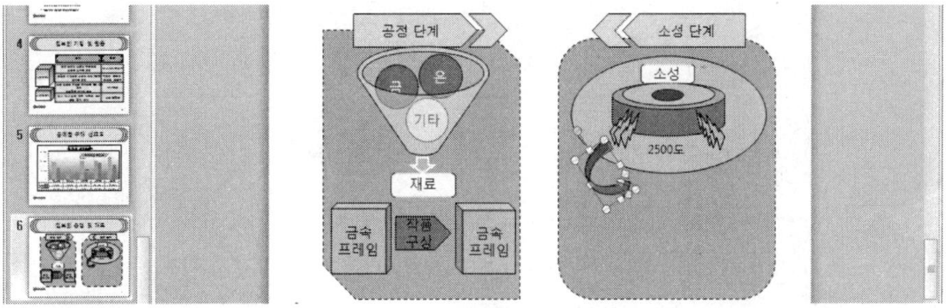

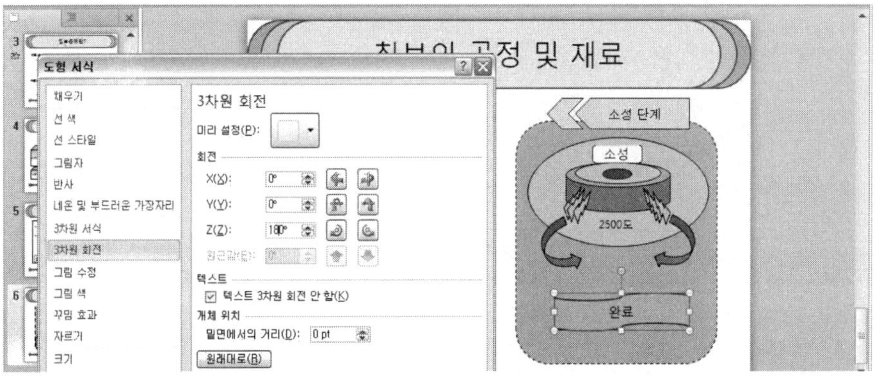

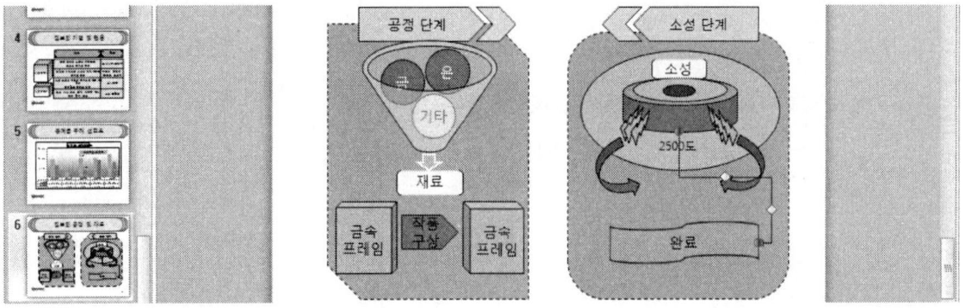

2. 도형의 그룹을 형성하여 애니메이션 리본의 효과 옵션에서 좌측 도형 그룹에 왼쪽에서 날아오기와 우측 도형 그룹에 세로 블라인드의 애니메이션 효과를 차례로 설정한다.

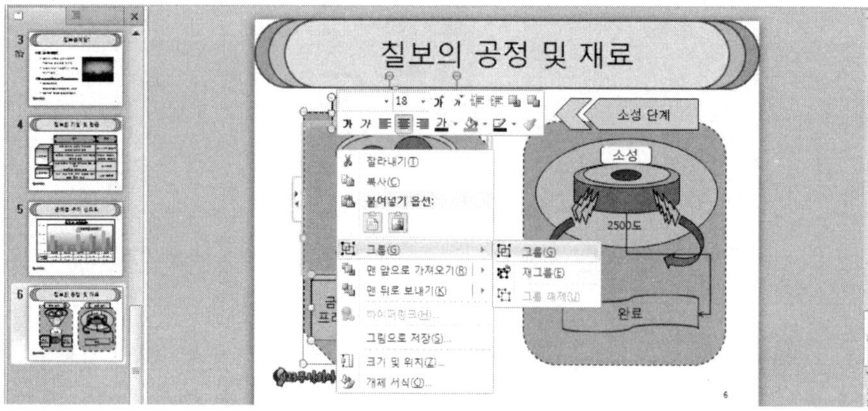
칠보의 공정 및 재료
소성 단계
소성
2500도
완료
잘라내기(T)
복사(C)
붙여넣기 옵션:
그룹(G)
맨 앞으로 가져오기(R)
맨 뒤로 보내기(K)
하이퍼링크(H)...
그림으로 저장(S)...
크기 및 위치(Z)...
개체 서식(O)...
그룹(G)
재그룹(E)
그룹 해제(U)

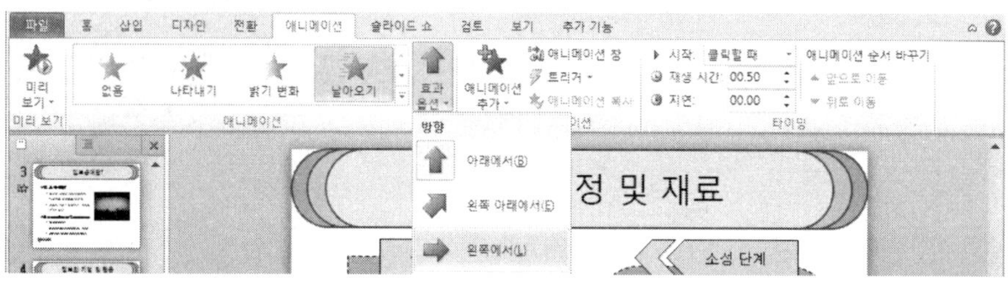
파일 홈 삽입 디자인 전환 애니메이션 슬라이드 쇼 검토 보기 추가 기능
미리 보기
없음
나타내기
밝기 변화
날아오기
효과 옵션
애니메이션 추가
애니메이션 창
트리거
애니메이션 복사
시작: 클릭할 때
재생 시간: 00.50
지연: 00.00
애니메이션 순서 바꾸기
앞으로 이동
뒤로 이동
방향
아래에서(B)
왼쪽 아래에서(E)
왼쪽에서(L)
정 및 재료
소성 단계

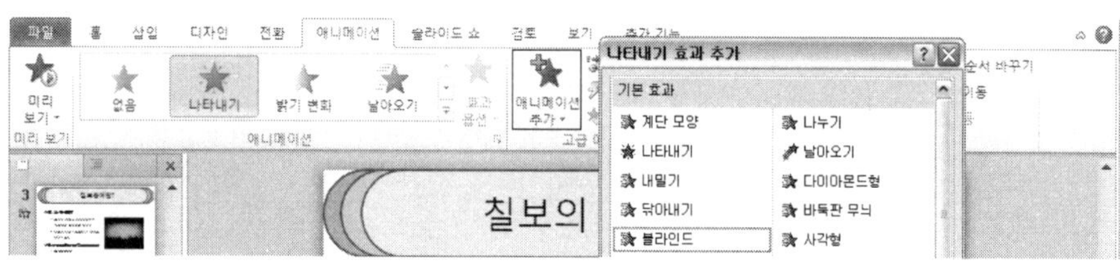
파일 홈 삽입 디자인 전환 애니메이션 슬라이드 쇼 검토 보기
미리 보기
없음
나타내기
밝기 변화
날아오기
애니메이션 추가
나타내기 효과 추가
기본 효과
계단 모양
나누기
나타내기
날아오기
내밀기
다이아몬드형
닦아내기
바둑판 무늬
블라인드
사각형
칠보의

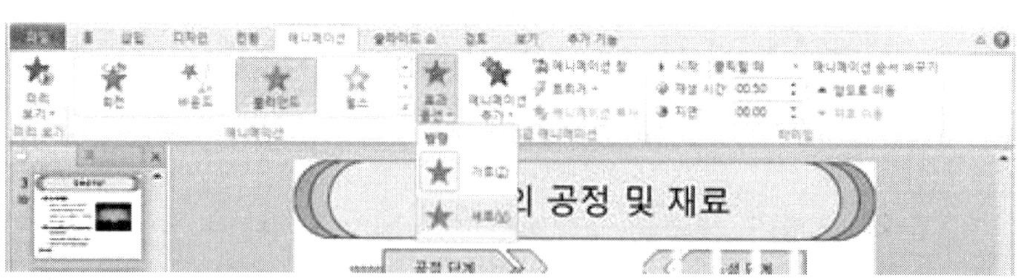
블라인드
방향
의 공정 및 재료

MEMO

MEMO

파워포인트 2010

2011년 3월 5일 1판 1쇄 발행

저 자 김 민 영
발행인 남 승 우

발행처 도서출판 상尙 학學 당堂

서울시 동작구 사당로9가길 6(사당동 220-43)
TEL : 02) 595-1692～4
FAX : 02) 595-1394
E-mail : namdoo6@unitel.co.kr
신고 : 2-155호 (1968. 11. 29)

정가 15,000원

ISBN 978-89-6587-010-4 93000